HEXENMAGIE

Zum Buch

Vom großen Wissen der Frauen vor der Zeit des Hexenwahns ist nichts geblieben als Hörensagen und träumerisches Geflüster. Die Frauenkultur wurde mit aller Gewalt unterdrückt und verteufelt. Doch dieses Buch läßt sie wieder lebendig werden: Es führt ein in Zaubersprüche, Rituale, Weissagerei, Rezepte und weibliche Theologie. Entfalten auch Sie Ihre übersinnlichen Fähigkeiten!

Zur Autorin

Elisabeth Brooke arbeitet als Heilerin und Kräuterspezialistin und ist seit vielen Jahren auch im klinischen Bereich anerkannt. Im Econ Taschenbuch Verlag ist von ihr außerdem lieferbar:

Die großen Heilerinnen

ELISABETH BROOKE

HEXENMAGIE

Geheimes Wissen für Frauen

Aus dem Englischen von Waldemar Christiansen

Econ Taschenbuch Verlag

Econ Taschenbuch Verlag
Der Econ Taschenbuch Verlag ist ein Unternehmen der
Econ Ullstein List Verlag GmbH & Co. KG, München
Deutsche Erstausgabe
3. Auflage 2000
© 2000 by Econ Ullstein List Verlag GmbH & Co. KG, München
© 1997 by Econ Verlag GmbH, Düsseldorf und München
© 1993 by Elisabeth Brooke
First published by Arrangement with Author
Titel des englischen Originals: A Woman's Book of Shadows
Übersetzung: Waldemar Christiansen
Umschlagkonzept: Büro Meyer & Schmidt – Jorge Schmidt
Umschlaggestaltung: Init GmbH, Bielefeld
Titelabbildung: Tony Stone, Hamburg
Lektorat: Michael Lenzen
Gesetzt aus der Baskerville, Linotype
Satz: Heinrich Fanslau GmbH, Düsseldorf
Druck und Bindearbeiten: Ebner Ulm
Printed in Germany
ISBN 3-612-26425-7

Inhaltsverzeichnis

1 Einführung 13
2 Weibliche Geschichte 23
3 Die dreifältige Göttin 31
4 Der Hexenkult von der Vorzeit
  bis zum Zeitalter des Feuers 63
5 Der Aufstieg des Vatergottes 76
6 Sternenkunde und Mond 94
7 Rituale 113
8 Die Jahresfeste 145
9 Ethik 175
10 Zauberkraft 199
11 Die Entfaltung übersinnlicher Fähigkeiten 213
12 Die Kunst des Weissagens – Das Tarot 235
13 Kräuterkunde 275
Anhang A 299
Anhang B 302
Anhang C 304
Anmerkungen 312

DANKSAGUNG

Die Autorin möchte Mark Slawe für ihre gründliche Lektüre des Manuskripts und ihre ermutigenden Kommentare danken. Mein Dank gilt zudem meiner Lektorin Loudou Brown für ihre gewissenhafte Arbeit, die das Buch ohne Zweifel verbessert hat.

WIDMUNG

Für alle unbequemen Hexen, weisen Alten und Xanthippen, wo immer ihr auch seid.

HEXENMAGIE

Dieses Buch versteht sich nicht als endgültige Einführung in den Hexenkult. Es ist der Lagebericht einer verstädterten Hexe des 20. Jahrhunderts. Die Ansichten, die hier zum Ausdruck kommen, sind meine eigenen, die ich in den vielen Jahren meines Wirkens und durch den Kontakt mit meinen Hexenkolleginnen gewonnen habe. Angehende weise Frauen sollten ihrem Instinkt folgen und sich nicht beirren lassen.

Seid gesegnet!

1
Einführung

Dieses Buch erzählt von den Zaubersprüchen, Ritualen, Rezepten und der weiblichen Theologie, die in der alten Tradition der weisen Frauen früher von der Mutter auf die Tochter weitergegeben wurden. Es sind keine Zeugnisse aus dieser Kultur überliefert. Vielleicht wurden sie zusammen mit ihren Besitzerinnen im Zeitalter des Feuers verbrannt, vielleicht aber sind sie auch nur Wunschprojektionen heutiger Hexen, die abgekappt von allen Wurzeln wirken müssen. Wir werden es wohl niemals erfahren. Die Inquisitoren haben gründliche Arbeit geleistet. Von der Kultur vor der Zeit des Hexenwahns ist nichts geblieben als Hörensagen und träumerisches Geflüster.

Das Buch erzählt von meiner Beziehung zur Göttin, wie sie sich in meinem Hexenkult zeigt. Ich habe mein eigenes Wissen und meine Erfahrung mit den spärlichen Überresten unserer Geschichte und Tradition zusammengebracht; das Ergebnis ist eine sehr persönliche Version unseres heutigen westlichen Hexentums.

Die Göttin ist überall, immanent. Sie ist die Schöpferin des Universums, die Anfang und Ende des Lebens bestimmt. Die Große Mutter gebiert alles Leben, und mit dem Tode kehrt es wieder zu ihr zurück. Von ihr strahlen Macht und Schönheit der natürlichen Welt aus. Und es ist genau diese Macht und Schönheit, die Hexen verkörpern.

Die Göttin verleiht Frauen eine enorme Kraft, weswegen

viele moderne Hexen auch Feministinnen sind. Das Hexentum gibt uns eine ganzheitliche Vision von uns selbst, in der die Gegensätze von Dunkelheit und Licht vereint sind. Diese Ganzheit fehlt beim Vatergott, dem männlichen Gott der Christen, Juden und Muslime. Der Vatergott der patriarchalischen Religionen verkörpert das reine Gute, während die Frauen für alles Böse stehen. Die Göttin ist ihrem Wesen nach komplexer, widersprüchlicher; sie gibt uns Weisheit und Klarheit, Macht und Mitgefühl, Freude und Schmerz zugleich. Ihre Welt ist eine ausgeglichene.

Kapitel drei handelt von der Göttin und ihrer Verdrängung durch Vatergott. Anhand zweier Versionen des Persephonemythos zeichne ich den Weg der Frau von einer Göttin zur Sklavin und Vergewaltigten nach. Mythen haben immer Werte und Regeln für die soziale Ordnung zu vermitteln. Dies war auch in Griechenland nicht anders. Das Faszinierende am Persephonemythos ist, daß er sich vom matriarchalischen Mythos eines weiblichen Selbstfindungsprozesses zur patriarchalischen Vergewaltigungs- und Entführungsgeschichte wandelte. Bei diesem Wandlungsprozeß aber wurden die friedlichen Werte des Göttinnenkults von der Gewalt und rohen Kraft des Vatergottes verdrängt.

Dieses Buch spiegelt mein großes Interesse an der Geschichte und zeigt die Bedeutung, die ich ihr beimesse. Wir Frauen müssen unsere Geschichte neu schreiben, nicht nur einmal, sondern tausende Male und auf tausend verschiedene Weisen, damit das alte Wissen überleben und die negativen Auswirkungen des Vatergottes ausgleichen kann.

Unsere Vormütter waren auf der ganzen Erde, besonders aber auf dem afrikanischen Kontinent beheimatet. Wir alle besitzen eine gemeinsame Wurzel. Die ägyptische Göttin Isis fand durch die antiken Seefahrer über Griechenland, Spanien und Frankreich ihren Weg an unsere Küsten. Auch die Kelten Großbritanniens und Irlands waren stark durch die geheimen Traditionen der Ägypter und Chaldäer beeinflußt.

Die Völker Europas, des Mittleren Ostens und Indiens tauschten ihre geheimen Traditionen über Händler und Gelehrte aus. Als das Zeitalter des Feuers hereinbrach, ging dieses Wissen in den Untergrund, wo es aber durch die Landbevölkerung und wandernde Zigeunervölker am Leben erhalten wurde.

Der Hexenkult gilt fast überall als böse und schädlich, was die Universalität der frauenfeindlichen Kultur zeigt (noch immer sind die meisten Hexen Frauen). Aber dahinter verbirgt sich oft auch eine sehr realistische Furcht vor denjenigen, die mit okkulten Mächten Umgang haben. Hexen werden mit denselben Vorwürfen bedacht wie jede andere Minderheit, sei sie nun religiös, ethnisch oder rassisch: Kindesmord, sexuelle Perversion, Verschwörung gegen die bestehende Ordnung usw. Der letzte Aspekt verschwindet zumeist hinter der Hysterie der ersten beiden. Dabei ist er es, der die reale Grundlage für jede Verfolgung von Minderheiten darstellt. Das ist im Grunde auch kaum überraschend: Jede verfolgte Minderheit muß Veränderungen wünschen. Dort, wo Entscheidungsprozesse allein auf der Macht beruhen, bleibt die Subversion nicht aus. In dieser Hinsicht unterscheiden sich die Hexen nicht von anderen verfolgten Gruppen (s. Kapitel 4).

Es muß deutlich betont werden, daß der Hexenkult nichts mit dem Satanismus oder anderen Perversionen zu tun hat, die unter diesem Namen laufen. Der Satanismus ist eine Korruption des römisch-katholischen Glaubens, in deren Mittelpunkt die schwarze Messe steht. Seine Rituale nehmen die Form von Blutopfern, sexueller Ausbeutung und Sadomasochismus an und sind Zerrbilder der christlichen Lehre. *Der Hexenkult hat mit diesen Ritualen nichts gemein.* Er verabscheut und verdammt solche Praktiken.

Das Hexentum ist um Jahrtausende älter als die patriarchalischen Religionen und von ihnen völlig unabhängig. Viele der christlichen Feste adaptierten heidnische Traditionen in einem bewußten Versuch, die Göttin durch den christlichen Gott zu ersetzen. Ein Teil dieser Entthronung bestand darin, Frauen jegliche weltliche oder spirituelle Macht zu rauben. Dafür aber mußten sie erst als lebensfeindlich, böse, schmutzig und teuflisch verdammt werden. Der Hexenwahn und der nachfolgende Glaube an das Böse in der Frau nahm hier seinen Anfang. Tatsächlich kann die Frauenfeindlichkeit direkt bis zum Erscheinen der patriarchalischen Religionen zurückverfolgt werden. Heute sind diese Vorstellungen so tief in unserer Kultur verankert, daß es äußerst schwer fällt, sich eine Zeit ohne sie vorzustellen. Die Hexenangst wirkt unbewußt als starke, verstümmelnde Macht fort. Hexen gelten auch heute noch als Inbegriff des Bösen, Verkörperung finsterer Mächte, verschlingende Mutter und, viel schlimmer noch, als Mächte des Chaos. Schon im Buch Samuel gilt die Magie als rebellisches Verbrechen.

Die Grünen Frauen und Männer der britannischen Inseln flohen in die Berge, um der religiösen Verfolgung durch die Christen zu entkommen, aber sie starben nicht. Der Leib der Erde sog ihr Blut auf. Die Nordwinde bliesen die Asche ihrer Scheiterhaufen in die Hügelgräber und Heiligen Quellen. Die Schreie der gefolterten Frauen erhoben sich hoch über die Wolken in den Mittagshimmel. Der Schweiß der mißbrauchten und erniedrigten Bauern vermischte sich mit der reichen, roten Erde, und die Eiche wuchs.

Die Hexen starben nicht aus. Sie gingen in den Untergrund, bis der Würgegriff des Christentums sich etwas lockerte. Sie warteten auf die Zeit, in der sie die Mutter wieder ohne Gefahr verehren, das Jahr des Rades und den Weg des Mondes durch den Nachthimmel feiern und auf den Mitsommernachtswiesen tanzen durften.

Magie ist Macht. Wer mit okkulten Kräften arbeitet, muß sich der Frage stellen, wie er oder sie mit dieser Macht umgehen will. Wir Frauen sind gewohnt, uns selbst als machtlos anzusehen. Feministische Hexen versuchen, eine neue Ethik der Macht zu definieren, in der persönliche oder kollektive Macht ausgeübt wird, ohne daß dadurch irgend jemand unterdrückt wird. Unsere magischen Praktiken müssen ständig im Licht dieser Ethik reflektiert werden. Wir müssen unsere Zaubersprüche, Rituale und Denkweisen friedfertig halten.

Durchgehende Charakteristika der patriarchalischen Religion sind der Frauenhaß und überhaupt die Unterwerfung und Ausbeutung der Natur und alles Wehrlosen. Dies hat zur Vergewaltigung der Erde geführt, auf der wir gehen, und zur Vergiftung der Luft, die wir atmen. Der Hexenkult und die Lehre von der Göttin bieten einen Ausweg aus diesem langsamen, aber unaufhaltsamen Abgleiten in die Selbstvernichtung. Die Wiedererweckung unserer Traditionen ist der größte Beitrag, den wir als Individuen zur Rettung unseres Planeten leisten können. Die Werte des Hexenkults sind lebensfördernd, naturverehrend, friedlich und tolerant. Und genau diese Werte werden in der Todeskultur, die der Vatergott uns vererbt hat, dringend benötigt.

Die Hexen, mit denen ich zusammenarbeite, sind feministisch orientiert, Abkömmlinge der zweiten Feminismuswelle der 60er und 70er Jahre. Bei der Suche nach unserer gemeinsamen Geschichte stießen wir auf den Massenmord an den Frauen, der mit der Verdrängung der Göttin durch das patriarchalische Glaubenssystem begann. Das Entsetzen über diese Entdeckungen ließ viele von uns in prähistorischen Epochen nach einer Zeit suchen, in der Gleichberechtigung und Respekt noch unser Geburtsrecht waren.

Wir suchten nach einem *Davor*, nach einer Zeit, die *vor* der lebensverneinenden Herrschaft des Vatergottes lag. Mit den Jahren mehrten sich die Indizien, daß es tatsächlich eine solche Zeit gab, eine Epoche, in der Frauen respektiert, ja verehrt wurden und weltliche sowie geistliche Macht besaßen.

Der Feminismus durchdringt also das Hexentum; nicht anders als der Abscheu gegen unsere materialistische Kultur, die der Glaube an den Vatergott geschaffen hat. Die Menschen von heute, die von den Exzessen des Materialismus zum Teil schon übersättigt sind oder erst gar nicht an seinen Früchten teilhaben dürfen, werden sich immer mehr seines direkten Gegenpoles bewußt: des Spirituellen.

Religion und spirituelle Praktiken können in der materialistischen Welt von heute einen neuen Sinn vermitteln und ein Gegengewicht darstellen. Wenn die Zeiten härter werden, suchen die Menschen nach Erklärungen für ihre Leiden und nach einem Lebenssinn.

Hexen sind ein bunter, vielgestaltiger Haufen, der aus vielen verwandten Seelen mit bestimmten Überzeugungen und Praktiken besteht. Sie feiern die acht Feste und die dreizehn Vollmonde; die meisten besitzen die Gabe der Weissagung und kennen sich mit der Astrologie aus; sie kennen sich auch mit Pflanzen aus und sind nicht selten Gärtnerinnen. Viele halten Katzen.

Es gibt nicht nur eine Form des Hexenkults, und nicht alle Hexen verehren die Göttin auf die von mir beschriebene Weise. Einige zum Beispiel beten auch Gott als den männlichen Gegenpol zur Göttin an. Trotzdem ersetzt unsere spirituelle Praxis das hierarchische System des Vatergottes nie durch ein ebenso hierarchisches der göttlichen Mutter. Wir glauben an die Immanenz des Göttlichen, die Göttin in den Dingen. In diesem Glauben ist alles heilig, nichts hat Vorrang vor einem anderen.

Kapitel drei beschäftigt sich mit der dreifältigen Göttin. Ich behandele darin die spirituelle Vorstellungswelt der Hexen. Die Mythen von Demeter und Persephone zeigen die drei Gesichter der Göttin als Jungfrau, Mutter und alte Frau, die sich auch in den Mondphasen und im Zu- und Abnehmen des Sonnenjahres spiegeln.

Der Hexenkult ist eng mit der Natur verknüpft, und die weisen Frauen benutzen Mond- und Sonnenzyklus als Prüfsteine und Referenzpunkte für ihre eigene zyklische Entwicklung. Der Mond besitzt eine große Nähe zur Frau, deren Zyklen die Phasen dieses geheimnisvollen Gestirns reflektieren. Durch das Zu- und Abnehmen des Mondes lernen wir die flüssige Natur unseres eigenen Körpers besser verstehen, und wir können diese Veränderungen auf kreative Weise nutzen. Das sechste Kapitel über die Sternenkunde behandelt den Vollmond in den verschiedenen Tierkreiszeichen und zeigt, wie die Magie mit dem astrologischen Jahr zusammenhängt.

Der Hexenkult ist eine Feier des Lebens, und die alljährlich begangenen Feste markieren den Wechsel der Jahreszeiten und die verschiedenen Phasen unseres Lebens (s. Kapitel 8). Die Rituale der acht Hauptfeste sowie des Neu- und Vollmondes verankern unser spirituelles Wirken. Ebbe und Flut des Lebens spiegeln die Reise der Sonne durch das astrologische Jahr und den Zyklus von Tod und Wiedergeburt, den alles Lebendige durchläuft.

Kapitel sieben behandelt die Rituale. Ich zeige darin, wie sich das wandelnde Gesicht des Mondes sowohl im Menstruationszyklus als auch im weiblichen Lebensweg von Jungfrau, Mutter und alter Frau wiederholt. Die Pflanzen und das natürliche Leben im allgemeinen sind in diesen großen Kreislauf einbezogen. Die Jahresfeste zelebrieren die wechselnden Jahreszeiten und die geheimnisvollen Lehren, die sie enthalten. Die Feier des Hexenjahres gibt unserem Leben eine Struktur und läßt dennoch genug Raum für individuelle Kreativität und eigene Vorlieben.

Der Hexenkult ist so einfach oder kompliziert, wie man ihn sich macht. Die Rituale, die ich hier beschreibe, sollen nur eine Vorstellung davon geben, was überhaupt möglich ist. Sie können dem Leser als Anregung für eigene Rituale dienen.

Neue, lebendige Rituale zu finden ist von großer Wichtigkeit. Unsere Kultur erlebt tiefgreifende Veränderungen, und viele Menschen fühlen sich angesichts dieser Umwälzungen hilflos und bedroht. Der Halt traditioneller Bindungen hat sich schon lange überlebt und ist durch eine TV-Ersatzkultur abgelöst worden, die durch Konsum und Gier geprägt ist.

Hexen sprechen der Natur einen Eigenwert zu und sehen in ihr nicht nur Güter, die sich in finanziellen Gewinn überführen lassen. Wir befürworten einen ökologischen Ansatz in Landwirtschaft und Industrie und fordern ein verantwortungsvolles Umgehen mit dem Planeten, den wir mit den anderen Lebewesen nur teilen. Feministische Hexen solidarisieren sich mit der Friedensbewegung sowie mit Ökologie- und Menschenrechtsgruppen.

Die Kräuterkunde ist ein weiterer magischer Bereich, der trotz aller Anfeindungen der herrschenden Klassen überlebt hat. Pflanzen können das innerste Wirken der Mutter Erde offenbaren und sind ein integraler Bestandteil des Hexenkults (Kapitel 13).

Die Hexenkunst verleiht der einzelnen Person eine große Macht, die sie jedoch nicht für sich selbst, sondern als nützliches und wertvolles Mitglied der Gesellschaft einsetzt. Das dahinterstehende Konzept des Dienens wird in Kapitel neun über Ethik eingehender besprochen. Jede Form der Selbstentfaltung wird als Teil des allgemeinen Lebens und nicht als Selbstzweck begriffen.

Ich habe versucht, nur über Dinge zu schreiben, die ich durch eigene Erfahrung kenne oder selber studiert habe. Deswegen stehen hauptsächlich personenzentrierte Techniken im Vordergrund. Viele Hexen ziehen die persönliche Arbeit mit Einzelpersonen vor, um spirituelle Energien aufzuladen. Kapitel elf und zwölf, die übersinnlichen Fähigkeiten und das Tarot behandeln, geben ein Beispiel für diesen Ansatz. Die Tarotbilder enthalten den Schlüssel zur westlichen Mysterientradition. Sie entziehen sich dem profanen Blick und sind in ihrem Wesen zutiefst esoterisch. Zusammen mit der Astrologie kann das Tarot als Grundstein unserer magischen Tradition angesehen werden, deren Studien trotz eines halben Jahrtausends Verfolgung durch das Patriarchat nie aufgehört haben. Das Kapitel über Tarot enthält die Geschichte der Karten und meine eigene Interpretation der Kleinen und Großen Arkanen.

Hexen müssen die Natur der feinstofflichen Körper verstehen, um ihre Energie weise einsetzen zu können. Die Chakras und die ätherischen und astralen Ebenen helfen uns, unser inneres Selbst und die Art, wie wir mit anderen kommunizieren, zu verstehen. Sie zeigen uns, auf welche Weise wir mit unserer Umgebung Energie austauschen. Kapitel elf über das Heilen und die übersinnlichen Fähigkeiten erörtert den Ätherleib und das Chakrasystem und beschreibt einige Übungen zur Entwicklung übersinnlicher Fähigkeiten.

Wenn ich sage, daß ich eine Hexe bin, fragen mich die Leute oft, ob ich einen Zauberspruch für sie sprechen kann. Manchmal ist es ihnen damit durchaus ernst. Zaubersprüche sind Willensakte, die die Realität transformieren. In Kapitel zehn, das dieses Thema behandelt, spreche ich darüber, wie Zaubersprüche unser Leben verändern können. Ich habe auch einige gewöhnliche Zaubersprüche beigefügt, mit denen man Arbeit oder einen Liebhaber finden oder auch sich selbst schützen kann. Frauen müssen lernen, solche Fähigkeiten zu entwickeln und kreative Wege zu finden, mit unserer gewalttätigen, materialistischen Kultur fertig zu werden. Der Hexenkult fördert Selbstbestimmung und Verantwortung und befreit von der Passivität und der Bescheidung mit der Rolle des hilflosen Opfers.

Dieses Buch ist der Göttin gewidmet, der immanenten Göttlichkeit der Rosen in meinem Kamin, den Heilkräutern, die eine Freundin gezogen und mir gebracht hat, dem Duft des Sandelholzes und dem zarten Aroma von Kochäpfeln. All diese Dinge erinnern mich an ihre Gegenwart in meinem Leben. Der beißende sibirische Wind und der klare blaue Himmel zeugen von der Dunkelheit des vergangenen Winters und tragen ein Versprechen von Frühling und Neubeginn in sich. Das Rad des Jahres dreht sich weiter und trägt unser Leben mit sich. Das ist ihr Mysterium.

Beschwöre mit deinen Träumen
Mondlichtschatten.
Tanze feierlichen Schrittes
Dies Mysterium.

Elisabeth Brooke
Beltane, 1993

2
WEIBLICHE GESCHICHTE

Am Anfang war die Welt ohne Zeit. Die Menschen wanderten auf der Erde umher auf der Suche nach Nahrung, Wärme und Schutz. Eis bedeckte das Land. Allmählich begann es zu schmelzen, und der lange Winter wich einem fruchtbaren Frühling. Die Eisflächen zogen sich immer weiter nach Norden zurück, und die freigewordene Erde entfaltete ihre grünen Keime. In den weiten Steppen wuchsen die ersten Pflanzen, dann Büsche und schließlich Bäume. Das Land füllte sich mit Wiesen und Wäldern. Tiere, Vögel, Insekten und Blumen erschienen. Die Wanderer, die sich von Beeren und reifen Früchten ernährten, begannen Fallen aufzustellen. Sie bemerkten den Wechsel der Jahreszeiten, die Zeiten der Fülle und die Zeiten der Dunkelheit. Auf ihrer Reise durch das Land leitete sie die Sonne während des Tages und Mond und Sterne bei Nacht.

Verängstigt und so klein in einem so großen Land blickten sie zu Sonne und Mond auf, ihre Führung und schützenden Geistern. Die Sonne bewegte sich immer in die gleiche Richtung und blieb konstant, der Mond aber, das geheimnisvolle Licht der Dunkelheit, veränderte seine Form. Wie die Frau in der Horde schwoll er manchmal an, als sei er geisterfüllt, und dann wieder war er nicht zu sehen. Die dunkelsten aller Nächte. Einige in der Horde, ältere Frauen und junge Mädchen vor ihrer ersten Blutung, begannen, das Licht des Mondes, das zur Mutter geworden war, in ihre Körper aufzunehmen, und junge, mit Fellen und Hörnern bekleidete Männer nahmen den männlichen Gott der Jagd in sich auf. Diese heiligen Diener reisten in die »Anderswelt« der Schatten, Geisterreiche, wo der Mond sie küßte, die Sonne ihre Glieder wärmte und sie alle Mysterien erfuhren. Sie wußten nun, wie man mit den Toten fliegt und ihre Geister nach Hause zur Mutter geleitet. In der Anderswelt lernten sie die Bereitung von heiligen Getränken zur Heilung der Kranken und das Lesen von Omen für die Jagd.

Die Menschen begannen, seßhaft zu werden; zuerst in Höhlen, und später, als immer mehr Familien sich zusammenschlossen, bauten sie sich Hütten aus Holz und Stein und zogen hinunter in die Ebenen. Die Gemeinden wuchsen, die Regeln der Horde wurden zu Gesetzen, und die Familienältesten bildeten Ältestenräte. Heilige Töpfer formten Bilder der Göttin, der Großen Mutter aller Dinge, deren üppigen Brüste und Bauch der Horde Gesundheit und Fruchtbarkeit brachten. In den Höhlen wurden Zeichnungen angefertigt von Jagdszenen, Jagdgöttern und den alten Göttern, die Sonne und Mond trugen.

Jahrtausende vergingen. Aus den alten Göttern wurden mächtige Götter. Die Zivilisationen blühten: Sumer, Ägypten, Atlantis. Die Menschen beobachteten den Lauf der Gestirne, karthographierten sie, und die göttliche Wissenschaft der Astrologie wurde geboren. Sie zählten und erkannten die heilige Symmetrie der Zahlen, die sie von nun an aufzeichneten. Sie beobachteten die Seelen der Sterbenden und das Erscheinen der Neugeborenen und folgten dem Weg der Seele durch die vielen Himmel. Sie studierten Krankheit und Gesundheit und dachten viel über den Körper und sein Verhältnis zur Seele nach. Sie bereiteten Heilpflaster und Elixiere. Sie suchten nach Omen und

Vorzeichen, um einen Sinn in ihrem wechselhaften Leben zu finden: ein Leben voller Plagen und Überschwemmungen, voller Fluch und Segen. Sie gaben ihren Göttern Namen und errichteten ihnen Schreine, die Schreine wuchsen zu Tempeln, und am Ende wurden ganze Städte der Göttin geweiht.

Strahlend in ihrer Pracht, waren die Götter aber zugleich auch ehrfurchtsgebietend und schrecklich, und hinter den geringeren Göttern stand die kosmische Allmutter, deren Brüste Milch ins Firmament gossen und die neue Gestirne gebar. Ihr kurvenreicher, üppiger Körper war die Erde, auf der sie gingen. Ihre Rundungen waren die Wälder, Haine, Wäldchen und Quellen. Sie war überall, immanent – in jedem Stein, jedem Blatt, im niedrigsten der Tiere und im größten. Sie nährte sie alle, schenkte ihnen das Leben, hielt sie, während sie wuchsen, fütterte und schützte sie, und wenn ihre Zeit kam, nahm sie sie wieder zu sich.

Die Menschen formten Erdlöcher und Steinkreise, Tempel und hohe Türme; sie verehrten die Allmutter überall: auf Feldern und in Hainen, in Städten und an den rauhen Küsten. Und das Land wurde reich an Korn, an vielen Früchten und süßem Wein. Es war voll von den Tieren des Feldes und den Vögeln der Luft.

Die Tempel blühten. Die Priesterinnen der Göttin, deren Namen zahlreich waren, wachten über Geburt und Tod, die Felder und den Bau der Städte. Sie wurden reich, ihre Riten immer komplexer, ihre Kaste immer elitärer. Es war das goldene Zeitalter des Friedens. Aber wie eine reife Frucht schneller fault, wurde auch dieses Idyll bald durch Feuer, Überschwemmung und Blutvergießen zerstört. Atlantis, die heilige Insel, wurde durch eine große Welle verschlungen, die seine ganze Pracht mit sich riß. Die urtümlichen Wasser der Großen Mutter spülten die gierigen und korrupten Priesterinnen hinweg, weil sie ihrer nicht mehr gedachten, ihre Macht als die eigene ansahen und die heiligen Feuer des Kundalini[1] für weltliche Dinge mißbrauchten.

Gefährlich auf den sanften, blauen Wassern der Mutter balancierend, kippte schließlich die Achse der Welt und stürzte die hilflose Menschheit in ein Feuer aus Blut und Eisen.

Männer kamen, ganze Horden aus den südlichen Steppen, immer weitere Wellen ergossen sich aus der nordöstlichen Wildnis. Anfangs erlagen sie dem Zauber der Göttin noch, aber der Strom wollte nicht versiegen. Sie schwangen ihre Schwerter, schändeten und brandschatzten im ganzen Land, bis die Herrschaft des Vaters das mütterliche Paradies endlich zerstört hatte. Die ganze Welt verlor den Verstand. Die Eroberer waren gnadenlos, die Flut von Schändungen, Plünderungen und Blut unaufhaltsam. Weder Omen noch Opfer konnten dem Grauen Einhalt gebieten. Die Horden, die keine Götter neben dem Krieg kannten und keine andere Schönheit als Blut und Eisen, vergewaltigten, raubten und versklavten die Frauen. Die Priesterinnen wurden an ihren Haaren in den heiligen Hainen aufgehängt, Tempel und Schreine in Brand gesetzt, beschmutzt und entweiht.

Angst und Haß verhalfen diesen Männern zur Macht, und sie herrschten mit eiserner Hand. Ihre Unverfrorenheit kannte keine Grenzen; sie bemächtigten sich der göttlichen Mutter und setzten den Vater an ihre Stelle. Die Menschen fürchteten sich. Sie versammelten sich auf den Feldern, auf den Marktplätzen, in den Höhlen und Schreinen und erwarteten ängstlich die wütende Reaktion der Großen Mutter.

Die Pest kam, immer neue Wellen schrecklichster Krankheiten. In den Straßen hörte man die Schmerzensschreie der Sterbenden. Es gab keinen Gott. Tausende erstickten an ihrem eigenen Blut, mit Schwellungen, schwarzen Gliedmaßen, tödlichen Geschwüren. Im ganzen Land schwang der schwarze Tod seine Sichel. Krähen pickten die Augen aus den toten Körpern, und Morrigan zog durch das Land. Hekate in ihren nächtlichen Verstecken drängte zur Rebellion. Das Eitergeschwür des Vaters, das die Menschen Liebe nannten, brach auf und schleuderte alle möglichen Dämonen hervor. Die Menschen starben qualvoll, Ernten verdarben, Kriege wüteten. Der Vatergott mit seiner Totenmaske verdrängte das Leben. Es gab keine Hoffnung mehr.

Man sagte, er hätte seinen einzigen Sohn gesendet, den Prinzen des Friedens, die Inkarnation der Liebe, aber die Männer des Vaters töteten auch ihn wie einst Odin und nagelten ihn ans Kreuz. Der Prinz des Friedens, der gegen das schmutzige Gewerbe der Geldverleiher losschlug und die heilige Hure Magdalena als seine Vertraute hatte. Seine Worte fielen wie Regentropfen auf eine ausgedörrte Ödnis; die Priester des Vaters verwischten rasch die Spuren und machten weiter wie zuvor. Sie verkörperten das Gegenbild der Liebe, ihre Dunkelheit war grenzenlos, kein Abgrund ihnen zu niedrig.

Mit Gewalt und Furcht eroberten sie die Welt und verbreiteten sich wie eine faulige Plage. Kein Winkel war vor ihnen sicher, sie segelten zu den fernsten Ländern und den schönsten Menschen und schlachteten sie ab.

Die Anhänger des alten Glaubens zogen sich in die Berge zurück, da Überzeugung und vernünftige Argumente nichts fruchteten. Sie flohen dem Pomp und der Verderbtheit der neuen Städte und suchten die heiligen Haine und Berghänge der Großen Mutter auf. Sie versteckten sich und verhielten sich ruhig.

Die Angst hielt sie vom Schreiben ab. Wieder zu Nomaden geworden, wanderten sie umher, erzählten ihre Geschichten, heilten und gaben den Menschen Rat. Sie erzählten die uralten Mythen unserer heiligen Abstammung und trugen diese Kunde von den heiligen Hainen zu jedem Herd und Garten, der sie willkommen hieß und für die alten Weisen offen war. Noch immer beobachteten sie die Sterne und feierten sie die acht Feste. Sie studierten den Wechsel des Mondes, errechneten mit poetischen Maßen die Namen der Göttin und die Jahrhunderte, die vergehen würden, bevor endlich wieder Frieden einkehren würde. Sie hexten und heilten mit schillernden Versen und wachten über ihre heilenden Schwestern, während sie die Toten bestatteten, neues Leben auf die Erde holten und den Sippen als Mütter vorstanden.

Die Dunkelheit wuchs. Die Schergen des Vaters befürchteten, das Volk könnte die Lüge und die hohlen Rituale durchschauen. Weder die schönen Monumente und Kirchen noch die Gebeine der Heiligen vermochten die Herzen der Menschen zu bewegen. Sie suchten nach der Göttin und fanden eine sterile Maria, eine blasse Kopie der Großen Mutter mit ihren fruchtbaren Schenkeln und Brüsten und ihren wilden, tiefen Mysterien. An kleinen Quellen und Heiligtümern versammelten sie sich und beteten. Und die männlichen Priester tanzten auf ihren Festen, deren Namen sie veränderten, um ihren wahren Ursprung in Vergessenheit geraten zu lassen. Aber der Geist fehlte. Wo war die Liebe ihres Gottes? Die Predigten erzählten von Höllenfeuern und Verdammnis, von der Verderbtheit, Unreinheit und Sündhaftigkeit des gemeinen Volkes. Aber das Volk sah ganz andere Dinge: von Priestern geführte Hurenhäuser und Weingeschäfte. Sie registrierten den Reichtum der Priester, während sie selber verhungerten. Die Gier der Priester war unersättlich, sie besaßen Roben von feinster Seide und Satin, prahlerische Juwelenringe und

Kruzifixe, goldene Kelche und prachtvolle Silbertabletts. Das Volk in seinen groben Gewändern stand unbeschuht draußen im Schnee und mußte den Zehnten zahlen, auch wenn es selber keinen Krümel Brot auf dem Tisch hatte.

Allen Ungläubigen wurde der Krieg erklärt. Große Armeen, Männer, Frauen, Kleriker ritten oder liefen zu Fuß nach Jerusalem, der heiligen Stadt. Sie hinterließen ein verdörrtes und ausgehungertes Land. Man versprach den Soldaten Christi das Himmelreich, während man ihre Familien dem Hungertod und der Anarchie überließ. Die heilige Welt der Göttin zerbrach immer mehr. Die Reichen wurden noch reicher und brachten ungeheure Schätze aus den fernen Ländern mit. Und sie brachten Krankheiten und Hungersnöte.

Während die heiligen Kriege gefochten wurden, dezimierte eine Welle von Seuchen das Volk. Es wurde zornig und noch verzweifelter, einige planten einen Aufstand, Rache für den Fall der allmächtigen Mutter.

Die Menschen versammelten sich in Berghainen, geheimen Höhlen und an Stränden im Mondschein. Sie hatten Angst. Dies alles war der Fluch der Mutter. Ein verödetes Land. Nichts wuchs, kein grüner Keim, nirgendwo ein Lichtblick. In ihrer Verzweiflung riefen sie nach der Göttin und ihren Rachegöttern: Hern, die Jägerin, Hekate, die Rächerin, und Themis, die Weise. Der Vatergott versprach ihnen keinerlei Hoffnung; alles, was er ihnen gab, war die Aussicht auf noch mehr Leiden und Qualen in einem finsteren Ort, den sie Hölle nannten. Es formierten sich Gruppen, Gesellschaften und Schwesternbünde, die Frieden wollten und sich für Ordnung und eine Beendigung des Blutvergießens einsetzten.

Die Männer des Vaters reagierten auf ihre Weise und erklärten abermals den Krieg. Alle Hexen sollten verbrannt werden, sollten bis an die Grenzen des dem Menschen Erträglichen gequält werden. Ihr Geld sollte die Schatullen der Kirche füllen, und sie sollten ihre Freunde und Familien denunzieren. Eine Flut von Gesetzen wurde erlassen, es gab kein Entrinnen. Europa stand in Flammen. Kinder, Schwangere und die Alten wurden auf den reinigenden Scheiterhaufen des Vaters verbrannt. Ein halbes Jahrtausend später waren neun Millionen Frauen tot und die Gesellschaft zerrissen. Keine Frau war mehr sicher, nicht eine einzige.

Hexe, Hexe, Hexe. Eine eisige Furcht rann in den Adern der Frauen, die Furcht vor Vergewaltigung, Folter und Tod durch den Strang oder das Feuer. Aber vorher mußten sie noch zwölf ihrer Verbündeten verraten und mit ansehen, wie ihre schreienden Kinder vor ihren Augen gefoltert oder verbrannt wurden. Die Inquisitoren wurden fett im Schutze ihrer Helfershelfer und der Rüstungen, die sie unter ihren Roben trugen. Sie mußten die Rache der Gequälten fürchten, und einige wurden tatsächlich von den empörten Familien aufgeknüpft – aber zu wenige. Die Inquisitoren trugen ihr Unwesen in die neue Welt und breiteten einen Teppich aus Folter und Tod über den gesamten Kontinent aus.

Die Weisen zogen sich noch weiter zurück, obwohl ihnen die Berge kaum noch Schutz boten. Die Familien igelten sich ein, es gab keinen Austausch mehr, niemand sprach mehr mit dem anderen oder blickte ihm ins Auge. Es herrschte Schweigen.

Man kann ein Volk, eine Kultur nicht töten. Sie leben weiter, selbst wenn ihre letzten Verteter hingemetzelt wurden. In den Steinen, den Bäumen, den Flüssen, in den Winden, die Feuchtigkeit über das Land bringen. Die Geister warten in den heiligen Höhlen, in Quellen und Felstümpeln, bis das Blutvergießen vorüber ist.

3
DIE DREIFÄLTIGE GÖTTIN

Verborgen unter der Oberfläche sinnlicher Erfahrung und empirischer Verallgemeinerungen liegt ein Feld, das die Quellen einer ganzen Kultur enthält. Diese Quellen können nicht direkt wahrgenommen werden, eben weil sie sich unter der Oberfläche befinden, aber ihr Charakter kann aus dem Ausdruck erschlossen werden, den sie in Kunst und Religion gefunden haben.
Frank Boas[1]

Wo sollen wir nach unseren Wurzeln suchen? Wo können wir sie finden? Autoren wie Johann Jakob Bachofen und Jane Harrison[2] hatten ein Gespür für das Unausgesprochene und Verdrängte. Schon Mitte des letzten Jahrhunderts beschrieb Bachofen die Repressivität des römischen Patriarchats, die seiner Meinung nach darauf hindeutet, daß hier ein früheres, matriarchalisches System verdrängt wurde. Derselbe Prozeß spielte sich bei den alten Griechen ab,[3] die die mutterlose Athena an die Spitze des weiblichen Pantheons setzten; sie bekämpfte die kriegerischen Amazonen, die für das Recht der Frauen eintraten. Die Bedeutung der Reinheit im Griechentum läßt auf einen Reinwaschungsversuch schließen.

Mythen müssen den Anfangspunkt jeder ernsthaften Untersuchung antiker Geschichte bilden. Sie enthalten die Ursprünge, und nur die Mythen können sie aufdecken.[4]

Ich hätte viele Mythen nehmen können, Innana etwa, Isis oder die keltische Runde. Sie alle erzählen die gleiche Geschichte. Aber ich habe mich aus verschiedenen Gründen für den Mythos von Demeter und Persephone entschieden. Zum einen sind die Arbeiten hierüber relativ leicht zugänglich; wichtiger aber noch ist die Tatsache, daß die antiken Griechen den Mythos übernommen und umgewandelt haben. Die Vergewaltigung Persephones spiegelt die damalige Vergewaltigung der matriarchalischen Kultur, die mit dem Eindringen der nördlichen Völker in Südeuropa einherging. Der Vergewaltigungsmythos verdeckt dabei aber die ursprüngliche Bedeutung dieser Geschichte, die von einer Frau handelt, die sich in sich selbst vertieft, um dort ihre verborgenen Schätze zu finden.

Die Kultur des Mutterrechts, wie Bachofen sie nennt, gehört zu einer kulturellen Epoche, die dem patriarchalischen System vorausgeht und deren Niedergang erst mit dem Sieg des Patriarchats einsetzte. Matriarchalische Strukturen finden sich also hauptsächlich bei den vorhellenischen Völkern und bilden eine wesentliche Komponente dieser archaischen Kultur; sie prägten diese Kultur nicht anders als die patriarchalischen Strukturen die griechische Kultur.[5]

Die Vereinigung unsterblicher Mütter mit sterblichen Vätern, die gesellschaftliche Dominanz weiblichen Eigentums und weiblicher Verwandtschaftsverhältnisse machten den eigenen Gesellschaftsverband zum Mutterland. Das maternale Prinzip produziert ein Gefühl von Einheit, das sofort erstirbt, wenn das männliche Prinzip die Oberhand gewinnt. Mütter vereinigen, Väter trennen. Die matriarchalischen Staaten waren wegen ihrer Konfliktfreiheit bekannt.[6] Sie waren es, die die Vorstellung der Familie prägten, die sie in ihren großen Festen feierten. Die Verletzung von Mitmenschen und Tieren war für sie ein ungeheures

Verbrechen. Frauen stellten auch die ersten Richter. So forderte etwa Hannibal in seinem Pakt mit den Galliern, daß alle Dispute durch gallische Matronen geschlichtet werden sollten.[7] Die Verehrung der Großen Mutter ging also mit einem hohen Ansehen der Frauen einher, wie das Verhältnis zwischen Demeter und Persephone (Kore) zeigt. Ihr hoher Status verlieh ihnen priesterliche Funktionen, die zum Mysterium ihrer Weiblichkeit gehörten. Das Mysterium ist ein bestimmendes Element im Gesetz der demetrischen Mutterschaft und manifestiert sich den Frauen im Samenkorn und im Wechsel von Werden und Vergehen.[8]

Der weibliche Schoß besaß in dieser Kultur als Ernährer der Samens den Vorrang, was sich in einer Favorisierung der Nacht gegenüber dem Tag niederschlug. Man maß die Zeit in Nächten. Die Nacht war auch der richtige Augenblick, sich zu beratschlagen, Richtersprüche zu fällen und Rituale abzuhalten. Das Matriarchat zog den Mond der Sonne vor und damit die dunklen Seiten des Todes den strahlenden des Lebens, die Toten den Lebenden und die Trauer der Freude. Die weiblichen Namen für Ehrerbietung und Gerechtigkeit zeigen ihre Verwurzelung in der matriarchalischen Kultur, genauso wie die Tugenden der Redlichkeit, Frömmigkeit und Kultur.

Unzählige Beispiele belegen, daß es die Frauen waren, die seßhaft werden wollten, während der Mann, an das Nomadenleben gewöhnt, sich dagegen sträubte. Zivilisation und Kultur basieren auf der Frau mit ihrer Familie.[9] Kinder brauchen Stabilität, regelmäßige Nahrung und Erziehung. Eine Gesellschaft, die die Frauen achtet, setzt diese Werte um und wird kulturell erblühen. In der patriarchalischen Gesellschaft dagegen sind Kampf und Eroberung wichtiger als das familiäre Leben.

Strabo (63 v. Chr. bis 24 n. Chr.) führt diese kulturfördernde, besänftigende Macht der Frauen auf die Gottesfurcht zurück, die ursprünglich den Frauen zu eigen war und von ihnen an die Männer weitergegeben wurde. Man glaubte, daß die Frau der Gottheit nähersteht als der Mann und eine bessere Einsicht in den göttlichen Willen hat. Sie verkörpert das Gesetz der Dinge. Unbewußt, aber mit völliger Sicherheit, weiß sie, was gerecht ist. Sie ist das Gewissen der Menschen. Deswegen galt die Frau als heilig, als Hüterin der Gerechtigkeit und Quelle der Weissagung. Die Priesterin vermochte den Streit zwischen den Nationen zu schlichten. Und das war das religiöse Fundament des Matriarchats. Die Frau war die Quelle der ersten Zivilisation, wie Bachofen formuliert.[10]

Ich erzähle den Mythos von Demeter und Persephone zweimal, um meine Aussage klarzumachen. Zuerst die patriarchalische, allgemein akzeptierte Version. In ihr erwartet der Mann Persephone in der Unterwelt (im Terrain der Mutter?), wo er sie schwängert und ihr das heilige Kind gibt. In der zweiten Version ist es Persephone selbst, die sich dafür entscheidet, in die Unterwelt hinabzusteigen, weil sie die Klagelaute der Toten nicht erträgt. In der einen Version wird sie gezwungen, in der anderen geht sie freiwillig. Man kann in diesem Mythos den großen Zyklus der Natur erkennen. Er reflektiert das Aufblühen und Vergehen unseres eigenen Lebens. Aber er lehrt uns auch die produktive, transzendente Natur der Dunkelheit.

DAS REICH DER PERSEPHONE
DER PATRIARCHALISCHE MYTHOS DER PERSEPHONE

Zunächst also der bekanntere, postmatriarchalische Mythos. Persephone, die Tochter von Demeter, der griechischen Göttin der Erde und des Getreides, spielte eines Tages mit ihren Freundinnen, Artemis und Athene, und

Persephone, Königin der Unterwelt

pflückte Blumen. Auf einer Wiese ganz in der Nähe sah sie eine wunderschöne Blume mit einem vollen, narkotischen Duft. Als sie sich vorbeugte, um sie zu pflücken, tat sich plötzlich die Erde vor ihr auf, und sie stürzte in einen Abgrund. Demeter und Hekate, die sich in einer nahe gelegenen Höhle aufhielt, hörten ihre Schreie. Demeter begann, sich auf die Suche nach ihrer Tochter zu machen. Neun Tage lang suchte sie – ohne zu essen oder zu baden – mit zwei brennenden Fackeln in der Hand nach Persephone. Am zehnten Tage begegnete sie Hekate, die ebenfalls eine Fackel trug (insgesamt also drei), und gemeinsam gingen sie zu Helios, dem Sonnengott. Er als einziger hatte mit angesehen, was genau mit Persephone geschehen war. Er berichtete den beiden, daß Persephone von Hades, dem Herrn der Unterwelt, entführt worden war.

Demeter entfuhr ein schreckliches Heulen, das die ganze Welt gefrieren ließ, und von diesem Zeitpunkt an wollte nichts mehr wachsen. Die Erde wurde zur Ödnis. Demeters Tochter war entführt und, eine Jungfrau noch, von einer fremden Macht vergewaltigt worden: dem Mann.

Alle Mütter machen dies durch, wenn ihre Töchter ihnen gewissermaßen entrissen und in die Welt des Mannes entführt werden. Die Männer vergewaltigen sie und halten sie in Fesseln, aber sie geben ihnen auch das Geschenk des Lebens. Persephone kehrt mit dem göttlichen Kind zurück. Es ist nicht das ihre, aber es wuchs in ihrem Leib heran und wurde von ihr geboren. Persephone ist nun eingeweiht in das große Mysterium der Geburt.

Der Demeter-Persephone-Mythos reflektiert die vorpatriarchalischen Mythen der dreifältigen Göttin, der Großen Mutter. Ihre Trinität umfaßt die Aspekte der Jungfrau (Persephone), der Mutter (Demeter) und des alten Weibes (Hekate). Hekate befand sich in einer Höhle, wie es der »dunklen Mutter der Schatten« gebührt. Sie sah die Vergewaltigung und begegnete Demeter mit einer Fackel in der Hand. Zwei Göttinnen, die mit drei Fackeln nach der unschuldigen Persephone suchen. Mutter, Jungfrau, altes Weib, die uralten drei Gesichter der Großen Göttin. Mit der Ankunft des Sohnes schließlich wird daraus ein Vierergespann.

Aber Persephone muß sterben, bevor sie ihr Königreich erben kann, denn sie war in Wahrheit die Königin dieses Reiches, nicht seine Sklavin. Sie muß sterben, um sich von ihrer Mutter zu trennen und erwachsen zu werden. Ist diese Vergewaltigung also ein Symbol für den psychologischen Tod, für das Eindringen des Unbewußten, das wie ein Erdbeben hervorbricht und unsere naive Unschuld zerstört – oft gerade dann, wenn wir uns am sichersten fühlen?

Hades/Pluto bricht zerstörend aus der Dunkelheit hervor und fordert Lohn für die Reichtümer, die dem Mythos nach tief in der Erde verborgen sein sollen. Was aber verbirgt sich dort in der Unterwelt? Das Königreich, das Persephone erbt? Sie hat, so erfahren wir, vom Granatapfel gegessen, von der Frucht, die der Göttin heilig ist und die Hades/Pluto ihr gab, um sie an sich zu fesseln. Deswegen mußte sie für ein Drittel des Jahres zu ihm zurückkehren.

Damit sie vergaß? Damit sie ihr ursprüngliches Wissen nicht mehr praktizieren konnte? Sie erschien mit dem Geschenk des Lebens, einem Kind, aber es war ein männliches Kind, ein weiteres fremdes Wesen.

Auf ihrer Suche nach Persephone gelangt Demeter ins Land des Königs von Eleusis. Untröstlich in ihrem Schmerz, setzt sie sich an einen Brunnen außerhalb der Palastmauern, der als »Brunnen der schönen Tänze« bekannt war. Dort finden sie die Königstöchter, die gerade Wasser holen wollen. Sie erkennen die edle Frau in Demeter, geben ihr Wasser und Essen und bieten ihr an, sich als Amme um das Königskind zu kümmern.

Als die Frau des Königs Demeter Wein reicht, lehnt diese ab. Statt dessen trinkt Demeter, um ihr Fasten zu brechen, ein Gemisch aus Gerste, Wasser und Minze, das in einem speziellen Gefäß zubereitet worden ist. Aus Dankbarkeit beschließt die Göttin, das Kind des Königs unsterblich zu machen, indem sie es jede Nacht einem Feuer aussetzt. Sie wird dabei beobachtet und schwört dem König, daß der erste Eindruck trog. Gutes erscheint in der verdrehten Welt der Menschen böse und Böses gut. Sie wollte dem Königskind das größte Geschenk geben, einen unbezahlbaren Schatz, die Unsterblichkeit. Aber die blinden, unwissenden Sterblichen glauben, daß sie das Kind töten wollte. Dies ist ihr Mysterium. Demeter ist die Korngöttin, und Korn muß mit Hilfe des Feuers zubereitet werden. Das Feuer hätte das Kind unsterblich gemacht. Feuer brennt, Feuer reinigt, aus der Asche des Scheiterhaufens steigt Phönix empor.

Demeter gibt sich schließlich als Göttin zu erkennen und verlangt, daß man ihr einen Tempel oberhalb des »Brunnes der schönen Tänze« errichte. So geschieht es, und sie zieht sich zurück, um sich wieder ihrer Trauer zu überlassen. Demeter fastet, Demeter wütet, und die Welt verdorrt. Dann kehrt Persephone zurück. In einigen Mythen findet Hekate sie, in anderen Hermes. Sie kehrt zurück, aber sie ist kein Kind mehr; sie ist nun selber Mutter eines Kindes. Mütter und Töchter bilden ein Kontinuum.

Persephone kehrt zur Welt zurück, wo Hekate sie empfängt. Von da an sind beide unzertrennlich. Sie sieht die Alte, die bis dahin in der Höhle, im Schatten hauste, und erkennt sie. Persephone schließt die alte Frau in die Arme und teilt fortan das Leben mit ihr. Die Jungfrau, die zur Mutter wurde, begrüßt die alte Frau; sie werden eins.

Persephone hat also eine Erfahrung gemacht, die sie das häßliche, alte Gesicht der Göttin erkennen ließ, denn auch Hekate ist eine Göttin. Sie ist verwandelt worden. Auch sie war im Feuer.

Wer lebt in der Unterwelt? Bis das patriarchalische Pantheon sie stürzte, war Hekate Herrscherin der Unterwelt. Nun wohnt sie in einer Höhle, also noch immer in der Dunkelheit, aber nicht mehr unter der Erde. Hekate ist es, die mit ihrer Fackel Persephone sucht und zu ihr ins Reich der Toten hinabsteigt. In der Unterwelt wartet das Grauen auf die Jungfrau, die Gorgo, eine wahre Alptraumfrau mit einem Kopf voll kriechender, zischender Schlangen, deren häßliches Gesicht und todbringende Augen die Männer versteinert. Sie ist die verschlingende, blutspeiende Mutter, die große Gleichmacherin: Könige und Bettler werden von ihr unterschiedslos in Stein verwandelt. Niemand entgeht ihrem Blick. Aber sie ist niemand anderes als Persephone selbst: eine Monstrosität, die den Platz des unvorstellbar Schönen eingenommen hat, die nächtliche Seite dessen, was am Tage das erstrebenswerteste aller Dinge ist.[11]

Persephone hat sich selbst gesehen. Am finstersten und traurigsten aller Orte, weit entfernt von aller Tröstung und Hilfe, ist sie dem Alptraum ausgeliefert: Entführung, Vergewaltigung, der grauenhafte Anblick des Gorgonenhauptes. Und doch geht sie erfüllt aus dem Alptraum hervor. Voll Leben, aber verwandelt. Und sie umarmt nicht nur ihre Mutter, sondern auch Hekate, die gestürzte Herrscherin ihres Reiches. Persephone kehrt nicht nur als Mutter zurück und ißt den Granatapfelkern (der Unsterblichkeit?); sie ist auch für immer an das Gorgonenhaupt gebunden und wird ihre Erfahrungen in der Unterwelt nie wieder vergessen. Wann immer sie in der *Ilias* erwähnt wird, erscheint sie als furchterregende Herrscherin der Unterwelt. Sie hört die Flüche der Menschen und wird sie geschehen lassen. Und schlägt man die Erde mit der Hand, so wird sie gerufen. Die Herrin des Todes. Sie hat das Schreckensgesicht der Gorgo gesehen und es umarmt. Sie trägt es bei sich, wie sie das Geschenk des Lebens trägt, das sie vom Ungeheuer bekam.

Sie hat das Blut der Mutter gesehen, und Blut ist, wie auch Carl Gustav Jung beschreibt, das Mysterium der Frau: Das Leben einer Frau ist eng mit dem Blut verknüpft. Jeden Monat wird sie an dieses Faktum erinnert, und auch die Geburt ist ein blutiges Ereignis, zerstörerisch und kreativ zugleich. Aber es wird der Frau nur gestattet zu gebären. Das neue Leben ist nicht ihre Kreation. Tief in ihrem Herzen weiß sie das und freut sich über die Gnade, die ihr zugefallen ist. Sie ist nur eine kleine Mutter, nicht die Große Mutter selbst. Aber ihr kleines Ereignis ist ein Beispiel für das große Ereignis. Wenn sie das verstanden hat, ist sie von der Natur gesegnet, weil sie sich eingefügt hat und deswegen an dem Reichtum der Großen Mutter teilhaben kann.[12]

Sie ist nicht Perseus, der das Haupt der Gorgo (Medusa) mit einer mondförmigen Sichel abschlagen muß; sie nimmt die häßliche Mutter in sich auf, die Schlange häutet sich und wird zu einem Kind.

Persephone tritt ins Sonnenlicht hinaus. Sie erstarrt nicht zu Stein, sondern umarmt das Leben. Aber sie vergißt nicht. Und wenn sie es versucht, wird ihre Erinnerung durch den Granatapfelkern (der Wurzeln geschlagen hat) wieder aufgefrischt. Dieser Kern seinerseits wird neue Früchte hervorbringen. Die Natur und das Leben sind zyklisch, Unsterblichkeit kommt durch das Feuer. Es gibt kein Zurück. Wir können nur den Schritt nach vorne wagen, ins schwarze Loch, ins Unbekannte; oder wir werden aus Mangel an Glauben versteinert am Rande des Abgrundes stehenbleiben, für immer gefangen in einer jämmerlichen Erstarrung. In den unwirklichen Nebeln der Unterwelt, weder tot noch lebendig, nur atmend. Persephone springt in die Dunkelheit und wird im Feuer wiedergeboren.[13]

ELEUSIS

Zweitausend Jahre lang war das Mysterium von Eleusis das heiligste und bestgehütete Ritual der klassischen Zivilisation. Es wurde nie öffentlich aufgeführt und war für Initiierte erst nach einer langen Reinigung zugänglich.

Es heißt, daß Demeter nach ihrer Vereinigung mit Persephone zum Tempel von Eleusis zurückkehrte und dort die Könige ins Mysterium einweihte. Die Riten begannen irgendwann zwischen 1400 und 1100 v. Chr. und galten als lebenswichtig für die Spiritualität der antiken Griechen. Die Rituale waren *bios* (Leben) für die Menschen in Athen, die ohne sie nicht leben konnten (*abiotos*). Initiierte von Eleusis galten als Gesegnete (*albios*).

Die Psychologie des Demeterkults besitzt nach C. G. Jung alle Kennzeichen einer matriarchalischen Gesellschaftsordnung, in der der Mann unverzichtbar, aber im großen und ganzen ein störender Faktor ist.[14] Kerényi schätzt, daß etwa 30 000 Menschen, Männer wie Frauen, an diesen Ritualen teilnahmen, die meisten vermutlich aus Athen.[15] Niemand, der Blut vergossen hatte, durfte ins Mysterium von Eleusis eingeweiht werden. Die dunklen Riten der dreifachen Göttin waren kein Ort für das grobe Kriegervolk. Das Ritual wurde alljährlich begangen und strahlte Kraft und Geheimnis aus.

Der Traum-Alptraum Persephones (*arrhetos koura* – die unaussprechliche Jungfrau) und Demeters (die Fruchttragende) wurde in Attika jedes Jahr während der Aussaat, die in den Monat Boedromion fiel, aufgeführt. Jane Harrison, eine englische Anthropologin des beginnenden Jahrhunderts, nennt diesen Monat Pyanepsion (Oktober/November). Das Ritual wurde im letzten Drittel des Monats, vom 11. bis zum 13. Tag gefeiert, wenn der Mond seiner selbst beraubt wird und auf die Suche nach dem entführten Teil geht, bis er schießlich die totale Finsternis erreicht.[16]

Wie die anderen Riten der Göttin begann das Ritual in der Nacht. Mit hochgehaltenen Fackeln, myrtebekränzt und in Trauerkleidung schlängelten sich die Initiierten auf der Straße nach Eleusis. Einige Frauen trugen die heiligen Weidekörbe oder *cista* auf ihren Köpfen. Die Weide, aus denen die Körbe geflochten waren, waren der Göttin heilig. Eine Schlange wand sich um die *cista mystica*, den großen Korb, der ein Ebenbild der Gebärmutter enthielt.[17] Schweine, der Göttin heilig, wurden ihr zum Opfer dargebracht, indem man sie in Felsspalten stürzte. (Ein Schweinehirt soll mit seiner Herde gemeinsam mit Persephone in die Unterwelt gestürzt sein.) Im darauffolgenden Jahr wurden sie wieder hochgezogen und auf den Altar gelegt, wo ihre gesegneten Überreste mit der Saat vermengt und dann ausgesät wurden.

Initiierte des kleineren Mysteriums von Agrai, einem

Stadtteil von Athen, veranstalteten eine nächtliche Prozession, die von Fackeln erleuchtet wurde, wie sie Demeter und Hekate bei ihrer Suche nach Persephone, der Königin der Toten, getragen hatten. Sie verhüllten sich, wurden zu Bräuten des Todes und ergaben sich den Mächten der Finsternis. Sie fasteten wie einst Demeter und wanderten wie sie suchend in der Dunkelheit umher.

In der ersten Nacht wurden die Initiierten zu einem geheimen Ritual gerufen. In der zweiten saßen die Frauen fastend auf der Erde wie Demeter auf ihrem freudlosen Stein am Brunnen der schönen Tänze. Sie schwiegen und waren nachdenklich. Dann erklang der Ruf: »Haltet ehrfurchtvoll Schweigen. Haltet ehrfurchtvoll Schweigen. Betet zu den zwei Thesmoporoi, zu Demeter und Kore.«[18]

Dann tauchten die Feiernden ins Meer und vereinigten sich mit der wassergleichen Großen Mutter, wobei sie sich tauften und erneuerten. Die Initiierten zogen schließlich in einer Prozesssion zum Tempel der Demeter in Eleusis, wo die Riten begannen. Sie wurden in die tiefsten Winkel des heiligen Gebäudes geführt, wo ihnen die drei Gesichter oder Seiten des Mysteriums offenbart wurden: das Tun, das Sagen und das Zeigen. Man hat das Bekenntnis der Initiierten gefunden: »Ich habe gefastet; ich habe den gemischten Trank getrunken; ich habe ihn aus der *cista* [eine kleine Weidentruhe] geholt, mit ihm gearbeitet, ihn in den Korb gelegt und wieder aus dem Korb herausgenommen und in die *cista* gelegt«[19] Mutter dem Kinde und Kind der Mutter, von der Truhe in den Korb und wieder zurück, aber stets der dunklen, karg fastenden Mutter huldigend, die das Mischgetränk reicht, Wasser und Wein oder Blut und Milch.

»Initiieren« bedeutet »schließen«, Augen, Ohren und Mund, um andere, esoterische Sinne diesem größten der Mysterien zu öffnen. Den heiligen Tanz von Eleusis sehen, sich von seiner Schönheit verzaubern lassen und dann zu sehen oder nicht zu sehen, wie all die Lichter gelöscht wurden.

Während die Fackeln erloschen, führten die Priesterinnen und Priester die Heilige Hochzeit auf, die Vergewaltigung, nicht der Persephone, sondern ihrer Mutter Demeter, die in eine Ehe mit Zeus gezwungen wurde. Die Vergewaltigung der trauernden Mutter heilt, »wenn in völliger Dunkelheit mit dem Schlage des Gongs die Kore aus der Unterwelt gerufen wird und das Totenreich aufbricht (…) indem plötzlich ein Licht- und Feuermeer von Fackeln aufflammt und der Geburtsruf ertönt: *Die hehre Göttin hat ein heiliges Kind geboren.*«[20] Geschmiedet im Feuer und in der Dunkelheit geformt, bricht das Leben hervor. Das Echo der Schreie schallte durch die Bucht von Eleusis, was soviel bedeutet wie Ort der glücklichen Wiederkehr. Der Widerhall der Rufe schwebte durch die Nacht, und alle Athener konnten das Licht sehen, das sich auf dem Wasser spiegelte. Sogar die Gottlosen durften an dem Mysterium teilhaben.

Wer ist nun wer in dieser Geschichte? Zwei vergewaltigte Frauen? Zwei heilige Kinder? Oder ist es nur der uralte Mythos, der sich hier wiederholt? Schweigend wird das Gerstenkorn den Initiierten gezeigt, »das vollkommene große Licht (…) das vom Undarstellbaren kommt«.[21] Die Entführung und Vergewaltigung, die Penetration durch eine fremde Macht und die Geburt des heiligen Kindes bedeuten nicht, daß es das Maskuline ist, daß hier eine Wiedergeburt oder Wiederverbindung mit der Mutter erzwingt, sondern daß die Frau »sich selber befruchtet«.[22]

> Erst dann hat sich das Weibliche zentral gewandelt, nicht sosehr dadurch, daß es Weib und empfangend Mutter geworden ist und damit die irdische Fruchtbar-

keit und den Bestand des Lebens garantiert, sondern dadurch, daß es sich auf höherer Stufe mit der weiblichen Geistseite, der Sophiaseite der Großen Mutter, vereinigt und so zur Mondgöttin geworden ist.[23]

Weil Persephone zur Göttin wird, wird sie schließlich unsterblich. Als Trägerin des Lichts und Mutter des göttlichen Kindes kann sie von Hades nicht mehr entführt werden. Ihre Unsterblichkeit enzieht sie seinem Zugriff.

Auf einem Relief aus dem fünften Jahrhundert v. Chr., das bei Eleusis gefunden wurde, sieht man die Göttin Demeter (Kore) und den Jüngling Triptolemus. Triptolemus ist der Urmann, der Sohn der Göttin, der wegen der Gabe des Korns zu Demeter kommen muß. Er wird von seiner gewalttätigen, kriegerischen Lebensart zu einer friedlichen, agrarischen Existenz gebracht. Er soll drei Gebote unter den Menschen verbreitet haben: Halte deine Eltern in Ehren, verschone die Tiere, und ehre die Götter mit Früchten. Demeters Sohn wird damit beauftragt, das Weizenkorn in der ganzen Welt zu verbreiten. Ihm, dem Mann, ist die chthonisch-unterwelthafte Fruchtbarkeit der Frau entzogen, aber er kann sie von ihr als Geschenk erhalten. Er bekommt einen Wagen, der von Drachen gezogen wird. Das goldene Korn ist die unschätzbare Lehre des Mysteriums. Die Männer, die bei Eleusis in das Mysterium eingeweiht wurden, waren für immer gekennzeichnet: Als glücklich galt in Hesiods Hymnen an Demeter der auf Erden wandelnde Mann, der diese Mysterien gesehen hat. Aber der Uninitiierte, der an ihnen nicht teilhatte, hat bis zu seinem Tode nichts Gutes gesehen und muß in Dunkelheit und Melancholie vergehen.[24]

Am letzten Tag des Mysteriums (Tag 13) stellte man zwei runde Vasen auf, sogenannte *Plemochooai* (Ausschüttung der Fülle); eine von ihnen war nach Osten, die andere nach Westen ausgerichtet. Der Inhalt dieser Vasen wurde auf die Erde geschüttet, während die Priesterin dazu die Worte »Fließe! Empfange!« sprach.[25] Milch und Blut, kostbarste Flüssigkeiten, aus denen das Leben fließt, Wasser und Erde, Mutter und Jungfrau. Das Mysterium der Frau.

Auch C. G. Jung sieht die Frau als Mysterium. Eine Frau, so sagt er, lebt zunächst als Tochter, dann als Mutter. Das bewußte Erleben dieser Verbindung produziert das Gefühl einer Ausdehnung ihres Lebens über die Generationen – der erste Schritt zur unmittelbaren Erfahrung, außerhalb der Zeit zu sein, was ein Gefühl der Unsterblichkeit mit sich bringt. So erhält die Frau eine Bedeutung, die in der Gesellschaft alle unnötigen Hindernisse des durch sie fließenden Lebensstromes aus dem Wege räumt. Gleichzeitig ist sie als Individuum aus ihrer Isolation gerettet und ihre Ganzheit wiederhergestellt. Jede rituelle Beschäftigung, so Jung, hat letztlich genau dieses als Ziel und Resultat.[26]

Das Heiligtum wurde 2000 Jahre später durch die Barbaren aus dem Norden zerstört. 396 n. Chr. fielen die Goten unter Alarich in Griechenland ein. Damit erfüllte sich die Prophezeiung, nach der mit dem Fall Eleusis auch Griechenland untergehen würde.[27]

Aber nicht alle Männer, die der schrecklichen Mutter begegneten, nahmen sie an. Perseus tötete sie mit der mondförmigen Sichel, die zur Ernte der Feldfrüchte diente, er schnitt ihr den Kopf vom Körper, eine patriarchalische Geste, die sie entmachtete. So wenigstens hoffte er. Aber sie zog sich nur noch tiefer in die Unterwelt zurück. Die Labyrinthe wurden komplizierter, die Gefahren noch größer. Aber sie starb nicht. Ihr Kopf grinst hämisch über jedem Schlachtfeld, und ihr wahnsinniges Lachen, das die Scheiterhaufen zu vernichten versuchten, ertönt noch immer. Als Freundin aller Faschisten, Mörder,

Vergewaltiger, Fanatiker und Inquisitoren haust sie auch heute noch in schattenhaften Zwischenwelten, ihr Todesgeröchel ist in Wortzwischenräumen vernehmbar.

Die dreifältige Göttin, die große kosmische Allmutter, ist die Grundlage der Glaubensüberzeugungen, die ich und viele andere Hexen haben. Ihre drei Gesichter spiegeln die drei Phasen, die wir in unserem Leben durchlaufen, als Jungfrau, Mutter und alte Frau gleich dem Wandel des Mondes von Neumond und Vollmond zum Dunklen Mond.

DIE MUTTER

Die Präsenz des Überwältigenden macht uns allein schon durch das Großartige dieser Erfahrung regelrecht sprachlos. Es ist mysteriös, weil es unausprechlich ist – es gibt einfach keine Worte dafür. Erfahrungen, die man nicht in Worte fassen kann, werden in einer Welt bar aller Mysterien oft unterschätzt. Eine solche Welt ist für die weibliche Lebensweise, für Frauen, die Kinder bekommen, sich um die Lebenden kümmern und die Toten versorgen, psychisch katastrophal. Ihr innerstes Selbstwertgefühl wird in Frage gestellt, denn sie haben keine Worte für das Wesen dieser ursprünglichen Erfahrung.[28]

Die Beziehung zur Mutter, zur Großen Mutter, ist unsere erste, die alle nachfolgenden Beziehungen prägt. Wir sehen ihr Gesicht, wenn wir sterben. Sie trägt die unsagbaren Mysterien des Lebens, in ihre Arme schmiegen wir uns im Wissen, daß unser Überleben von ihr abhängt. Kein Wunder, daß unsere Haltung ihr gegenüber zweideutig ist und die Jünger des Gottvaters bei dem Gedanken ihrer Abhängigkeit erzittern. Sie entsprangen nicht sauber gewaschen und fertig gekleidet irgendeinem Kopfe, sondern waren rülpsende, kotverschmierte, quengelnde Kinder. Sie wurden in einer Welle aus Blut, Kot und Schleim von ihren kämpfenden, schwitzenden, keuchenden und fluchenden Müttern unter großen Schmerzen geboren. Es gibt Männer, die bei der Geburt ihrer Kinder dabei waren und sich von diesem Trauma nicht erholten. Selbst einigen Frauen ist das passiert.

Die Gefolgsleute des Vatergottes machen alle möglichen Verrenkungen, um dieses erste, letzte und größte weibliche Mysterium unter Kontrolle zu bekommen. In einigen Ländern ist es Frauen verboten, einer anderen Frau bei ihren Wehen beizustehen. Die Väter und ihre Helfershelfer verdrängen die Frauen, Frauen, die selber geboren haben und verstehen, was da passiert. Sie bedrängen, terrorisieren und verunglimpfen den letzten heiligen Ritus, der der Frau geblieben ist. Das Heilige wird profanisiert, den Frauen wird nahegelegt, sich vor der Geburt narkotisieren zu lassen, aus Furcht, sie könnten ins Mysterium eingeweiht werden. Das Gebären ist Evas Fluch, aber Eva hat Lilith als Magd und Hebamme. Die Schattenwandlerin und Schwellgängerin kennt den eisigen Hauch des Todes. Mit einem Fuß in beiden Lagern hält sie während dieser gefährlichsten aller Reisen Evas Hand. Nie ist der Mensch dem Tode so nah wie bei der Geburt. Die Afrikaner sagen, eine Frau in den Wehen ist wie jemand, der auf einem Baumstamm einen weiten, weiten Fluß heruntertreibt. Helfer können ihr vom Ufer aus Ermutigungen zurufen, aber sie ist allein auf ihrem Stamm in dem großen Fluß. Der Vatergott hat den Fluß trockengelegt und den Stamm zerhackt, und von Zeit zu Zeit stößt er die Frau ungeduldig an, damit sie endlich fertig wird. Sie ist jetzt völlig allein, es gibt niemanden, der ihr wohlgesinnt ist, ihre Hände sind gebunden, ihr Mund geknebelt – sie ist eine Gefangene. Ausgestreckt liegt sie da, gegen die Schwerkraft anpressend, rasiert, mit weit gespreizten Beinen, damit der Vatergott ihr Mysterium begaffen kann. Da er nicht begreift, daß das Mysterium eines der Teilhabe, nicht des Voyeurismus ist, verkennt er das Wesentliche und schärft sein Skalpell.

Eine Mutter zu ihrem neugeborenen Sohn, während sie die Nabelschnur durchtrennt:

> Ich schneide aus deiner Mitte die Nabelschnur: Du weißt, du begreifst, daß der Ort deiner Geburt nicht dein Zuhause ist ... Das Haus deiner Geburt ist nicht mehr als ein Nest. Es ist eine Zwischenstation, durch die du hindurchgehst, dein Eintritt in diese Welt. Hier keimst und blühst du. Hier wirst du von deiner Mutter abgetrennt wie der Splitter von einem Stein.[29]

Die Geschichte der Mutterschaft ist so gut wie nie von Müttern selbst geschrieben worden. Die männliche Psychologie der Mutter-Kind-Beziehung beschäftigt sich ausschließlich mit dem Geburtstrauma des Kindes, nie mit dem der Mutter. Mütter erhalten für alles die Schuld, für Erfolge aber werden sie nie gelobt. Im Patriarchat sind Mütter grundsätzlich schuldig. Sie tragen die Verantwortung für steigende Kriminalität und Brutalität, für die Infantilisierung und Kastrierung ihrer Söhne und den zunehmenden Werteverfall bei der jüngeren Generation.

In ihrem Buch über Vergewaltigung beschreibt Susan Brownmiller den Fall des Würgers von Boston, über den einige Psychiater ein Profil erstellten. Der Mörder hatte in diesen Profilen durchweg eine »verführerische, strafende, dominante Mutter«, was ihn, so die Experten, vermutlich zur Homosexualität und einem extremen Mutterhaß getrieben habe. Als man Albert DeSalvo schließlich entlarvte, stellte sich heraus, daß er ein sehr liebevolles Verhältnis zu seiner Mutter hatte, die alles andere als eine dominante oder repressive Frau war. Sein Vater aber war ein brutaler Säufer, und DeSalvo haßte ihn. Der Vater schlug Mutter und Kinder regelmäßig, und einmal brach er seiner Frau alle Finger einer Hand und schlug ihr danach die Zähne aus. Er hatte vor seinen Kindern Geschlechtsverkehr mit Prostituierten und verließ seine Familie, als Albert acht Jahre alt war.[30]

Die Beziehung zwischen Müttern und Söhnen ist nicht immer so, wie die patriarchalische Phantasie sie sich ausmalt. Adrienne Rich beschreibt zum Beispiel sehr plastisch den Sommer, den sie mit ihren drei Söhnen, ohne erwachsene Männer und ohne die Herrschaft des Vaters verbrachte:

> Wir kamen in einen, wie ich fand, herrlich sündhaften Rhythmus hinein ... wir aßen fast immer draußen, lebten buchstäblich von der Hand in den Mund; wir waren halb nackt und blieben die halbe Nacht auf, um Fledermäuse, Sterne und Glühwürmchen zu beobachten oder zu lesen und uns Geschichten zu erzählen ... wir lebten wie Schiffbrüchige auf einer einsamen Mutter-und-Kind-Insel ... Ich weiß noch, wie ich dachte: So also könnte ein Leben mit Kindern aussehen – ohne feste Schulstunden, Schlafenszeiten und Terminpläne, ohne die Konflikte einer Frau, die gleichzeitig Mutter und Ehefrau ist und keinen Freiraum hat, einfach nur sie selbst zu sein.[31]

Ich schreibe über Mütter, heute an einem bitterkalten Wintertag, in London, das gerade eine tiefe Rezession durchlebt. Der Anblick der jungen Männer, die in dünnen Decken eingewickelt auf den Bürgersteigen sitzen, schockiert mich kaum noch. Eine alte Schwarze spricht gerade zu einem dieser Jungen; sie gibt ihm Essen und eine

Dose Cola und ermahnt ihn, sich warm zu halten. Der Junge ist peinlich berührt. Angesichts dieser mütterlichen, selbstlosen Zärtlichkeit empfinde ich plötzlich eine Woge aus Mitleid, Schmerz und Verlangen. Das schmerzliche Mitgefühl für diese mutterlosen Söhne und Töchter des Vatergottes überwältigt mich.

Die Mutter, Anfang und Ende allen Lebens, wurde vom Patriarchat gedemütigt und versklavt, aber ihre göttliche Liebe läßt sich nicht unterdrücken. Egal, was die Väter uns erzählen, unsere Herzen sehnen sich nach der Wahrheit unserer Mütter. Wir könnten die flüchtigen Freuden des Vatergottes genießen, aber wir liegen siech und blutend da und rufen nach der Mutter, deren Hände wir noch vor uns sehen, die sich damals um uns kümmerten und uns trugen.

> Eure Kinder sind nicht *eure* Kinder.
> Es sind die Söhne und Töchter von des Lebens Verlangen nach sich selber.
> Sie kommen durch euch, doch nicht *von* euch.
> Und sind sie auch bei euch, so gehören sie euch doch nicht.
> Ihr dürft ihnen eure Liebe geben, doch nicht eure Gedanken.
> Denn sie haben ihre eigenen Gedanken.
> Ihr dürft ihren Leib behausen, doch nicht ihre Seele,
> Denn ihre Seele wohnt im Hause von Morgen, das ihr nicht zu betreten vermöget, selbst nicht in euren Träumen.
> Ihr dürft euch bestreben, ihnen gleich zu werden, doch suchet nicht, sie euch gleichzumachen.
> Denn das Leben verläuft nicht rückwärts, noch verweilet es beim Gestern.
> Ihr seid die Bogen, von denen eure Kinder als lebende Pfeile entsandt werden.[32]

DIE JUNGFRAU

»Die erste Hexe war ohne Zweifel schwarz, bisexuel, Kriegerin, eine weise und starke Frau, außerdem eine Hebamme und Führerin ihrer Sippe.«[33] Wenn wir von Jungfrauen sprechen, denken wir gewöhnlich an blonde, junge Mädchen mit sanften Stimmen, die eher zerbrechlich, sensibel und ziemlich nichtssagend sind. Hexen verstehen unter Jungfrauen etwas ganz anderes, ja Gegensätzliches. Im Alter von neun Jahren wurden junge Mädchengruppen *(arctoi)* für Artemis ausgewählt. Sie trugen das safrangelbe Bärenfell, lernten zu jagen und im Rudel der Bärinnen zu tanzen. Sie waren wild, unbändig, stark und athletisch. Artemis, die Königin der Amazonen, wollte ihre Frauen stark, und so begann das Training schon in jungen Jahren. Die vorpubertären Mädchen lernten das Bogenschießen, das Reiten von Wildpferden, Ringen, den Zweikampf und die heiligen Riten – kurz, sie lernten, Krieger-Priesterinnen zu werden.

Diana-Artemis: Göttin der Hexen und Amazonenkriegerinnen des alten Thrakien, Libyen und Mazedonien. Lesbische Göttin, Wolkenreiterin; Jägerin, Zähmerin der Löwen; tausendbrüstige Artemis von Ephesus und Hekate, die finstere Alte der Weggabelung. Ihr gehört das Gesicht des abnehmenden und zunehmenden Dunklen Mondes. Sie hatte ihre Blütezeit in der Bronzezeit im Mittelmeerraum, in Marseilles und Syrakus. In Ephesus errichteten die Amazonenkriegerinnen ihr 900 v. Chr. einen Tempel in Form eines Bienenstocks. Ihre Riten wurden von *Essenen* (kastrierten Priestern) und den *Melissa* (Bienenpriesterinnen) abgehalten. Die Schwarze Diana wurde in Ephesus aufbewahrt, auf dem Kopf den Diopet, den heiligen neolithischen Stein. 400 n. Chr. zerstörten die Christen sie in dem irrigen Glauben, es handele sich bei ihr um die »Teufelin Diana«. Statuen der Schwarzen Madonna, die im mittelalterlichen Europa gefunden wurden, sollen ursprünglich die Schwarze Diana dargestellt haben, die auf die ägyptische Schwarze Isis zurückgeht.

In Rom galt Diana als Beschützerin der Erniedrigten und Entrechteten, der Sklaven, Gesetzlosen, Diebe und Frauen. Die Amazonen Nordwestafrikas (des heutigen Marokkos) wurden Gorgonen genannt, und Medusa war eine ihrer Königinnen. Der Mythos der Gorgo könnte auf historische Schlachten gegen die griechischen Patriarchen zurückgehen, die auch mit den mazedonischen Amazonen Krieg führten. Amazonen trugen Tuniken aus Ziegenhaut und magische Schlangen in ihren Beuteln. Sueton schreibt, daß sie über große Teile Asiens geherrscht haben, noch 500 n. Chr. war das Schwarze Meer als Amazonenmeer bekannt.[34] Herodot, ein griechischer Historiker aus dem fünften vorchristlichen Jahrhundert, spricht von den libyschen Amazonen, Kriegerinnen, die als erste das Pferd gezähmt haben sollen und wegen ihrer Reitkünste berühmt waren. Barbara Walker zufolge gründeten die Amazonen Smyrna, Ephesus, Kyme, Myrine und Paphos,[35] allesamt Kultzentren der Großen Göttin, die auch dem matriarchalischen Troja zu Hilfe kamen. Königin Penthesilea wurde in der Schlacht vom brutalen Achill getötet, der ihren Leichnam schändete und damit seine ganze Verachtung für die Herrschaft der Frauen kundgab. Er wollte auf diese Weise »ihren rachsüchtigen Geist binden«.[36]

Sie wurden »die Schönen« genannt, und die Trojaner errichteten Heiligtümer für die Seelen der toten Amazonen; noch jahrhundertelang brachten sie ihnen Opfer dar. Theseus, der König von Attika, verletzte das Amazonengesetz, indem er die Amazonenkönigin Hippolyte zwang, seine Frau zu werden. Das war der Beginn der patriarchalischen Machtübernahme. Wütend fielen die Amazonen in die griechischen Küsten ein und belagerten Athen. Griechen und Amazonen wurden Erbfeinde, und die Amazonen verbündeten sich unter Artemisia mit Xerxes, um 480 v. Chr. in der Schlacht von Salamis gegen die Griechen zu kämpfen.

Die Inseln von Lesbos, Tauros und Lemnos galten als Fraueninseln. Die Kriegerinnen von Tauros opferten jeden Mann, der an ihren Küsten landete, und der Legende nach erhoben sich die Frauen von Lemnos gegen ihre Männer und töteten sie. Diese Frauen lebten gänzlich ohne Männer und kamen nur zu rituellen Zeiten mit dem anderen Geschlecht zusammen, um schwanger zu werden.

Die Walküren und die Krieger-Königinnen der Kelten und Iren waren die Amazonen Nordeuropas. Kriegerinnen haben eine lange Tradition. Lewis Spence vermutet bei ihnen die Herkunft der Hexen:

> Ich glaube, daß sie ihren Ursprung in einer Frauenkaste haben, die Pferde- oder Viehzucht oder vielleicht auch beides betrieb. Die gesamte Volkskunde des Hexenkultes weist viele Verbindungen zu Pferden und Viehherden auf. Aus einer solchen Frauenkaste wie den Amazonen der klassischen Überlieferung, so denke ich, könnte der Hexenkult entstanden sein. Das Verhexen des Viehs, die offensichtliche Macht dieser Frauen über die Herden und ihre traditionelle Darstellung als pferdereitende Zauberinnen haben mich zu der Überzeugung geführt, daß irgendwo in Nordafrika eine weibliche Religion entstand, die sich aus dieser Frauenkaste entwickelte. Später verlor sie an Bedeutung und wurde zu einer rein okkulten und magischen Angelegenheit.[37]

Amazonen sind Jungfrauen, d. h., sie gehören niemandem. Sie sind ein Beispiel für die wilde, jägerische, blutige Form der Jungfrau. Im Vergleich dazu ist Persephone oder Kore, wie sie auch heißt, eine ganz andere Geschichte.

Herrin der wilden Dinge

DER MATRIARCHALISCHE MYTHOS DER PERSEPHONE

Persephone ist im vorpatriarchalischen Mythos[38] die jungfräuliche Tochter Demeters. Die Kornmutter Demeter war ursprünglich kretisch. Persephone, die Kornjungfrau, ist gleichsam die neue Ernte. Demeter brachte Attika zwei Geschenke: das Korn und den Initiationsritus. Die Homerischen Hymnen an Demeter, die etwa 700 v. Chr. geschrieben wurden, erzählen die Geschichte der eleusinischen Mysterienfeiern,[39] die auch »Vergewaltigung der Persephone« genannt wurden. Aber im vorolympischen Mythos ist von einer Vergewaltigung keine Rede. Das Mysterium soll von der ägyptischen Göttin Isis stammen und über Kreta nach Athen gekommen sein. »Was das Fest der Demeter betrifft ... Es war Danaus Tochter, die diesen Ritus aus Ägypten mitbrachte und ihn den pelasgischen Frauen beibrachte.«[40]

Ägypten war ein Matriarchat, das die Isis verehrte. Isis, die Himmelskönigin, konnte nach Belieben in der Unterwelt ein und aus gehen. Sophokles beschreibt die herausgehobene Rolle der ägyptischen Frauen im Zusammenhang mit den Töchtern des Ödipus:

> Wie hat ihr Sinn, ihr ganzer Tageslauf
> Sich der Ägypter Weise angepaßt!
> Dort sitzt der Mann zu Haus und webt und spinnt,
> Indes das Weibervolk sich draußen müht
> Und für des Lebens Notdurft Sorge trägt.[41]

In Athen nannte man die Toten *Demetreioi*, die Leute Demeters. Sie kehrten mit ihrem Tod gewissermaßen wieder in Demeters Leib zurück. Der Schoß, der sie gebar, nimmt sie wieder auf. Deswegen weinte nur die Mutter um ihre Toten. Demeters Tränen um ihr totes Kind ließ den Trauerkult entstehen, der tief in unterirdischen Höhlen abgehalten wurde. Virgil nennt bei seiner Beschreibung der Unterwelt *matres atque viri* – Mütter und Männer; nach dem Tod bleiben nur noch die Mütter übrig.[42]

Nach athenischem Brauch wurde Saatgut auf die Grabstätten gestreut, um sie zu reinigen und sie dem Leben zurückzugeben. Aus dem Samen des Granatapfels werden wiederum neue Früchte geboren. Der erste Granatapfelbaum entsprang dem Blute Agdistis, der zwitterhaften Großen Göttin der Vorzeit. Als sie entmannt wurde, fiel das Blut ihrer Wunde auf die Erde, und der erste Baum entstand.[43] Die Seelen nährten sich von Granatapfelkernen, die auf die attischen Gräber gelegt wurden.

Persephone wurde in Attika auch *Phesephatta*, Göttin der Unterwelt, genannt. Wahrscheinlich war ihre »Vergewaltigung« eine Abwandlung des Ursprungsmythos, der den Einfall der Barbaren aus dem Norden widerspiegelte.

Der ursprüngliche Mythos hatte nach Charlene Spretnak folgende Gestalt:[44] Am Anfang kannte die Welt keinen Winter. Blumen und Früchte blühten und reiften in einem ständigen Zyklus (der Garten Eden). Die Menschen ließen ihre Existenz als Jäger und Sammler hinter sich und wurden seßhaft. Die Göttin Demeter, die über sie wachte, gab den Frauen das Korn als Geschenk, und gemeinsam mit ihrer Tochter Persephone beschirmte sie die Ernte. Persephone waren die jungen Pflanzen und die grünen Weizentriebe am liebsten. Wenn das Korn in der Sommersonne reifer wurde, ging Persephone in die Berge, um dort für ihre Mutter Narzissen, Hyazinthen und Myrte zu sammeln und für sich selbst roten Klatschmohn, der zwischen den Weizenähren wuchs. Auf ihrem Weg dorthin begegnete Persephone den Seelen der Toten, die ruhelos um ihre irdischen Heimstätten schwebten. Sie fragte ihre Mutter, warum niemand in der Unterwelt die gerade Gestorbenen empfing und bewirtete. Demeter antwortete, die Unterwelt gehöre zwar ebenfalls zu ihrem Reich, aber die Lebenden seien in ihren Augen wichtiger. Das Leiden der heimatlosen Geister verfolgte Persephone so sehr, daß sie sich kaum noch an der Schönheit der Welt erfreuen konnte. Sie beschloß, selbst in die Unterwelt hinabzusteigen und die Geister der Toten zu bewirten. Sie sammelte drei Mohnpflanzen und drei Weizenhalme und wurde von Demeter zu einer Erdspalte geführt. Dort gab sie ihr eine Fackel, und Persephone stieg allein in die Unterwelt hinab. Langsam und schweigend schlängelte sie sich die engen, feuchten Gänge hinab, bis sie schließlich das Stöhnen der Toten vernahm. Sie bog um eine Ecke und stieß auf eine riesige Höhle, die mit den verzweifelt umherschweifenden und klagenden Geistern der Toten gefüllt war. Auf einem niedrigen, flachen Fels errichtete Persephone einen Altar, auf den sie Demeters Fackel und eine Schale Granatapfelkerne, die Nahrung der Toten, stellte. Als die Totengeister näher kamen, salbte sie sie mit Granatapfelkernen und sprach:

> Ihr wuchset ins volle Leben
> Und verginget in die Dunkelheit:
> Möget still und weise ihr euch erneuern.[45]

Monatelang empfing Persephone die Toten in der Unterwelt und segnete sie. Demeter aber beklagte den Verlust ihrer Gefährtin und Tochter. Ruhelos schweifte sie über die Erde, um sie vielleicht an einer der geheimen Spalten der Erde anzutreffen. Schließlich aber saß sie nur noch da und wartete, während die Erde verdorrte. Die Samen waren gepflanzt, aber nichts gedieh.

Eines Morgens wuchs ein purpurroter Ring aus Krokussen (Purpurrot ist die Farbe der Trauer) und umringte Demeter auf ihrem Bergabhang. Erstaunt darüber, daß irgend etwas ihrem Verbot zuwiderhandelte, beugte sie sich vor, um das Geflüster der Krokusse zu vernehmen: »Persephone kommt, sie kehrt zurück!« Demeter sprang auf und flog über die Erde, der Tochter entgegen. Wo immer sie auch vorbeikam, sprossen Blätter und Blumen, und die Erde erwachte zu neuem Leben. Die Vögel sangen, die Tiere warfen ihr Winterfell ab, und Demeter wob für Persephone ein Kleid aus weißen Krokussen. Von dieser Zeit an warten die Sterblichen mit ihr zusammen auf Persephone, die neue Königin der Unterwelt, die den neu Verstorbenen Beistand leistet.

DAS ALTE WEIB

Es gibt etwas in der Dunkelheit, das uns Frauen anspricht, uns Leben verleiht. Ohne die Stille des Winters könnten keine Samen wachsen. Und vor der Geburt kommt es zu einer langen Pause, in der die schwangeren Ideen und Formen reifen. Nur ein Hauch trennt den unerträglichen Schmerz unserer finstersten Stunden von dem Licht der Morgendämmerung. Die Dunkelheit ist das Land der Alpträume und zugleich der Ort, an dem das Leben mit seinen unerhörten Reichtümern und Mysterien beginnt. Ohne

Hekates Fackel oder Persephones Sorge um die Toten entstünde ein Ungleichgewicht und es gäbe zuviel Licht. Alles wäre zu glatt, blutleer.

> Halb gelebte Leben,
> Wandelnd in der Dunkelheit,
> Ziehen sie die Muse an,
> Die zum Gorgonenhaupt
> Sich wandelnd
> Nun sie anzieht.

Wir brauchen das Gespräch mit den Toten. Die Hekate der wilden Dinge führt uns in den Alptraum, hinunter ins Leben. »Dreiköpfiges Nachtwesen, exkrementenverschlingende Jungfrau, Hüterin des Schlüssels zur Unterwelt, Gorgonenauge, Schreckliche, Düstere.«[46]

Raben, Krähen, Schlangen, Spinnen, Fledermäuse – alles Unheimliche, Furchteinflößende kreucht und fleucht um das alte Weib. Barbara Walker beschreibt die indische Dakini, »die mit einem Friedenskuß den letzten Atemhauch des sterbenden Erleuchteten mitnahm«.[47] Auch andere Psychopompos (Seelenführer) der vorchristlichen Tradition, die slawischen Vilas, die teutonischen Walküren und die keltische Morrigan hatten die Macht, die Seelen der Toten durch den letzten Kuß in sich aufzunehmen und so wiederzugebären. In ihren Armen zu sterben galt als ekstatisches Erlebnis. Das alte Weib war der süße Todeskuß, die fliegende Schlange, der prachtvolle Geist der Lüfte, die kastrierende Hexe, die die männlichen Genitalien verschlang, Blut trank, Leichentücher webte und in den Labyrinthen der Toten wandelte. Als Schamanin hatte sie freien Zugang zur Welt der Lebenden und Toten, sie glitt die Weltachse hinunter, den Baum des Lebens, flog als Krähe oder Drachen, lernte die Geheimnisse des Todes, der Wiedergeburt und des Heilens und kümmerte sich in der oberen Welt um die Kranken und Sterbenden.

Aber sie war auch die Stammeshüterin der Weisheit und der Überlieferungen sowie Weberin der Träume, Frau der wilden Meere, Hüterin des heiligen Feuers und Meisterin des heiligen Kessels, des Gefäßes des Lebens. Sie streunte mit den Wölfen umher, spukte an Kreuzwegen, war die Göttin des Sauren und Bitteren und die nestzerstörerische Mutter, die das böse Auge des durchdringenden Urteils besaß, die antike Ästhetin, die alles Weltliche, Kindheit und Familie hinter sich ließ und sich auf die Straße, in die Berge und Wälder begab, wo sie in den Schatten hauste und den Mond anheulte. Hekate der wilden Dinge, Königin der Nacht, süße Herrin aller Dinge, die in der samtenen Nacht erblühen. Bluttrinkerin, die die Totenklage hält, ausbrechende, chaotische Kraft, die periodisch die alten Formen zerbricht, damit neues Leben entstehen kann. Spirituelle Beschneiderin und Hüterin der Zeit. Bei manchen heißt sie Schwellenbewohnerin, Runenleserin, Schicksalsspinnerin. Die alten Weiber, die sitzend bei den Guillotinen saßen, als die Köpfe der korrupten Aristokraten in der Französischen Revolution rollten, waren die Frauen der Hekate, der Fleischfresserin mit ihrem brodelnden Kessel aus Blut und Milch, Leben, Tod und wieder Leben. Ihr ist der große Zyklus eigen, der endet, um neu zu beginnen, und wieder neu beginnt, damit er endet. Sie ist zugegen bei der Sonnenwende, wenn die Nacht näher kommt und der Tod nicht mehr weit weg ist, und im tiefsten Augenblick des Winters, wenn die warmen Winde des Sommers sehnsuchtsvoll erwartet werden. Schrecken alles Schönen und Erhabenen, das sie ins Gegenteil verwandelt, schleimige, schlangenköpfige, wild Rasende, giftspeiend mit einem Mantel aus Fledermäusen, umsprungen von Fröschen und Kröten, mit Schlangen und Eidechsen auf ihrem Arm. Alptraum, Mutter der Nacht, in der die Rüstungen der mutigen Krieger beschmutzt und kühne Worte und Taten zunichte werden. Wessen Gesicht sehen die Krieger im Augenblick des Todes? Das des alten Weibes, immer ist es das alte Weib, das ihnen Trost, Beistand und Linderung von Angst und Schmerzen bringt.

Lilith, in Sumer, Babylon, Assyrien, Kanaan, Persien und in der arabischen, germanischen und hebräischen Mythologie beheimatet, war als Vampirfrau, Ende alles Fleisches, kreischende Eule, Schlange, Hund bekannt. »Lilith ist ein instinkthafter, erdiger Aspekt des Weiblichen ... ein pulsierender, ursprünglicher, sprachloser Zustand.«[48] Sie wählt lieber die wilde Einöde und die Gesellschaft der Dämonen, als sich Adam zu unterwerfen oder sich unter ihn zu legen.[49]

DIE GESPALTENE WURZEL DES MONDES

> Da werden untereinander laufen Wüstentiere und wilde Hunde, und ein Feldteufel wird dem andern begegnen; (Lilith) wird auch daselbst herbergen und ihre Ruhe daselbst finden. *Jesaia 34, 14*

Sie wandert in der Wildnis, kriecht, heult, gibt Tierlaute von sich. In ihren orgiastischen Riten mit der Göttin verbunden, reitet sie bis an den äußersten Rand, pochend, pulsierend, fleischzerreißend, sexuell hemmungslos. Sie ist die fremde Frau. Honig soll von ihren Lippen fließen[50] durch das Mysterium ihres Schmuckes. Sie hatte keine Hände und Füße; sie waren ihr von Gott wegen der Verführung Evas abgeschnitten worden. Sie schläft mit Männern, die allein liegen. Sie treibt sich an Kreuzwegen herum, »wie eine verabscheuungswürdige Hure, und stellt sich hin, um die Söhne des Mannes zu verführen.«[51]

> Eva ist die lebensnährende Seite des instinkthaft Weiblichen, während Lilith den gegensätzlichen Todespol darstellt ... Lilith beherrscht die Tagundnachtgleiche und die Sonnenwende. Wie bei Hekate sind ihre Kräfte bei den instinktiven Kreuzwegen im Leben einer Frau am stärksten: während der Pubertät, bei jeder Menstruation, zu Beginn und Ende der Schwangerschaft, Mutterschaft und Menopause.[52]

Die Patriarchen gingen von einem Streit zwischen Eva und Lilith aus. Eva kann ihre Bedürfnisse in festen Beziehungen befriedigen, Lilith nicht. Lilith, auf ewig ohne Kinder und Liebe, schweift frei an stürmischen Orten umher, während Eva sicher zu Hause sitzt. Voll Mißtrauen beäugen sie einander, aber sie sind keine Feinde. Reife Frauen erkennen die Notwendigkeit beider Seiten des Mondes, seine gespaltene Wurzel.

Es gab eine Zeit, da wart ihr keine Sklavinnen, erinnert euch. Ihr gingt allein, des Lachens voll, und badetet mit nacktem Bauch. Ihr sagt, ihr habt alle Erinnerung daran verloren, erinnert euch doch … Ihr sagt, es gibt keine Worte dafür, ihr sagt, es existiert nicht. Erinnert euch doch. Versucht, euch zu erinnern. Oder, wenn das nicht geht, erfindet es.[53]

4
DER HEXENKULT VON DER VORZEIT BIS ZUM ZEITALTER DES FEUERS

Viele Bände könnten über die Geschichte des Hexenkultes und der Verehrung der Göttin verfaßt und viele Standpunkte eingenommen werden. Geschichte ist nie objektiv; sie wird unausweichlich von den Vorurteilen des Verfassers geprägt, seinen kulturellen, rassischen und politischen Überzeugungen. Fügt man den Aspekt des Geschlechtes hinzu, wird das Thema sofort emotional, hysterisch (von *hyster* – Gebärmutter) und leidenschaftlich. Wir können nicht über den Hexenkult reden, ohne zugleich über unsere Mütter und die mystische Große Mutter zu sprechen, die niemanden teilnahmslos läßt. Die Geschichte des Hexenkults erzählt von dem Krieg des Vaterrechtes gegen das Mutterrecht und den Feldzug der Väter (Patriarchen) gegen das weibliche Prinzip, wie es sich in der Natur, im zyklischen Leben und im Körper der Frau ausdrückt.

Wir müssen den Hintergrund der gegenwärtigen Praktiken in Mythos und Realität zu verstehen versuchen, auch wenn unsere Deutungen der Zeichen immer subjektiver werden, je weiter wir in die Vorzeit zurückgehen.[1] Mythen und Legenden erzählen uns von den Kulturen, die sie hervorbrachten, und sollten deswegen nicht einfach wegen ihrer »fehlenden faktischen Basis« ignoriert werden.

In ihren umfangreichen Studien über die vorgeschichtliche Göttin hat Marija Gimbutas in minutiöser Kleinarbeit Belege für matrizentrische, wenn nicht gar matriarchalische Gesellschaften ausgegraben.² Die Religion der Muttergottheit wird auf das Paläolithikum (Altsteinzeit) zurückdatiert, als Fruchtbarkeitsgöttinnen verehrt wurden.³ Höhlenmalereien und Statuen der Göttin zeigen sie als Große Mutter: mit vollen Brüsten und gewaltigem, manchmal auch schwangerem Bauch. Die Große Mutter wurde in allen Kulturen verehrt, wenn auch unter stets verschiedenen Namen.

> Der Hexenglauben bezieht seine Lehren aus der Natur und erfährt seine Inspiration aus den Bewegungen von Sonne, Mond und Sterne, aus dem Vogelflug, dem langsamen Wachsen der Bäume und dem Wandel der Jahreszeiten.⁴

Der Hexenkult entwickelte sich vor mehr als 35 000 Jahren mit dem Ende der Eiszeit. Als das Eis sich allmählich nach Norden zurückzog, füllte sich die Tundra mit Leben. Tierherden streiften durch die Steppen. Jäger und Sammler zogen über das Land. Schamanen versetzten sich in den Geist der Herden »und erhielten dadurch einen Einblick in den pulsierenden Rhythmus, der allem Leben unterliegt«.⁵

Priesterinnen, die die göttliche Mutter darstellten, und Priester, die den Gehörnten Gott repräsentierten, verehrten die wechselnden Jahreszeiten und beobachteten den Lauf der Gestirne, die Sonnenfinsternis und andere Naturphänomene. Sie waren die Lehrer des Stammes, seine Gesetzgeber und Richter, Heiler und Hebammen. Kurz, sie repräsentierten die göttliche Autorität und waren für ihr Volk Mutter- und Vaterfiguren. Als das Eis schmolz und das Grasland sich weiter nach Süden ausbreitete, wandten sich die Stämme dem Fischen und der Kräuterkunde zu. Sie entwickelten neue Werkzeuge, und langsam kamen die vereinzelten Familien in kleinen Dorfgemeinschaften zusammen, in denen Schamanen und Priesterinnen sich um ihr spirituelles und materielles Wohl kümmerten.

Die Frühzeit der Göttinnenverehrung

Niemand weiß genau, wie der Hexenkult entstanden ist. Ich vermute, er hat sich aus zwei Hauptwurzeln entwickelt. Die erste war die Religion der Göttin, eine Religion der Vorzeit. Aus der Anbetung der Göttin haben sich viele Mysterientraditionen entwickelt. Der Hexenkult ist vornehmlich eine Frauenreligion und steht deswegen in einer matriarchalischen Tradition. Er umfaßt viele Aspekte, die auch für ein Matriarchat kennzeichnend sind: die Beachtung der jahreszeitlichen Bräuche, das Weissagen, Heilen, Kräuterkunde, Mythen und die Sternenkunde. Vermutlich haben sich diese Fähigkeiten über viele Jahrhunderte durch empirische Erfahrung ausgebildet. Frauen waren die Hüterinnen dieser Fähigkeiten, da ihre Lebensweise ruhiger und mehr mit dem spirituellen Leben der Gemeinde befaßt war. Sie kümmerten sich um die Aufzucht der Kinder, um Landwirtschaft, Töpferei, Weben und die Pflege der Kranken und Sterbenden. Das Fehlen von Führern im Hexenkult gibt Aufschluß über die ihm eigene Organisationsform, die eher kooperativ als hierarchisch ist. Ich glaube, daß sich der Hexenkult durch Frauengruppen entwickelt hat, die sich in Gemeinschaften trafen und Fähigkeiten, Rezepte und Erfahrungen austauschten.

Nach der Zerstörung der Tempel der Göttin tauchten ihre Priesterinnen in den ländlichen Gemeinden unter, wo sie ungesehen von den eifersüchtigen Blicken der Patriarchen weiter ihrer Religion nachgehen konnten. Sie hielten an ihrer Tradition fest und vererbten die uralte Lehre von der Mutter zur Tochter weiter, bis die Hexenverfolgung diese Verbindung zerschnitt.

In ihrem Buch *Die Frau als Heilerin* beschreibt Jeanne Achterberg eine dänische Schamanin, Thorbioga, die sich besondere Ehren erwarb und zur Legende wurde.

> Sie trug ein Kleid aus grünem Stoff, von oben bis unten geknöpft, hatte eine Glasperlenkette um den Hals, und ihr Kopf war von einem mit weißem Katzenfell besetzten schwarzen Lammfell umhüllt; ihre Schuhe waren aus Kalbsleder, das Fell noch daran, und mit an Messingknöpfen befestigten Riemen geschnürt; über die Hände hatte sie Handschuhe aus nach innen gewendetem weißen Katzenfell gestreift; sie trug einen hunländischen Gürtel, an dem ein Beutel mit ihren magischen Instrumenten hing, und sie stützte ihre gebrechliche Gestalt auf einen mit vielen Messingknöpfen besetzten Stab.[6]

Als das Leben etwas ruhiger wurde, entwickelten die Priesterinnen und Schamanen eine Erdmagie, arbeiteten mit Kraftlinien und feierten die vier großen Quartalstage und die vier Feste. Riesige Steinmonumente markierten die Grabhügel und Kompaßstriche und dienten als rituelle Zentren.

> Mit jedem Ritual, mit jedem Sonnenstrahl oder Mondenschein, die in machtvollen Zeiten auf die Steine fielen, nahm ihre Kraft zu. Die Steine wurden zu Speichern subtiler Energien, Pforten zwischen der sichtbaren und der unsichtbaren Welt.[7]

Die prähistorischen Stämme wanderten weit umher, und es herrschte ein reger Austausch von Ideen und religiösen Praktiken. Robert von Ranke-Graves erzählt die Geschichte des matrilinealen Stammes der Tuatha de Danaan.[8] Der

Stamm fiel in der mittleren Bronzezeit in Irland ein, nachdem er zuvor durch eine Invasion aus Syrien über Griechenland nach Norden in Richtung Dänemark getrieben worden war. Der Zeitpunkt ihrer Ankunft ist auf das Jahr 1472 v. Chr. geschätzt worden. Die Tuatha de Danaan verehrten die Göttin Danu, deren Heiligtum bei Argos bis zu seiner Eroberung durch die Phönizier das religiöse Zentrum des Peleponnes war.

Eine weitere Invasion Irlands erfolgt 200 Jahre nach den Danaern, die in Bedes *Ecclesiastical History* verzeichnet ist. Diese Leute kamen aus Thrakien. Sie durchquerten das Mittelmeer, stießen in den Atlantik und landeten bei Wexford Bay, wo sie von den Danaern überzeugt wurden, nach Nordbritannien weiterzuziehen. Dieses Volk war als die Pikten (Elfen) bekannt. Amazonengleich nahmen die Frauen dieses Stammes an den Schlachten teil.

Von Ranke-Graves vermutet eine enge Verbindung zwischen den ursprünglichen britischen, den griechischen und den hebräischen Völkern.[9] Er behauptet, daß gegen 2000 v. Chr. ein Bund von handeltreibenden Völkern durch Invasoren, die von Nord- und Südosten eindrangen, aus der Ägäis vertrieben wurde. Einige von ihnen sollen auf den üblichen Handelswegen nach Norden gewandert sein und schließlich Britannien und Irland erreicht haben, während andere nach Syrien und Kanaan eindrangen.

Und so beruhte

> ... die Anziehungskraft des modernen Katholizismus (...), trotz der patriarchalischen Trinität und der rein männlichen Priesterschaft, eher auf der ägäischen, um Mutter und Sohn kreisenden Religionsüberlieferung, zu der er allmählich zurückkehrte, als auf seinen aramäischen und indo-europäischen »Kriegergott«-Elementen.[10]

Kriegerhorden fegten während der gesamten Bronzezeit durch Europa (die erste Invasion in Thessalien fand 1900 v. Chr. statt) und zwangen die friedliche Gemeinde der Göttin zur Flucht in die Berge. Sie behielten den alten Glauben, feierten ihre Feste und lehrten mit Hilfe von Poesie, Mythologie und Magie. Die poetischen Schulen in Irland und die Druidenschulen waren mit dem Feenvolk verbunden und bewahrten die Traditionen durch Lieder und Poesie,[11] wie die folgenden Fragmente des Gedichtes »Cad Goddeu« (Die Schlacht der Bäume) sehr schön belegen:

> Ich war in vielen Gestalten,
> Bevor ich die passende Form fand.
> (...)
> Ich war ein Tropfen in der Luft.
> Ich war ein leuchtender Stern.
> Ich war ein Wort in einem Buch.
> (...)
> Verzaubert für ein Jahr
> In die Gischt des Wassers.
> Ich war ein Schürhaken im Feuer.
> Ich war ein Baum im Dickicht.
> Nichts gibt es, was ich nicht gewesen.
> (...)
> Als ich gemacht ward
> Aus den Blüten der Nessel,
> Aus dem Wasser der neunten Welle,
> (...)
> Ward ich verzaubert von Gwydion,
> Dem großen Zauberer der Briten.[12]

Die Geschichten und Romanzen wurden von walisischen Minnesängern rezitiert, die nicht von der Kirche bestellt wurden, aber, wie von Ranke-Graves sagt, im Volksglauben

»mit divinatorischen und prophetischen Kräften« ausgestattet waren.[13] Sie waren Nachkommen der ursprünglichen walisischen Meisterdichter, die nach der kymrischen Eroberung von Wales das höfische Patronat abgelehnt hatten oder denen es verweigert worden war. Die Kymrer kamen im fünften Jahrhundert aus Nordengland und herrschten über eine Vasallenschicht, die sich aus Gälen, Brythonen, Bronze-, Neusteinzeitmenschen und Ureinwohner zusammensetzte. Diese Minnesänger zogen durchs Land, spielten unter Bäumen oder in Häusern und hielten so die alten literarischen Traditionen lebendig, die nach von Ranke-Graves zum Teil bis in die Steinzeit zurückreichten.[14] Ihre poetischen Prinzipien sind in dem »Roten Buch von Hergest« zusammengefaßt:

> Drei Dinge schmücken den Dichter:
> Mythen, poetische Kraft, Reichtum an alten Versen.[15]

Diese Dichter, die zugleich Richter und Priester waren, wurden im Irischen *fili* (Seher) und im Walisischen *derwydd* (Eichen-Seher) genannt. Sie waren gleichermaßen gefürchtet und geachtet.

Wagte aber jemand die geringste Schmähung eines irischen Poeten, selbst noch Jahrhunderte nachdem dieser seine priesterlichen Funktionen an den christlichen Kleriker verloren hatte, so dichtet dieser eine Satire auf seinen Beleidiger, die schwarze Blattern auf dessen Gesicht hervorrief und seine Eingeweide sich auflösen ließ, oder er schleuderte ihm den bösen Blick (madman's wisp) entgegen und trieb ihn in den Wahnsinn.[16]

Die monolithischen patriarchalischen Religionen, die im Christentum kulminierten, begannen schließlich ihre blutige Herrschaft über die europäische Kultur. Zu Beginn war die Verdrängung der matriarchalischen Religionen nur langsam spürbar, aber nach und nach konvertierten die herrschenden Klassen und überzeugten daraufhin auch ihre Leibeigenen vom Glaubensübertritt. In Britannien und Irland allerdings handelte es sich eher um einen Prozeß der Anpassung und der Kompromisse. Besonders in Irland wurde der neue christliche Glaube bedenkenlos von den Priestern der alten Religion übernommen.[17] Die Druiden, die uralten Vorfahren der Schamanen, wurden zu Poeten, die zwölf Jahre lang studierten, um Geschichte, Mythen, Geheimsprachen und Recht auswendig zu lernen. Ihre Gedichte stammten aus der Anderswelt. Die Initiation der Dichter war der eines Schamanen ähnlich,[18] eine einsame Reise, auf der die Mysterien durch Erfahrung erlernt und auf allen Ebenen des Seins begriffen werden.

Als die Griechen, ein nördlicher, als Archäer bekannter Volksstamm, südwärts wanderten, trafen sie auf Hirtenvölker, die die dreifältige Göttin verehrten.[19] Anfangs ließen sich die Eindringlinge für die andere Religion gewinnen. »Die Griechen sahen, daß die Magie funktionierte, und verwarfen ihre patriarchalischen Vorstellungen.«[20] Dios, der männliche Gott der Griechen, wurde von ihrer Göttin, Hera, als Sohn angenommen und zu Zeus umbenannt. Mit den nachrückenden Stämmen aus dem Norden stießen schließlich zwei Traditionen aufeinander, und »der Kulturkrieg wurde nun zu einer bewußten Politik«.[21] Der Führer der Archäer verweigerte sich der Vorstellung, Zeus könne eine Mutter haben, worauf ein Religionskrieg ausbrach. Die Schlacht zwischen Zeus und seiner Frau Hera (ein Name der Großen Göttin) reflektiert diese Auseinandersetzung zwischen den Patriarchen und der göttlichen Mutter. Mit dem Fall Trojas (gegen 1200 v. Chr.) wurde die Macht der Griechen weiter eingeschränkt.

Etwa 200 Jahre später stieß ein indo-europäischer Volksstamm nach Kleinasien und Europa vor und mordete, plünderte und brandschatzte seinen Weg durch die friedlichen matriarchalischen Kulturen. Wer es schaffte, den barbarischen Horden zu entkommen, floh. Der 19. irische König, Heremon (ca. 1267 v. Chr.), gehörte zum Stamm der spanischen Milesier, die im zweiten vorchristlichen Jahrtausend aus Griechenland gekommen und in Kreta gewesen sein sollen.[22]

Die Hohenpriesterinnen von Rhea und Athene wurden mit Ambossen an den Füßen an den Haaren an einen Eichenbaum gehängt, bis sie schworen, Dios als höchsten Gott zu akzeptieren und Rhea auf ewig abzuschwören. Fünfzig Priesterinnen der Athene sprangen lieber ins Meer, als sich der neuen patriarchalischen Religion zu unterwerfen. In eiligen Beschlüssen setzten die Invasoren, wie Szuszanne Budapest ausführt, die Neuordnung des Pantheons durch. Zeus wurde zum allmächtigen Herrscher bestimmt und Poseidon aus den Wäldern ins Meer umgesiedelt. Die dreifältige Göttin wurde als Nymphe an den Schmied Hephaistos verheiratet und in Aphrodite umbenannt. Die Göttin als Jungfrau hieß fortan Artemis, Jägerin der Wildnis. Aber sie wurde Apollon als Zwillingsschwester zugeordnet, der ursprünglich Mäusegott war, um seinen Status zu erhöhen. Die Athener und Böotier waren darüber empört, war doch Artemis ihre Göttin, und verlangten eine bedeutendere Rolle für sie. Sie erhielt daraufhin ihren alten Namen Athene zurück, aber nur um nun aus dem Kopf des Zeus wiedergeboren zu werden. Die darin enthaltene Verleugnung ihrer Mutter zeigt die Absicht der Patriarchen, durch eine neue Biologie den matriarchalischen Gegner zu besiegen.

Auch in der Unterwelt »wüteten die Patriarchen«.[23] Zuerst schafften sie Hekate, die dreifältige Göttin dieses Königinnenreiches, ab. Aber die öffentliche Empörung darüber veranlaßte sie, Persephone mit dem neuen Herrscher Hades, dem Bruder des Zeus, zu verehelichen. Wie Budapest bemerkt, war aber »ihre Verehelichung nichts anderes als eine Vergewaltigung ... Damit war der Weg für eine sexistische Gesellschaft geebnet. Die gesamte westliche Welt formte ihre Werte und ihr männliches Dominanzdenken nach diesem griechischen Modell.«[24]

Überall in der Welt spielten sich ähnliche Geschichten ab. In Ägypten zum Beispiel entthronte Ra Hathor und Isis, während Marduk in Babylon das gesamte Universum aus sich hervorbrachte. Im Christentum ersetzte der Kult der Jungfrau Maria die Göttin, und die Geschichte des göttlichen Kindes wurde in die Mythen der Göttin eingearbeitet. Eva, deren Namen *havla* (Leben) bedeutet, war der Mutteraspekt der Göttin; sie aß den Apfel der Weisheit und war zusammen mit ihrer Gefährtin, der Schlange, ein Symbol für Tod und Wiedergeburt.

In England führten nun die Priester häufig den Tanz beim großen Fest des Sabbats an,[25] und die Schamaninnen und Priesterinnen wurden »Wiccans« oder Formwandler. Sie waren aber weiterhin für Weissagungen, Prophezeiungen, Poesie, das Heilen und Lehren zuständig. Die Erdmagie wurde im Marienkult fortgeführt, während die heiligen Quellen der Göttin von Christen, Kelten und Druiden gleichermaßen aufgesucht wurden. Die Frauen verehrten die Göttin in ihrem Alltag auf vielerlei Weise:

> Sie verzierten Tische, schmückten sich mit Lorbeer, lasen Omen aus Fußspuren, legten Früchte und Wein auf die Herdfeuer und Brot in die Brunnen ... Die Frauen riefen beim Spinnen Minerva an und legten ihre Hochzeiten auf den Tag der Venus ... sie beteten zu ihr, wenn sie sich auf öffentliche Straßen begaben.[26]

In der höfischen Tradition des Mittelalters verehrte man Maria als Göttin, und viele der schönsten Kathedralen wurden in ihrem Namen erbaut. Gleichzeitig aber schrieb man ihre untergeordnete Position unaufhebbar fest. Zum ersten Mal in der Geschichte, so schreibt Simon de Beauvoir, kniete die Mutter vor ihrem Sohn; sie akzeptiert ihre Unterlegenheit freimütig. Es war der totale männliche Sieg, der hier im Jungfrauenkult vollzogen wird. Es war die Rehabilitation der Frau durch die Vollendung ihrer Niederlage.[27]

Bis weit ins Mittelalter hinein wurden Hexen sowohl privat als auch in öffentlichen Angelegenheiten gerufen, wenn geweissagt, geheilt oder das Wetter beeinflußt werden sollte. Walker berichtet vom Graf von Kyburg, der 1382 eine Hexe kommen ließ, die sich auf die Zinnen seiner Burg stellen und ein Ungewitter herbeibeschwören sollte, um seine Feinde zu vertreiben. Kirchenmänner berichten, daß Hexen »mit Gottes Erlaubnis« das Wetter beeinflussen konnten und bis zur Renaissance dafür nicht bestraft wurden.[28] Aber die schrecklichen politischen, sozialen und religiösen Umwälzungen des Mittelalters führten zu Bauernaufständen und schließlich zu strengen Strafen für alle, die den Status quo bedrohten. Die Pest dezimierte die Bevölkerung in Europa, und die Kreuzzüge entwurzelten Millionen von Menschen und rissen sie aus ihrem alltäglichen Lebensrhythmus. Die Kriege zwischen den jungen Nationen schafften einen Zustand der Gesetzlosigkeit, in dem Raubritter das Land terrorisierten und Hunger und Anarchie die Straßen beherrschten.

Das Ende des Mittelalters läutete drei Jahrhunderte der unaussprechlichsten Grausamkeiten ein, die sich gegen alle richteten, die angeblich die Stabilität der Gesellschaft gefährdeten. Verschwörungstheorien sind immer schwer zu beweisen, aber obwohl wir es nicht mit Sicherheit sagen können, ist es doch sehr wahrscheinlich, daß der Hexenwahn eine bewußte Kampagne darstellte, mit der die herrschende Klasse ihre Macht zu sichern suchte. Man hat darin aber auch eine unbewußte Projektion innerer Konflikte gesehen. Was immer auch der wahre Grund gewesen sein mag, Frauen, Juden und alle übrigen Außenseiter waren seine willkommenen Opfer. Sie wurden erbarmungslos gejagt, gefoltert und zu Millionen umgebracht. Die schlimmsten Exzesse der christlichen Unterdrückung fanden während des Glaubenskrieges zwischen Protestanten und Katholiken im Herzen Europas statt.

Die Zauberinnen sollst du nicht am Leben lassen.
Exodus, 22,18

Wie dunkle Schatten hat sich das Zeitalter des Feuers in unser Gedächtnis eingegraben. Wir können die Qualen und Foltern unserer Vormütter nicht vergessen; nicht die Schmerzen und die lähmende Angst, die die europäischen Frauen durch die blutigen Hände der Inquisitoren erlitten. Wir können es nicht vergessen und dürfen es auch nicht. Solche Wunden hinterlassen tiefe Narben. Unsere kollektive Psyche, unser Selbstbewußtsein als Frauen, ist mit Füßen getreten und aus uns herausgemartert worden. Die tödliche Botschaft, die wir mit unserer Muttermilch einsaugen, ist die, daß es unheilig ist, eine Frau zu sein. Wir sind die Quelle alles Lebens, aber zugleich profan, schmutzig, abstoßend und nutzlos. Das vergessen wir nicht. Was bleibt uns auch anderes?

Ich habe Angst. Der Geruch brennenden Fleisches ist mir noch eindringlich in Erinnerung, das Haar, wie es plötzlich Feuer fängt, der schreckliche, unerträgliche Schmerz der langsam anbrennenden Füße. Auch das Gejohle der zusehenden Männer haftet mir noch im Gedächtnis, und die eisige Furcht der Frauen und Kinder, die man gezwungen hatte, mein Ende mit anzusehen. Den Rauch einatmen. Ich erinnere mich an den Rat, den eine weise Alte mir gab: Atme den Rauch ein, dann stirbst du schneller, atme ihn ein. Atem des Lebens. Atme den beißenden, übelerregend süßen Geruch deines eigenen brennenden Fleisches ein. All das ist mir noch in Erinnerung. Wie könnte ich es je vergessen? Und dennoch, genau in diesem Moment, auf dem Höhepunkt der Qual, des stechenden, zerreißenden, glühenden Schmerzes, der schlimmer ist als jede Folter oder Daumenschraube, fallen mir die Worte des Propheten dieser blinden und bösartigen Männer ein. Ungläubig sage ich mir selbst, immer und immer und immer wieder:

Mutter, vergib ihnen, denn sie wissen nicht, was sie tun.

5
DER AUFSTIEG DES VATERGOTTES

Die Päpstliche Bulle von Innozenz VIII.,[1] *Summis Desiderantis Affectibus*, vom 5. Dezember 1484 läutete den Beginn der Hexenverfolgung durch die katholische Kirche ein. Die Bulle diskutiert das zunehmende »Problem« des Hexenkultes, der sich in ganz Europa, besonders aber im Rheinland und in den Bergregionen Italiens ausbreitete. Damals war Europa alles andere als ein stabiler und ungefährlicher Ort. Der Schwarze Tod und andere Epidemien hatten es fest im Griff. Schätzungsweise ein Viertel der europäischen Bevölkerung fiel der Schwarzen Pest von 1348 zum Opfer. Es war zugleich auch die Zeit der Kreuzzüge, Millionen von Menschen, Könige und Gemeine gleichermaßen, verließen ihre Heimat und begaben sich auf die gefahrvolle Reise nach Palästina. Nur wenige Kreuzfahrer überlebten, und die Zurückgebliebenen machten schwere Zeiten durch. Hungersnöte plagten die Landbevölkerung, ganze Ernten wurden von den Bauern, die vor marodierenden Armeen und der Pest flohen, zurückgelassen. Hohe Steuern mußten erhoben werden, damit die teuren Kriege bezahlt werden konnten, und das einfache Volk wurde dem Hungertod überlassen oder für die Armeen der Landbesitzer rekrutiert. Trotz der Grafen und Barone war die Anarchie durch die vielen Kleinfehden der Landbesitzer an der Tagesordnung. Ständig wurde Land annektiert und wieder zurückerobert. Viele der »regulären« Soldaten, die eine

Art Polizei für die Landbevölkerung gebildet hatten, fielen in den Schlachten der Kreuzzüge oder starben an der in der Armee grassierenden Pest. Mathilda Gage schätzt, daß sieben Millionen Männer während der Kreuzzüge umkamen.[2] Die vielen, relativ kleinen Königreiche wurden so dezimiert, und die zurückgebliebenen Menschen waren den marodierenden Söldnern schutzlos ausgeliefert.

Es gab zwischen den rivalisierenden Gruppen der Kirche ständige Auseinandersetzungen, zeitweilig herrschten sogar zwei Päpste. Ein Zweig der Kirche war darum bemüht, den christlichen Glauben an Armut und Keuschheit aufrechtzuerhalten, wurde aber heftig von einer materialistischer orientierten Gegenströmung bekämpft, die für ihre Korruptheit und Gier bekannt war. Diese Gruppierung herrschte durch ihre finanzielle Tyrannei und die Angst, die sie beim einfachen Volk schürte. Hohe Steuern wurden der ohnehin schon überforderten Bevölkerung von der Kirche abverlangt und die Gelder für den extravaganten Lebensstil vieler Kleriker ausgegeben. In ganz Europa entstanden häretische Bewegungen, die der Kirche ein Dorn im Auge waren. Kaum aber hatte sie die eine Ketzergruppe unterdrückt, fand sich an ihrer Stelle schon die nächste. Die Kirche erwies sich auch hier als gnadenlos. Die Fraticelli zum Beispiel, eine Splittergruppe der Franziskaner, die die Kirche selbst zum Antichristen erklärten, wurden erbarmungslos von ihr massakriert. Alle Einwohner der Dorfes Magnalata wurden ermordet und das Dorf unter Papst Martin V. dem Erdboden gleichgemacht.[3]

Das Volk rebellierte gegen die Brutalität der Kirche und ihr Zerrbild der Lehre Christi. Weder versprach der kirchliche Glaube den Gläubigen Trost, noch gab er ihnen Hilfe in ihrer Not. Im Gegenteil, er sah im Leid den Willen Gottes und eine verdiente Strafe für die Sünden des Menschen – und besonders natürlich der Frau. Wenig überraschend also, daß die Menschen diesen Propheten ihre finstere und grausige Lehre verübelten, zumal sie mit eigenen Augen sehen konnten, daß die Lehrer selbst ihr schlimmes Los nicht teilten. Der heilige Bernhard bemerkte dazu trocken: »Könnt ihr mir auch nur einen unter den Prälaten zeigen, der nicht mehr Interesse daran hat, die Taschen seiner Schäfchen zu leeren, als sie vom Sündigen abzuhalten?«[4]

Barbara Walker behauptet sogar, daß die Klöster des 12. Jahrhunderts zu Weinschenken und Spielhöllen verkamen und die Nonnenklöster zu Privatbordellen für die Kleriker wurden. Priester sollen während der Beichte auch Frauen verführt haben.

Hexen wurden von der Kirche aus mehreren Gründen verfolgt. Zunächst natürlich waren sie eben Frauen, und die christliche Lehre war bemüht, die Verehrung des weiblichen Prinzips durch das männliche zu verdrängen. Frauen waren als Repräsentantinnen der Großen Mutter suspekt und wurden (zu Recht) verdächtigt, die Deifikation des Gottvaters nicht zu unterstützen. Im Grunde waren alle Frauen verdächtig, gleichgültig ob Königin oder Gemeine, jung oder alt; keine Frau war vertrauenswürdig.

Nachdem die Kirche sich erst einmal in der Gesellschaft zu etablieren begonnen hatte, dauerte es nicht lange, bis sie die Herrschaft übernahm. Um ihre eigene Macht zu sichern, nahmen die Christen den Laien und besonders den Frauen jegliche Macht. Keine andere Religion durfte neben dem Christentum geduldet werden, es wäre zu schwach gewesen, einer solchen Konkurrenz standzuhalten. Am wenigsten war es gegen Heiden und Hexen gefeit, die Repräsentanten der alten Religion, die das Christentum zu zerstören sich vorgenommen hatte. Europa blieb auch noch nach seiner »Bekehrung« in seinem Herzen heidnisch. Die Menschen zollten der Kirche zwar ihr Lippenbekenntnis, ließen sich aber von ihren althergebrachten Gewohnheiten nicht abbringen. Für die Kirche war es ein Kampf auf Leben und Tod, aus dem sich später eine grausige Abhängigkeit von Blut und Terror entwickelte. Sie stand in Gefahr, völlig die Kontrolle zu verlieren; in jedem neuen Land, das sie eroberte, fand sie neue »Feinde Gottes« vor.

> In diesen Zeiten des raschen Wandels (...) sahen die Herrscher der Gesellschaft ihren Status bedroht, und so gingen sie gnadenlos gegen ihre gefürchteten Gegner vor. Häretiker, Hexen und Juden fielen durch ihre Andersheit besonders auf und wurden der unbarmherzigen Verfolgung ausgesetzt.[5]

Der päpstlichen Bulle folgte der *Malleus Maleficarum* (der Hexenhammer), der von den Mönchen Kremner und Spregner verfaßt wurde.[6] Der Papst hatte sie beauftragt, einen Feldzug gegen die Hexen zu starten, bei dem jeder, der beim Hexen erwischt wurde, streng bestraft werden sollte. Der *Malleus* enthielt drei Teile: Der erste Teil behandelte die Argumente für die Existenz von Hexen; der zweite gab Beispiele von bekannten Fällen von Hexerei und erklärte, wie man Hexen identifizieren kann; der letzte Teil schließlich enthält den rechtlichen Apparat für die Untersuchung und Verurteilung schuldiger Hexen. Um die Verhandlung zu beschleunigen, wurde kanonisches Recht mit zivilem Recht vermischt, was

> ... die Grausamkeit der kriminellen Verfahrensweisen und Strafen verschlimmerte. Es wurde das außerordentliche Recht der Zivilgewalt auf Schnellverfahren und Sonderbestrafungen geschaffen, Geheimhaltung und eine neue und weniger strenge Beweisführung ermöglicht und die Idee des *crimen exceptum* in die Welt ge-

bracht, des Verbrechens, das so gefährlich für die Gemeinschaft war, daß schon der bloße Vorwurf die üblichen Rechte des Angeklagten außer Kraft setzte und die gnadenlosesten und strengsten Maßnahmen rechtfertigte, die dem Staat gegen seine schlimmsten Feinde zur Verfügung standen. Nicht nur Verrat, sondern auch Magie, Zauberei und andere Vergehen galten bis zum 16. Jahrhundert als solche »exzeptionelle Verbrechen«.[7]

Auf diese Weise entstand ein Polizeistaat. Kirche, Gesetz und Staat verbanden sich zu einer unheiligen Allianz, die die Bevölkerung und insbesondere die Dissidenten durch ein Terrorregime in Schach halten sollte. Der Angriff fand in bisher unbekanntem Ausmaße statt; die herrschenden Klassen hatten die Armen immer unterdrückt, aber diese neuen Gesetze ermöglichten den institutionalisierten Massenmord. Es starben mehr Frauen von der Hand der katholischen Kirche als Männer in den heiligen Kriegen. Matilda Gage schätzt, daß während der folgenden drei Jahrhunderte neun Millionen Menschen umgebracht wurden, ein großer Teil von ihnen Frauen. In Langendorf zum Beispiel klagte man zwischen 1492 und 1496 bis auf zwei Ausnahmen alle weiblichen Erwachsenen der Hexerei an. Und neben den »offiziellen« Todesfällen gab es noch die Selbstmorde, die vielen Menschen, die in ihren Zellen auf ihre Verhandlung warteten und verhungerten, ganze Familien, die an Hunger starben, weil ihre Versorger ermordet wurden und niemand sich traute, sie zu unterstützen. Nicht zu vergessen die vielen inoffiziellen Lynchmorde. 1590 berichtet Henry Bouget, daß Deutschland »fast gänzlich damit beschäftigt war, Scheiterhaufen für Hexen zu errichten ... Reisende nach Lorraine können Tausende und aber Tausende dieser Scheiterhaufen sehen, auf denen die Hexen festgebunden waren.«[8]

Angesichts der sozialen und ökonomischen Unsicherheiten dieser Zeit ist es nicht schwer zu erklären, warum der Hexenwahn sich so schnell in der unwissenden und verunsicherten Bevölkerung ausbreiten konnte. Die Inquisitoren und ihre Helfer nutzten die Angst der Menschen vor dem Übernatürlichen und ihren Glauben an unerklärliche Übel aus und terrorisierten damit die ganze Gesellschaft. Überall schürten sie Angst und Haß, und es dauerte nicht lang, bis die Menschen sich gegenseitig denunzierten. Rivalitäten, Fehden, Land- oder Besitzstreitigkeiten endeten für eine der verfeindeten Parteien oder sogar für beide fast immer in der Zelle des Inquisitors. Das Hauptmotiv für viele Denunziationen war der Profit. Nach der Verhaftung fiel der gesamte Besitz der Angeklagten an die Kirche und wurde von ihr nicht wieder herausgegeben. Die Angeklagten mußten sogar selbst für ihre eigene Folter aufkommen. In Schottland zum Beispiel mußte man sechs Shilling und acht Pence für ein Brandmal auf der Wange entrichten. Selbst die Toten waren nicht sicher; sie konnten posthum der Häresie angeklagt, ihre Knochen ausgegraben und verbrannt und ihr gesamter Besitz konfisziert werden. Kein Geschäft, kein Familienbesitz war sicher. Die Familien der Hexen verarmten, und niemand wagte es, ihnen zu helfen. Auch der Besitz der Selbstmörder wurde konfisziert. Wer von oben Druck bekam, gab ihn nach unten weiter. Frauen und Kinder wurden zu Hauptopfern dieses Mechanismus. Die frauenfeindlichen Lehren der Kirche rechtfertigten den Frauenhaß und trugen aktiv zum Mord an Millionen Frauen und Kindern bei.

Für die Kirche waren Frauen eine Verkörperung der Materie, irdisch und weltlich, während die Männer als Gott näherstehend begriffen wurden und als Bewahrer und Verwalter spiritueller Wahrheiten galten. Das einfache Volk aber war gegenteiliger Ansicht. In seinen Augen waren es die Frauen, die Zugang zur Welt des Übernatürlichen hatten. Die Frauen, nicht die Männer waren des Hexens kundig und konnten mit Hilfe dieser unsichtbaren Kräfte heilen. Die Kirche versuchte, die natürliche Welt zu quantifizieren und zu regulieren und so »Ordnung« in die spirituelle Welt zu bringen. Frauen galten als anarchistisch, unfaßbar, offen und provokativ. Eine solche Geisteshaltung mußte von Männern mit einer starren, faschistoiden Weltsicht erschreckend und bedrohlich erscheinen. Sie sahen in den Frauen eine ständige Gefahr des Chaos, das die Weltsicht des mittelalterlichen Mannes auf den Kopf zu stellen drohte. Außerdem besaßen Frauen die Macht, den Mann von Gott abzuziehen und ihn dem Teufel auszuliefern.

Charles Godfrey Leland, der sich mit der italienischen Hexentradition auseinandersetzte, kommt in dem Anhang seines Buches *Aradia* zu dem Schluß:

> Die Tyrannei trieb viele Unzufriedene in die Rebellion; da sie sich aber keinen offenen Widerstand leisten konnten, entlud sich ihr Haß in einer Art heimlicher Anarchie, die allerdings engstens mit Aberglauben und Elementen der alten Tradition vermischt war ... Das Ergebnis dieses Prozesses war eine große Gruppe Aufständischer, Ausgestoßener, Unzufriedener, die den Hexenkult und die Zauberei zu ihrer Religion und die Zauberer zu ihren Priestern machten.[9]

Innerhalb der Hexenzunft gilt es als äußerst zweifelhaft, ob viele der neun Millionen »Hexen« überhaupt der heidnischen Religion angehörten, so wie auch nur eine verschwindend kleine Zahl deutscher Juden gegen Hitler konspiriert haben. Die Verfolgung von Minderheiten oder genauer: von allem, was anders ist, Frauen, Schwarzen, Juden, Moslems, Zigeuner, ist sich überall erschreckend gleich und läßt sich in der Tat zu allen Zeiten und in allen Kulturen nachweisen.

> Jeder, der die absurden und abstoßenden Details der Dämonologie für einen Einzelfall hält, mag sich mit Gewinn die Anschuldigungen des heiligen Klemens von Alexandrien gegen die Karpokraten im zweiten Jahrhundert n. Chr. ansehen ... oder die des heiligen Epiphanius gegen die gnostischen Häretiker des vierten Jahrhunderts ... oder des heiligen Augustinus gegen bestimmte manichäische Häretiker ... In all diesen wiederkehrenden Phantasien sind sich die obszönen Details auffallend ähnlich, und diese Ähnlichkeit wirft ein interessantes Licht auf die psychologische Verbindung zwischen Verfolgung und sexueller Begierde. Die Quellen der Heiligkeit und des Sadismus liegen eng beieinander.[10]

Das wahre Motiv des Hexenwahns liegt vielleicht darin, daß diese Frauen in gewisser Weise »unverdaulich« waren, wie sich die feministische Philosophin Mary Daly ausdrückt:

> Die Hexenverfolger wollten ihre Gesellschaft (die mystische Körperschaft) von diesen »unverdaulichen« Elementen reinigen, von Frauen also, deren physische, intellektuelle, ökonomische, moralische und spirituelle Unabhängigkeit und Aktivität das männliche Monopol in allen Bereichen zutiefst bedrohte.[11]

Ohne Frage waren einige der Frauen Hexen in unserem heutigen Sinne, andere waren Heilerinnen, Hebammen oder übersinnlich Veranlagte. Es traf gleichermaßen schöne Frauen, häßliche, alte, alleinstehende, lesbische, reiche und arme, vor allem aber stolze Frauen. Christine Larner hat bei ihren Untersuchungen über die schottischen Hexenprozesse herausgefunden, daß die eine Hälfte der angeklagten Frauen unverheiratet und die andere Hälfte *smeddum* war, ein Begriff, der auf ihre Geisteshaltung und ihre Weigerung, sich zu unterwerfen, anspielt.[12]

Die abergläubische Vorstellung von der bösen Hexe hielt sich bis weit ins 18. Jahrhundert. Der letzte Hexenprozeß in England fand 1712 statt, und in Schottland wurde die letzte offizielle Hexe 1727 verbrannt. Aber auch in der modernen Welt werden Hexen drangsaliert. 1928 schlugen ungarische Bauern eine alte Frau tot, von der sie behaupteten, sie sei eine Hexe gewesen. Die Anklage wegen Mordes wurde fallengelassen, da die Bauern nach Ansicht des Gerichts einem »unwiderstehlichen Zwang« folgten.[13] Die Hauptwaffe der Inquisition, die Folter, wurde 1257 offiziell von der katholischen Kirche erlaubt und erst 1816 von Papst Pius VII. wieder verboten. Die Inquisition hielt sich noch bis 1834, besonders in Lateinamerika, wo die eingeborene Bevölkerung weiterhin zu Tode gefoltert wurde, wenn sie sich weigerte, zum Katholizismus überzutreten. Der Inquisitor war ein ständiger Begleiter der Missionare. Die Kirche bekam aber deswegen keineswegs ein schlechtes Gewissen. Kardinal Lepicier, der von Pius X. unterstützt wurde, sagte einmal:

> Das bloße Faktum, daß die Kirche nur durch sich selbst autorisiert Häretikern den Prozeß gemacht und sie zum Tode verurteilt hat, beweist, daß sie wahrhaft das Recht zu töten besitzt ... Wer wollte behaupten, die Kirche habe in so einer gewichtigen Sache geirrt?[14]

Wer die Inquisition für ein Produkt vergangener, weniger aufgeklärter Zeiten hält, braucht sich nur die Diktatoren der jüngsten Vergangenheit ins Gedächtnis zu rufen: Hitler, Peron, Mussolini, Franco, Trujillo, Duvalier, Marcos – und er wird feststellen, daß sie alle römisch-katholisch waren oder sind. Auch Stalin war für das Priesteramt einer ähnlich diktatorischen Kirche ausgebildet worden. Die Inquisition lebt fort – dies ist die unausweichliche Schlußfolgerung.

Die Inquisition folgte folgenden Regeln:
1. Das Verfahren war geheim.
2. Bloßes Hörensagen wurde bereits als Schuldbeweis akzeptiert.
3. Den Angeklagten wurde das ihnen zur Last gelegte Vergehen nicht mitgeteilt, und sie blieben ohne rechtlichen Beistand.
4. Die Identität der Zeugen wurde geheimgehalten.
5. Meineidige, Exkommunizierte und Kinder waren als Zeugen zugelassen.
6. Es waren keine entlastenden Aussagen erlaubt. Wer zugunsten der Angeklagten aussagte, wurde als Komplize verhaftet.
7. Folter wurde grundsätzlich angewandt. Auch wenn die Angeklagte bereits gestanden hatte, wurde die Folter zur weiteren Erhärtung des Geständnisses eingesetzt.
8. Die Angeklagten mußten unter den Schmerzen der Folter die Namen ihrer Komplizen verraten.
9. Nicht eine einzige angeklagte Person wurde für unschuldig befunden.[15]

DIE MODERNE RENAISSANCE DES HEXENKULTES

Es sind stets die Schriftsteller und Poeten, die neue kulturelle Entwicklungen ankündigen. Die gegenwärtige Renaissance des Interesses an Hexenkult und Heidentum ist besonders drei Schriftstellerinnen zu verdanken. Bereits 1921 veröffentlichte die Ägyptologin und Anthropologin Margaret Murray ihr Werk *The Witch-Cult in Western Europe*. Murray studierte die Aussagen der von der Inquisition verurteilten Hexen und kam zu der Überzeugung, daß es sich beim Hexenkult um die ursprüngliche Religion Westeuropas handelte. Ihrer Überzeugung nach war Diana die Göttin der Hexen, und so nannte sie das Hexentum den dianischen Kult. Der Hexenkult wurde von Gemeinen und Adeligen gleichermaßen betrieben und hatte zwei Hauptfeste, die Mainacht (Walpurgis) und die Novembernacht (Halloween). Die Religion soll präagrikulturell und primär auf die Fruchtbarkeit von Tieren und Getreide bezogen gewesen sein.

Murray sah in der Hexerei eine Religion, die die dreizehn Vollmonde und acht Hauptfeste feierte. Sie entwickelte ihre Theorien in ihren späteren Büchern *The God of the Witches* (1933) und *Divine King in England* (1954), darunter besonders die Theorie des in einem alljährlichen Fruchtbarkeitsritus geopferten Königs. Wie viele weibliche Gelehrte wurde sie heftig attackiert und als verrücktes altes Weib diffamiert. Sie veröffentlichte bis ins hohe Alter von neunzig Jahren. Trotz dieser Angriffe aber fanden ihre Theorien Anklang und hielten sich eine beträchtliche Zeit. Erst vor kurzem fanden ihre Entdeckungen wieder Beachtung. Heute gilt es als ausgemacht, daß es sich bei den Prozeßberichten um unter Folter erzwungene Geständnisse handelt, die mehr über die Folterknechte und ihre Phantasien als über den Hexenkult aussagen.[16]

Margaret Murrays Werk fiel in Ungnade, weil sie ihre Schlußfolgerungen auf den Mitschriften der Hexenprozesse gründete und damit auf Geständnissen, die unter Folterqualen erzwungen worden waren. Ihr fehlte eine verläßliche Grundlage. Dennoch war Margaret Murray eine Pionierin, und sie spornte andere dazu an, ihre eigenen Untersuchungen anzustellen.

Geriet Margaret Murray in Mißkredit, so wurde eine andere wichtige Gestalt in der Volkskunde rundweg abgelehnt: Charles Leland. Er verfaßte 1899 das Buch *Aradia or The Gospel of the Witches*. Er lebte als Amerikaner mit indianischen Stämmen, studierte bei Zigeunern, erlernte die keltische Zigeunersprache und war 1899 Präsident des ersten europäischen Volkskundekongresses. In Italien traf er Maddalena, die ihrer eigenen Aussage nach aus einer uralten Familie von Hexen stammte. Sie brachte Leland ein Buch, das er für eine Übersetzung aus dem Lateinischen ansah. Es erzählt von der Vereinigung Dianas, der Königin der Hexen, mit der Sonne, mit Lucifer und ihrer Tochter, Aradia, die zur Erde gesandt wurde, um den unterdrückten Völkern der Erde den Hexenkult zu lehren. Leland schreibt, daß zu der damaligen Zeit ganze Dörfer in Romagna diesen Kult praktizierten. In dem Buch *Aradia* heißt es:

> Als nun Aradia die Hexenkunst erlernt hatte und wußte, wie man die böse Rasse [von Unterdrückern] zerstören konnte, sprach sie zu ihnen:

> Wenn ich von dieser Welt gegangen bin,
> Sollt ihr, wann immer ihr in Not seid,
> Einmal im Monat, wenn der Mond voll ist,
> Euch versammeln an einem verlassenen Ort
> Oder gemeinsam im Wald zusammenfinden
> Und den mächtigen Geist eurer Königin,
> Meiner Mutter, der großen Diana, anbeten.
> Wer die Kraft der Zauberei erlernen will,
> Aber noch nicht in ihre tiefen Geheimnisse
> Eingedrungen ist, diesen sagt:

> Meine Muter wird sie wahrhaft lehren
> Alle Dinge, die ihnen noch unbekannt.
> Und ihr sollt frei sein von Sklaverei,
> Und ihr sollt frei sein in allem,
> Und als Zeichen, daß ihr wahrhaft frei seid,
> Sollt ihr eure Riten nackt tanzen,
> Männer wie Frauen: Und dies soll währen,
> Bis der letzte eurer Unterdrücker
> Den Tod gefunden hat.[17]

Es waren die politischen Aspekte seines Werkes, die viele seiner konservativen Kollegen dazu veranlaßten, Leland in Mißkredit zu bringen. Besonders T. C. Lethbridge und Raymond Buckland sahen seine Werke als politische Propaganda an. Doreen Valiente meint, daß es dieser Gesichtspunkt und seine sexuelle Freizügigkeit waren, die Leland in die völlige Bedeutungslosigkeit absinken ließen. Die feministischen Hexen allerdings sympathisieren mit diesem Autor und stehen hinter seiner Theorie, daß in Zeiten, in denen das Patriarchat Amok läuft, das weibliche Prinzip nach oben steigt und den Status quo herausfordert.

Robert von Ranke-Graves' *Die Weiße Göttin* ist ein weiteres Buch, das sich in den meisten Bücherregalen der Hexen findet. Wie die meisten Kultfiguren hat auch er die wechselhaften Launen der Ruhmes durchlebt. Gerühmt als gutmütige Vaterfigur der Zauberer, geriet sein Ruf als Gelehrter zur gleichen Zeit in die Kritik. Von Ranke-Graves war ein Poet, der in der »religiösen Anrufung der Muse« die Funktion der Poesie sah.[18] Von Ranke-Graves behauptete nicht, irgendwelche göttlichen Offenbarungen für sein Buch gehabt zu haben, aber nach seinem eigenen Bekunden überfiel ihn eine »plötzliche, überwältigende Obsession (...): Meine Gedanken rasten die ganze Nacht und auch noch den nächsten Tag in einem so wilden Tempo dahin, daß meine Feder kaum noch Schritt halten konnte.«[19] In nur drei Wochen, so schreibt er, war der erste Entwurf von 70 000 Worten fertiggestellt, und er ist sich über den Preis, den die Weiße Göttin dafür fordert, im klaren: »Wer bin ich denn, werdet ihr fragen, euch daran zu erinnern, daß sie euren vollen Dienst fordert – oder gar keinen?«[20]

Von Ranke-Graves ist der Ansicht, daß es schon immer Hexenzirkel in Britannien gab. »Tatsächlich beruht die poetische Überlieferung Europas letztlich auf magischen Prinzipien, deren Rudimente jahrhundertelang ein streng gehütetes Geheimnis bildeten.«[21] Aber ihr Anwachsen in der jüngsten Zeit sah auch er als Resultat des Wirkens Margaret Murrays. Er schrieb hauptsächlich über irisch-keltische Traditionen und arbeitete mit einem alten Gedicht, das die Schlacht der Bäume beschrieb. Mit Hilfe ausdrucksstarker poetischer Bilder beschreibt von Ranke-Graves die Legenden des keltischen Irlands. Er behauptete nicht etwa, eine Hexe zu sein, noch hatte er besonders viel für Hexen übrig, aber als Dichter hatte er immer eine starke Faszination für die poetische Bilderwelt der Magie verspürt.[22] In *Die Weiße Göttin* spricht von Ranke-Graves eloquent über die Notwendigkeit, die Göttin als Gegengewicht zu Apollon wiederzuerwecken, denn da Apollon,

> ... der Organisator, der Gott der Wissenschaft, die Macht seiner Mutter, der Göttin der inspirierten Wahrheit, Weisheit und Poesie, usurpiert und ihre Anhänger durch Gesetze zu binden versucht, verliert sich die inspirierte Magie, und was übrigbleibt, ist Theologie, kirchliches Ritual und negativ formuliertes ethisches Verhalten.[23]

Es ist unverkennbar, warum von Ranke-Graves bei den Hexen so beliebt ist, obwohl es zweifelhaft ist, ob er wirklich seine Muse unter ihnen gefunden hätte. Seine Verachtung für das moderne Leben ohne Muse sitzt tief, und seine poetische Sensibilität ist von der Degradierung des modernen Lebens angewidert:

> »Heute« – das ist eine Zivilisation, in der die ursprünglichen Sinnbilder der Poetik entehrt sind; in der Schlange und Adler in den Zirkus gehören; Auerochs, Lachs und Eber in die Konservenfabrik; Rennpferd und Jagdhund in die Wett-Arena; und der heilige Hain in die Sägemühle; in der der Mond als erloschener Satellit der Erde verachtet und Frauen als »staatliches Hilfspersonal« eingesetzt werden; in der Geld fast alles kaufen kann, außer der Wahrheit, und beinah jeden, außer dem wahrheitsbesessenen Dichter.[24]

MODERNE HEXEN

Der Hexenkult wurde hauptsächlich innerhalb der ländlichen Familien lebendig gehalten. In England ermöglichte es die Aufhebung des Hexengesetzes von 1951 den Hexen, sich wieder »ans Tageslicht zu wagen«, und der Hexenkult kam nach 600 Jahren Unterdrückung aus seinen Verstecken hervor.

Gerald Gardner (1884–1964) war eher praktisch mit dem Hexenwesen verbunden als ein Theoretiker. Er war Laienanthropologe und verbrachte viele Jahre als Staatsdiener im Fernen Osten auf Tee- und Gummiplantagen. Bei seiner Rückkehr nach Hampshire, einer Grafschaft, die wegen ihrer Hexen berühmt ist, nahm er Kontakt zu den dortigen Hexen auf und trat 1939 der *Fellowship of Crotona* bei, um schließlich als Zauberer initiiert zu werden. Da der Hexenkult damals noch verboten war, ließ Gardner sein heute als *High Magic's Aid* bekanntes Buch 1949 mit dem Titel *Witchcraft Today* unter dem Pseudonym Scire erscheinen. Mit der Aufhebung des Hexengesetzes 1951 gab Gardner sein Pseudonym auf und wurde sogleich von seinen Hexenkolleginnen heftig kritisiert. Sie behaupteten, seine Darstellung der Hexenkunst sei ungenau. Er beschrieb z. B. Hexenzirkel, die von Hohenpriesterinnen geleitet wurden, die die dreifältige Göttin und Pan oder Waldgötter anbeteten. Seiner Darstellung nach versuchten sie, die Mächte anzurufen, indem sie nackt in einem Kreis von drei Metern Durchmesser tanzten, sangen und meditierten. Sie feierten dieselben acht Feste, die auch Murray zuvor schon beschrieben hatte. Gardner behauptete, in Fragmente der alten Religion eingewiesen worden zu sein, die er mit seinem breiten okkulten Wissen ergänzt habe. Wohl zu Recht als »unechte« Hexe attackiert, war Gardner doch aufrichtig in seinem tiefgefühlten Bedürfnis, die alte Religion zu bewahren, die er vom Aussterben bedroht sah. Er soll schließlich Aleister Crowley für die Überarbeitung einiger Rituale engagiert haben, obwohl andere Quellen dies bestreiten.

Die Kontroverse um Gardner drehte sich darum, ob er wirklich in die uralte Traditionslinie der Hexen initiiert worden war oder die Rituale wie Aleister Crowley und Doreen Valiente nur erfunden hatte. Vermutlich ist beides richtig. Jedes alte Wissen, das nicht in sterilem akademischem Aspik aufbewahrt wurde, muß sich wandeln und an Reinheit verlieren. Es wird nach 500 Jahren sicherlich auch einer Überarbeitung bedürfen, damit es den zeitgenössischen Gläubigen zugänglich wird. Jeder Glaube muß für seine Glaubensgemeinschaft sinnvoll und verständlich sein, und nach allen Berichten speiste sich die Gemeinde, die Gardner umgab, aus der älteren englischen Mittelklasse, deren kultureller Hintergrund sich in den Ritualen widerspiegelte.

Gardner warf die Frage nach der wahren Herkunft der Hexen auf. Auf jede These fand sich sofort eine Gegenthese. Diese Debatte wurde in Margot Adlers Buch *Drawing Down the Moon* detailliert aufgearbeitet, so daß ich die Ergebnisse hier nicht im einzelnen wiederzugeben brauche. Sie dokumentiert das Wiederaufleben des Hexenkults im 20. Jahrhundert und seine Blüte im Europa und Amerika der letzten 20 Jahre.

Margot Adler beruft sich auf viele originale Quellen von Initiierten und kommt zu dem Ergebnis, daß es sich nicht mit Sicherheit entscheiden läßt, ob der heutige Hexenkult auf eine uralte Kunst zurückgeht oder eine moderne Erfindung ist, die sich von anthropologischen und ethnologischen Untersuchungen anregen ließ.

In ihrem Buch *The Western Way* erörtern Caitlin und John Matthews die Heraufkunft des modernen Heidentums und seine Beziehung zur alten Religion:

> Wenn es einen unerklärlichen Abgrund zwischen der früheren alten Religion und dem modernen Hexenkult gibt, dann deswegen, weil die Verbindung zwischen beiden nie sichtbar war oder nie bestanden hat. Sollte es aber tatsächlich einen Nachkommen der Schamanen geben, sind es am ehesten noch die modernen Hexen.[25]

Sie zitieren das Beispiel der männlichen Hexe George Pickingill aus East Anglia (1816–1909), der seine Herkunft auf Julia von Brandon zurückleitet, die 1071 starb. George gründete in einem Zeitraum von 60 Jahren neun Hexenzirkel, von denen einige heute noch immer bestehen könnten.[26]

Der Streit darum, ob unsere Hexentradition »authentisch« ist oder nicht, scheint ein typisches Beispiel für den männlichen Intellektualismus zu sein, in dem um die Anzahl der Engel gestritten wird, die auf eine Nadelspitze passen ...

Bonewits[27] unterteilt die Hexen in die familialen, die grotesken und die neopaganen. Die familialen Hexen vererben ihr Wissen von der Mutter weiter auf die Tochter. Sie stammen im wesentlichen aus ländlichen Gegenden und praktizierten das, was man am ehesten wohl als Erdmagie bezeichnen könnte. Die familialen Hexen beeinflußten das Wetter, ließen die Ernte wachsen, heilten, zauberten usw. Die grotesken Hexen waren seiner Meinung nach diejenigen, die während des Hexenwahns gefoltert und getötet wurden; sie waren Vorläufer des heutigen Satanismus, die die unterdrückte Schattenseite des Christentums auslebten. Seine letzte Kategorie, die neopaganen Hexen, umfaßt die von Gardner und anderen ins Leben gerufene Strömung von modernen Heiden, Feministen usw. Ich stimme seiner Einschätzung der familialen und neopaganen Gruppe zu, aber die grotesken Hexen, die es immer gab, scheinen mir nicht repräsentativ für die Mehrheit der Opfer der Hexenverfolgung, und die grotesken Protokolle der Inquisition spiegeln wohl eher die sadomasochistischen Phantasien der Folterknechte und Richter wider als die Praktiken der angeklagten Frauen.

Der moderne Hexenkult stellt eine eklektische Mischung aus Heiden, feministischen Hexen, Anbeterinnen der Göttin und anderen Gruppen dar. Es gibt keine klar abgegrenzte Bewegung und keine Führer außer den selbsternannten. Durch das Netzwerk der Frauenbewegung verläuft ein durchgehender Faden feministischer und matriarchalischer Spiritualität. Die feministischen Hexen sind die indirekten Nachfahrinnen sowohl der Amazonen als auch der Priesterinnen der antiken Welt.

6
STERNENKUNDE UND MOND

> Die Königin des Himmels ... auch sie liebte die Einsamkeit der Wälder und Berge. In klaren Nächten zog sie in Gestalt des silbernen Mondes am Himmel dahin und schaute mit Wohlgefallen auf ihr schönes Bild, wie es ihr in dem ruhigen, glänzenden Wasser, dem Spiegel Dianas, entgegenstrahlte.[1]

Der Mond oder die Mondin, wie sie in den meisten Sprachen genannt wird – seit Jahrtausenden der Stoff der Poeten, Mystiker und Göttinnen-Anbeter. Ihr Fortschreiten von der kleinen Silberscheibe zum vollen, goldenen Erntemond und schließlich zur tiefen, reichen Dunkelheit, ihre monatliche Reise durch den Himmel ist ein zyklisches Mysterium, das sich in unserer allzu linearen Welt ereignet.

Überall auf der Welt haben die Völker die Mondin beobachtet. Sie symbolisiert das Heilige, geheimnisvoll Weibliche, die Nähe der Frau zu ihren Rhythmus und allem Wandelbaren, Fließenden und Seltsamen. Sie ist Formgeberin, Täuscherin, Königin des Glanzes, Hafen der Seelen. Die Sioux nannten sie die Alte Frau, die niemals stirbt, die Perser Metra, Mutter, deren Liebe alle durchdringt. Albion, Land der milchweißen Mondgöttin, hieß das alte Britannien. In den Veden, den heiligen Texten der Hindu, heißt es, daß die Seelen nach ihrem Tod zum Mond zurückkehren, wovon auch die Pythagoräer und die Orphiker der antiken Welt überzeugt waren. Die Mondin war das weibliche Tor, Yoni, durch das die Seelen auf ihrem Weg zu den paradiesischen Gefilden der Sterne hindurchgingen. Sie beschützte die Toten und Ungeborenen. Die Mondin kontrolliert die Gezeiten, und dem Mythos nach kann man nur bei auflaufender Tide geboren werden und nur bei ablaufender sterben. Für schottische Mädchen war es undenkbar, an einem anderen Tag als dem Vollmond zu heiraten, und sie knicksten vor dem Mond und sagten: »Es ist eine schöne Mondin, Gott segne sie.« Afrikanische Frauen beteten zum Mond: »Möge unser Leben wiedergeboren werden so wie das deine.«

Das Bedürfnis, leuchtend zu strahlen und sich dann wieder zurückzuziehen, ist etwas zutiefst Weibliches, das die Phasen des Mondes imitiert. Im *Tao-te-king* heißt es: »Wer das Männliche kennt, an das Weibliche aber sich hält, weilt im Zentrum der Welt.« Der Zerstörung Atlantis sagt man nach, sie habe den Wechsel vom Feuer zur Mondverehrung angekündigt. 64 Millionen Menschen sollen beim Untergang von Atlantis gestorben sein: »Zweimal sprang Mu von seinem Fundament. Dann wurde es dem Feuer geopfert. Es zerbarst, während es durch Erdbeben auf- und niedergeschüttelt wurde.«[2] Sibyl Leek zitiert auch Platons Ansicht, daß Poseidonis (Atlantis) 9000 Jahre vor seiner Zeit beim Übergang des Himmelsäquators vom Löwen zum Krebs unterging.[3] So entstand der dianische Mond- und Mutterkult, und der Hexenkult erblühte. Mit dem Mond kamen die Wasserkulte, das Besprenkeln und die Taufe. Das formwandelnde lunare Bewußtsein bildete ein Gegengewicht zur feuerverehrenden solaren Zivilisation. Dem Mythos nach soll Atlantis wegen des Mißbrauchs von Sexualmagien und der Korruption seiner Priester untergegangen sein. Die Verehrung des Mondes war universal. Die Chaldäer besaßen einen lunaren Zyklus, der auf den Häusern des Mondes und den Sternkreiszeichen aufbaute. Ischtar, die Hauptgöttin und Allesbejahende, soll die zwölf Sternkreiszeichen in ihrem Gürtel getragen haben. Die große ägyptische Göttin Isis war die Mutter des Mondes und Hüterin der Mysterien, die Ägypten mit den Traditionen von Atlantis verknüpfte. Das Mondschiff trug die Seelen aus der Unterwelt hervor, damit sie durch das Licht erlöst wurden. Auch die christliche Kirche erkannte die Bedeutung des Mondes und errichtete den Vatikan auf dem Berg Vaticanus, einem Heiligtum der Großen Mutter. Maria ist als Mond unserer Kirche bekannt, als unser Mond oder spiritueller Mond. Auch das wichtigste Fest des christlichen Kalenders, Ostern, wird am ersten Sonntag nach dem Frühlingsvollmond gefeiert.

KALENDER UND MOND

Alle 28 Tage vollendet der Mond einen Zyklus, wandelt sich vom prangenden Vollmond bis zur hauchzarten Andeutung einer Sichel bei Neumond und schließlich zur völligen Dunkelheit. Diese Zyklen fügen sich zum jährlichen Kreislauf von dreizehn Monden zusammen. Der Mond war der erste Kalender, und Frauen beobachteten ihn, während sie auf ihre Blutung oder auf das Erwachen neuen Lebens warteten. Menstruation und Mensuration (Meßkunst) haben die gleiche sprachliche Wurzel. Dreizehn lunare Monate ergeben ein Jahr (13 x 28 = 364) plus einem Tag. Daher stammt auch das Hexenmaß von einem Jahr und einem Tag für Segenssprüche, Flüche, Trauer usw. Die Mensuration war ein Wissen um die Monatsblutungen, das die Frauen, die ängstlich oder freudig die Tage bis zu ihrer Periode zählten, besaßen. Der siebte Tag des Mondzyklus galt als besonders wichtig, ebenso wie Neu- und Vollmond und die Viertelmonde; diese Tage waren Feiertage (die Vorläufer des Sabbats). Das Menologion war eine Mondkunde. Die Mondkalender gingen jeweils von Mittag bis Mittag, worin auch der Grund dafür liegt, daß die heidnischen Feste einen Tag vor den christlichen liegen. Die dreizehn lunaren Monate widersprechen der christlichen Behauptung, daß die 13 eine Unglückszahl ist. In vielen Kulturen gilt die 13 sogar als Glückszahl. »Wie sicher auch der Weg scheinen mag, nichts kann ohne die Gunst Lunas verrichtet werden ... die in jedem Monat die vier Jahreszeiten erschafft.«[4]

DER ASTROLOGISCHE MOND

Der Mond hat in der traditionellen Astrologie[5] eine besondere Bedeutung. Die uralte Kunst, Krankheiten mit Hilfe der Astrologie zu diagnostizieren, verließ sich auf die Bewegungen des Mondes, um Krankheitsverlauf und richtige Heilmethode festzulegen.[6]

In der Geburtsastrologie ist der Mond neben der Sonne eines der zwei großen »Lichter« und repräsentiert das weibliche Prinzip, also die Große und die leibliche Mutter. Der Mond zeigt, wie die betreffende Person zum weiblichen Prinzip steht, wie sie sich ernährt, wo sie sich zu Hause fühlt, wie sie empfindet, was sie bewegt. Er steht für den Instinkt oder für das Unbewußte, wie einige sagen, obwohl diese Rolle eher von Pluto übernommen wird. Der Mond repräsentiert unsere Kindheit. Wenn wir älter werden, nähern wir uns mehr und mehr unserem Sonnenzeichen an, aber als Kinder sind wir lunar bestimmt.

Albertus Magnus sieht im Mond den Vermittler der Tugenden der anderen Planeten, die erst über ihn zu uns gelangen.[7] Der Mond beherrscht die Flüssigkeiten in unserem Körper: Tränen, Lymphsystem, Menstruation, Zyklus, Brüste, Milch, den Reproduktionszyklus, Geburt und Fruchtbarkeit. Er zeigt unsere emotionalen Reaktionen und wie sie unsere Gesundheit affizieren. Auch der Magen wird von ihm bestimmt, ein Organ, das bekanntlich durch Leidenschaften und den Menstruationszyklus in Mitleidenschaft gezogen wird und emotionale Schwankungen durch prämenstruale Spannungen, starke Blutungen, Krämpfe, Blockierungen usw. anzeigt.[8]

DIE MENSTRUATION UND DER MOND

Persische Frauen sagen, die Monatsblutungen seien durch Jahi, die Hure, in die Welt gekommen, die sich dem göttlichen Vater widersetzt hat.[9] Jahi begann, nach dem Beischlaf mit der großen Schlange Ahriman zu menstruieren, und verführte daraufhin den ersten, rechtschaffenen Mann, der allein nur mit einem Bullen im Paradies gelebt hatte. Er wußte nichts von der körperlichen Liebe, und sie brachte es ihm bei. In Griechenland galt das Menstruationsblut als der »übernatürliche rote Wein«, den Hera den Göttern reichte.[10] Die australischen Aborigines bemalten ihre heiligen Steine mit roter Farbe, die für sie Menstruationsblut darstellte. Thor erreichte das Land des Lichts und das ewige Leben dadurch, daß er im Blut der Göttin badete. Keltische Könige wurden zu Göttern, nachdem sie den roten Met der Königin Mab getrunken hatten, und mit einem roten Mal versehen zu werden bedeutete, von der Göttin zum König erkoren worden zu sein. Der Name der britischen Blumenkönigin, Bloedwedd, deren gesamter Körper aus Blumen bestand, bedeutet Bluthochzeit. Die ägyptischen Pharaonen wurden durch die Einnahme des Blutes der Isis göttlich. Tabus waren ursprünglich Dämonen, die durch die Menstruation entstanden, wie die Gorgo mit ihrem Schlangenhaar und weisem Blut. Die Viktorianer glaubten, daß während der Menstruation gezeugte Kinder okkulte Kräfte besäßen. Auch alten Frauen sagte man nach, ihre magischen Kräfte durch Zurückhaltung ihres magischen Blutes zu erhalten, und machte sie deswegen zu Klanführerinnen und Schamaninnen. Ein Mann, der sich einer menstruierenden Frau nähert, sollte dadurch Vernunft, Kraft, Energie und Vitalität verlieren. Der Kessel von Cerridwen und der Heilige Gral enthielten der Legende nach Blut, und das Mischgetränk von Eleusis war ein Gemisch aus Blut und Milch, den beiden kostbaren Flüssigkeiten der Frauen.

Menarche, die Zeit der ersten Blutung, ist für junge Frauen eine überaus magische Zeit, in der die Kindheit zu Ende geht und sich die Tür zu einer anderen Welt öffnet. Vor und nach der Periode erlebt eine Frau ihre magischsten Augenblicke, die sie am besten in der Gegenwart von anderen Frauen verbringt, damit die entfesselte Magie nicht zerstörerisch wirkt. Menstruationshütten boten den Frauen eine Möglichkeit, frei von häuslichen Pflichten zusammenzukommen. Zusammenlebende Frauen menstruieren im allgemeinen zur gleichen Zeit; sie erzählen Geschichten, treiben dunkle Magie und reinigen sich von schädlichen Einflüssen. Eine junge Frau, die zum ersten Mal menstruiert, betritt eine völlig andere Welt, eine Welt voll weiblicher Magie. Wenn wir menstruieren, träumen wir stärker und sind kreativer. Nimmt man uns den psychischen Freiraum, dann verlieren wir den Verstand. Ärzte sehen darin eine prämenstruale Gereiztheit,[11] aber Hexen wissen, daß es sich um eine Form des Wahnsinns handelt. Auf allen vieren herumzukriechen und wie ein Wolf zu heulen ist ein gutes Mittel gegen das lineare männliche Denken; rohes Fleisch zu essen und die Straßen mit einer

Gorgonenmaske unsicher zu machen ein noch besseres. Kein Straßenräuber auf der Welt würde sich in einem solchen Augenblick an uns heranwagen.[12] Es läßt das Blut in ihren Adern gefrieren.

Ficino, der im 16. Jahrhundert auf dem Höhepunkt der Hexenverfolgung schrieb, faßte das zeitgenössische Wissen über den Mond zusammen.[13] Er nannte den Mond den feuchtesten der Planeten. Fernab aller Trockenheit und Abstraktion, steht er in engem Zusammenhang mit Erfahrungen und Gefühlen.[14] Der Mond hat nach seiner Vorstellung einen starken Einfluß auf den Körper und die Natur, da die Gärtner nach seinem Zyklus pflanzen. Er spiegelt Wachsen und Vergehen. Ficino rät uns, diesen schnellen Planeten genauestens zu beobachten, um eine bessere Orientierung über die Zeit, aber auch über Körper und Seele zu erlangen. Er behauptet, daß Menschen mit einem angeborenen inneren Mond einen großen Respekt für die natürlichen Rhythmen der Seele besitzen und ihr Ich übersteigen. Der Neumond steht bis zum ersten Viertelmond für Jugend und Neubeginn, der erste Viertelmond für reife Jugend und Erwachsensein, die Phase vom Vollmond bis zum Dreiviertelmond für Reife und Alter und das letzte Viertel bis zum Neumond für Tod und Auflösung.[15] Seine Veränderungen wirken sich auch auf unsere Veränderungen und die Dynamik des Lebens aus: Fülle, Neubeginn, Zunehmen, Abnehmen, Tod. Ficino beschreibt den lunaren Geist als eine junge Frau mit gehörntem Kopf, die auf einem Drachen oder Bullen sitzt und Schlangen über ihrem Haupt und unter den Füßen hat.[16]

Mond und Schlange repräsentieren das Sichhäuten und die Chamäleonnatur, während Mond und Bulle für die fruchtbare Natur stehen. Der Mond reflektiert und erhält Energie. Aus der Tiefe bekommt er seine Richtung vorgegeben und kanalisiert die Geister der anderen Planeten.

Der Weg zurück zum Licht (der Sonne) geht durch die Schatten. Der Mond nimmt allmählich ab und entleert sich. Die Prozesse der Entropie, Verfall, Ende und Tod, werden als Teil eines größeren Zusammenhangs gesehen, in dem sie eine wichtige Funktion übernehmen. Auch das persönliche Leben ist Gewinn und Verlust und enthält ebensoviel Dunkelheit wie Licht:

> Der Mond würde uns aller Zwecke und Pläne sowie aller Interpretationen und Erklärungen entleeren, durch die das Leben oberflächlich in Bewegung gehalten wird, ohne Garantie, daß es einen inneren Ersatz gibt. Dieses Entleertwerden fühlt sich natürlich nicht so gut an wie das Sichanfüllen; es erscheint unkreativ und unproduktiv ... Bauern, die den Mond beobachten, wissen, wann sie die Früchte reifen, vom Baum fallen, heilen und gären lassen müssen. Der psychologisch eingestellte Mensch beobachtet das Erdreich seiner Seele mit vergleichbarer Sensibilität, denn er weiß, daß die Natur wie der Mond zu Zeiten verliert und der totalen Dunkelheit anheimfällt.[17]

Der Tod gehört wesentlich zur Kreativität, so wie der Mond Dunkelheit, Sterilität und Leere, aber auch Licht, Fruchtbarkeit und Wachstum ist. Ein Paradox. Die Sonne steht für Abwehr und Verneinung von Tod und Verfall, die Weisheit des Mondes dagegen begreift, daß die Dinge sterben müssen, damit das Leben beginnen kann. Der Mond besitzt seine ganze Fülle nur für einen kurzen Augenblick.

Mondkrankheit und Wahnsinn

Propheten und Poeten, Priester, Liebende, Hetären[18] und Amazonen, Mütter und Sibyllen – sie alle kennen den Wahnsinn des Mondes. Platon nannte ihn die »vier Rasereien«.[19] Diese inneren Gestalten oder Archetypen geben uns von dem Irrationalen und Chaotischen Zeugnis, von den tiefen Schatten des Mondes. Der Poet arbeitet mit Musik, Tanz und Bildern, um die schlafende Schlange zu wecken und Höhepunkte ekstatischer Einswerdung oder Täler finsterster Nacht zu erreichen. Ohne die Muse ist das Leben fad und mechanisch; es macht uns depressiv und antriebslos. Die Priesterin vermittelt uns das Mysterium des Heiligen, das Numinose des Lebens, den Wahnsinn der Mythen und Parabeln. Durch das Ritual gelangt die Seele zu den tiefsten Mysterien. Ein Leben ohne Ritual und Bedeutung wird leer und mechanisch, es verarmt zur seelenlosen Leblosigkeit der materiellen Existenz. Der Liebende führt uns durch seine feurige Leidenschaft zum brennenden Grund der Liebe. Und die Liebe wiederum führt uns durch die Sehnsucht nach dem Göttlichen zu unserem Spiegelbild, zum Höchsten und Heiligsten. Der Mangel an Liebe tötet unseren Geist und zwingt uns, nach einem Ersatz für unsere hungrigen Herzen zu suchen. Die Prophetin hebt uns über unseren Verstand hinaus zur Einheit; sie sagt uns die Zukunft voraus und zeigt uns das Schicksal, das die Moira für uns spinnt. Sie lehrt uns auch, die Eitelkeit und Wirrnis der Oberflächenwelt zu durchschauen und die psychischen Verletzungen wahrzunehmen, die durch den Konflikt von inneren Prozessen und oberflächlichen Erwartungen entstehen.[20] Sie läßt uns begreifen, daß die Realität ein Traum ist. Das lunare Bewußtsein ist die Stimme des Orakels, das von Nacht und Mond geteilt wird; es hat nirgendwo auf der Welt einen festen Ort oder Wirkstätte, sondern findet sich überall. Seine Stimme ist die Stimme Sibylles, die von der Zukunft sang, als das Angesicht des Mondes sie trug (Plutarch).[21]

Die Polarisierung unserer solar orientierten Gesellschaft hat die Hexen dazu veranlaßt, das lunare Bewußtsein als notwendigen Gegenpol zu dem entstandenen Ungleichgewicht anzusehen. Hexen beobachten den Mond, besonders Voll- und Neumond, die eine wirkkräftige Zeit für Magie, Beendigungen und Neuanfänge darstellen.

VOLLMOND

Der Vollmond ist eine Zeit der Kulmination, des Ertrages und der Feierlichkeit. Eine Zeit der Offenbarung und Erleuchtung. Die Vergangenheit spielt in dieser Phase eine besondere Rolle. Es kann auch zu einem Gefühl der Gespaltenheit kommen. Die Sonne steht dem Mond jetzt konträr entgegen, was zu einer Aufspaltung der Energien führt. Beziehungen können wichtig werden oder in die Brüche gehen, weil sie die Idealvorstellungen nicht erfüllen. Der Vollmond ist eine Zeit großen Lichtes – im buchstäblichen Sinne, wenn der Himmel klar ist und keine künstlichen Lichter vorhanden sind. Aber so hell die künstlichen Lichter unserer Technologie auch brennen, kein Licht der Erde kann das eindrucksvolle, ruhige, kühle Vollmondlicht über dem stillen Meer ersetzen. Das Mondlicht ist das magischste unter den Lichtern. Das Sonnenlicht mag heller scheinen, aber es wird überall als feindlich, erbarmungslos und sengend angesehen. Das Mondlicht dagegen heilt und beruhigt, es bringt die Dinge zum Wachsen und taucht das Land in ein ätherisches, schimmerndes Licht, das alles verändert und verzaubert. Die Priesterinnen des Mondes beobachten ihn und halten seine Wirkung

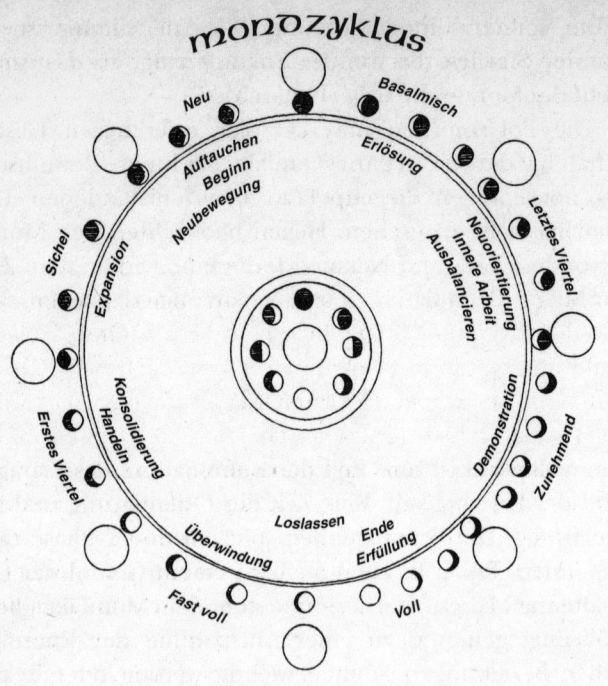

auf sie und die sie Umgebenden fest. Seine Wirkung soll zweieinhalb Tage vor und nach dem Vollmond spürbar sein, wobei die Energie allmählich zu einem Höhepunkt aufsteigt und dann wieder abflacht. Der Vollmond entfaltet noch stärkere Kraft, wenn er in die Nähe eines Planeten gerät, der für die eigene Geburtskonstellation bedeutsam ist.[22] Seine Wirkung kann dann mehrere Wochen lang anhalten. Man sollte möglichst im Mondlicht schlafen. Ziehen Sie die Vorhänge nicht zu. Mondlicht kann zur Reinigung beitragen und macht magische Gegenstände wirksam (z. B. Tarotkarten, Zauberstäbe, Kelche usw.) Eine Kristallkugel muß nach altem Brauch erst dreizehn Vollmonden ausgesetzt gewesen sein, bevor sie benutzt werden kann.

Der Vollmond ist eine Zeit des Sinnens, der Meditation und der gesteigerten Wahrnehmung, in der man in sich gehen sollte.

DER DUNKLE MOND

Hexen bezeichnen die Mondphase, in der dieser keine Sichel trägt, als »Dunklen Mond«. Astrologisch entspricht dies dem Neumond. Unter Neumond verstehen Hexen wiederum die Mondsichel, die drei Tage nach dem »Dunklen Mond« erscheint. Die Dunkelheit ist dem patriarchalischen, solaren Bewußtsein suspekt und verhaßt. Dunkle Himmel, dunkle Haut, Linkshänder, das Okkulte, Sexualität, das Unbewußte, Alter und Tod, all diese dunklen Kräfte betonen das andere, die Differenz und das anarchische Verhalten all derer, die nicht in die patriarchalische Schublade passen. Der Dunkle Mond war eine Zeit der Selbstversenkung, zu der die Frauen menstruierten und sich zurückzogen. Sie spannen Worte und Zaubersprüche und saßen in tiefem Gespräch mit ihrem inneren Selbst versunken. Steht der Vollmond für die Mutter und der Neumond für die Jungfrau, so der Dunkle Mond für Hekate, Kali, Medusa, Cerridwen, die über Leichen aasende Morrigan. Er ist die Todeskarte des Tarots, der Eremit, der Gehängte (Kapitel 12). Schlangen und Spinnen stehen ihm ebenso nahe wie schwarze Katzen, Wölfe und Krähen. Kein Wunder, daß er gefürchtet wird. Der Dunkle Mond ist eine gute Zeit für Hexerei und Zaubersprüche: »Eine Hexe, die nicht hexen kann, kann auch nicht heilen.«[23] Die Zeit der zaubernden Hexen ist der Dunkle Mond, der Schatten, nicht das helle Licht des Voll- oder Neumondes. Mehr als alles andere müssen wir unsere dunklen Seiten erkennen, akzeptieren und integrieren. Der Dunkle Mond ist die Zeit, in der man sich von den tödlichen Banden befreien kann, die einen an das alte, abgetragene Selbst fesseln, von Zwängen und Obsessionen, eine Zeit, in der man das Kriegsbeil begräbt und die Angst des Peinigers versteht oder ganz mit ihm bricht. Während des Dunklen Mondes zerstören wir, um zu erneuern. Und schon bald kommt wieder der neue Mond.

NEUMOND

Bei Neumond befinden sich Sonne und Mond genau an der gleichen Stelle des Himmels. Der Mond ist nicht sichtbar, weil das Sonnenlicht nur die erdabgewandte Seite des Mondes erleuchtet. Astrologisch gesehen herrscht der Neumond etwa zweieinhalb Tage, bevor er am Himmel sichtbar wird. Es ist für den Hexenkult die Zeit der Rituale; die dunkle Zeit des Mondes, jene drei Tage im Monat ohne jeglichen Mond, die schrecklichste oder entspannteste aller Zeiten.

Nach arabischem Brauch ist das, was man bei Neumond macht, immer eine gute Sache. Er gilt als gutes Omen, als ein Widerschein der Hoffnung nach der Phase der Dunkelheit. Im Westen drehten die Menschen die Münzen in ihren Taschen um, wenn sie den Neumond sahen; dies sollte Glück bringen. Die Neumondmagie eignet sich besonders für Anfänge und neue Projekte. Die Samen, die in der Zeit des Dunklen Mondes gesät wurden, beginnen zu sprießen. Bitten Sie jetzt um Hilfe, um Ihre Projekte auf den Weg zu bringen. Bis zur Phase des Vollmonds ist es die ideale Zeit für Aktivität, Bewegung, Dynamik. Vom Vollmond bis zum Neumond herrscht Kulmination, Rezeptivität, Wachstum. Gehen Sie also raus, und verwirklichen Sie Ihre Träume.

Jeder Mond nimmt den Charakter des astrologischen Zeichens an, in dem er sich gerade befindet. Deswegen muß jede Hexe ein astrologisches Grundwissen besitzen, um mit den Energien des Mondes richtig arbeiten zu können.

Die Energien des Vollmondes

Im folgenden beschreibe ich meine persönlichen Beobachtungen des Vollmondes auf seinem Weg durch die zwölf Tierkreiszeichen. Nicht jeder ist gleich empfänglich für die Energien des Vollmondes und seiner Umgebung, so daß die Erfahrungen unterschiedlich ausfallen werden. So wird der Vollmond mitten auf dem Land eher als wohltuend empfunden, während seine Energien in der hektischen Betriebsamkeit der Großstadt oft negativ wirken. Spirituell eingestellte Frauen werden überall positiv auf die hohen Energien dieses Mondes reagieren.

Rituale und Zaubersprüche setzen voraus, daß man die verschiedenen Mondenergien versteht. Stellen Sie Ihre eigenen Beobachtungen an, achten Sie darauf, wie Sie, Ihre unmittelbare Umgebung und die Gesellschaft auf die Mondphasen reagieren, und machen Sie sich Ihr eigenes Bild.

Die Monde können in vier Grundtypen unterteilt werden.

Die Erdmonde (Stier, Jungfrau, Steinbock)

Die Erdmonde sind stark mit Stabilität, Sicherheit, Traditionen und praktischem Denken verbunden. Bei ihnen geht es um den Aufbau fester Strukturen. Sie haben Probleme mit Empfindungen und Gefühlen.

Die Feuermonde (Widder, Löwe, Schütze)

Die Feuermonde sind enthusiastisch, optimistisch und veränderungsfreudig. Sie sind impulsiv, voller Naivität und selbstbezogen. Sie haben eine Menge Energie und können übellaunig und reizbar sein.

Die Luftmonde (Zwillinge, Waage, Wassermann)

Die Luftmonde analysieren Gefühle. Kennzeichnend für sie sind Vorausschau, Objektivität, Ausdruck, Kommunikation, Schreiben, Telefonieren, Reden, Lesen, Reisen und Bewegung.

Die Wassermonde (Fische, Skorpion, Krebs)

Die Vollmonde des Wassers stehen den Hexen am nächsten und sind vielleicht die verwirrendsten. Verletzbarkeit und Angst sind in dieser Phase gesteigert; eine große emotionale Intensität herrscht vor, und die Vergangenheit besitzt eine besondere Bedeutung. Dies ist die Zeit für Liebesrituale und Fruchtbarkeitszauber.

Der Vollmond ist das der Sonne entgegengesetzte Zeichen. Wenn also die Sonne im Widder steht, befindet sich der Mond in der Waage, und steht die Sonne im Skorpion, so der Mond im Zeichen des Stiers. Umgekehrt befinden sich Neumonde immer im selben Zeichen wie die Sonne; wenn der Neumond sich im Wassermann befindet, so steht ihm die Sonne zur Seite. Die Zeitungen geben normalerweise die Mondphasen an, und das Horoskop wird Sie über die zwölf Tierkreiszeichen mit ihren Daten informieren.[24]

Die Vollmonde

Widder. Energie, Mut, Initiation. Loslassen von Wut und Aggression, selbstbezogene Verhaltensmuster, selbstzerstörerischer Zorn. Machen Sie Tapferkeits- und Kriegerrituale, wenn Sie neue Projekte beginnen wollen. Überwinden Sie Depression und Antriebslosigkeit. Gut für Initiationen. Seien Sie frech, dreist, wagemutig, lustvoll, zornig und ungeduldig. Der Widder ist ein herbstlicher Äquatormond.

Stier. Liebe, Geld, Zuhause, Besitz, Fruchtbarkeit. Ein Mond des Aufbaus, der Grundsteinlegung und der kreativen Arbeit. Bauen Sie auf dem Neubeginn des Widdermondes auf. Beginnen und realisieren Sie praktische Pläne und neue Strukturen, säen Sie neuen Samen. Viel Sinnlichkeit. Machen Sie Geldzauber, Fruchtbarkeitsmagie, bauen Sie Häuser, planen Sie Gärten.

Zwillinge. Schreiben, Kommunikation, Ideen. Ein Mond des Lernens. Zeit der Briefe und Botschaften, des Kontakts mit anderen Menschen. Schreiben, faxen oder rufen Sie Menschen an, die Ihnen wichtig sind. Verabreden Sie sich, machen Sie kleine Reisen, kommen Sie herum, und tratschen Sie. Günstig für alle Magien zur Aufklärung von Mißverständnissen und zur Klärung und Vermittlung von Ideen.

Krebs. Familienangelegenheiten, das Zuhause, Fruchtbarkeit. Die Gefühle gewinnen bei diesem Mond überhand. Hüten Sie sich vor depressiven Gedanken, vor den schlechten Schwingungen anderer Leute und davor, ihre Gefühle zu verletzen. Achten Sie darauf, nicht überempfindlich, beleidigt und weinerlich zu reagieren. Machen Sie Liebeszauber, Schutzzauber gegen Übel und für die Familie. Ein guter Mond für Prophezeiungen, Reinigungsrituale, Weihungen und Taufen. Der Krebs ist ein Mond der Wintersonnenwende.

Löwe. Ruhm, Kreativität, Glück. Ein theatralischer Mond mit Glanz und Glitzer, viel Energie und Tamtam. Viel Selbstbezüglichkeit, bis an den Rand der Egomanie. »Think big« lautet die Losung: große Rituale, große Projekte, große Shows. Benutzen Sie die Energie, um Ihr Leben zu erweitern und am Puls der Dinge zu sein. Machen Sie Kreativitätsrituale, lassen Sie alles fallen, was Ihre Kreativität blockiert, erinnern Sie sich an die Dinge, die Sie zu etwas Besonderem machen.

Jungfrau. Gesundheit, Reinigung des Körpers, Schutz vor schlechter Ausstrahlung, Magie. Ein stiller Mond. Fasten Sie also, machen Sie Reinigungsrituale, vertreiben Sie Krankheit und Gifte. Lassen Sie negative Gedanken und Probleme bei der Arbeit hinter sich. Die Jungfrau hat eine Neigung zur Verstimmtheit. Sollten Sie damit Probleme haben, arbeiten Sie daran. Verbannen Sie Furcht, Sorgen und negatives Denken. Arbeiten Sie im Garten, auf dem Land, mit ihren Topfpflanzen.

Waage. Liebe, Kreativität, Feierlichkeiten. Ein kultivierter Mond. Hören Sie Musik, tanzen, malen Sie, schreiben Sie Gedichte. Gehen Sie unter Leute, und treffen Sie einflußreiche Menschen, bitten Sie sie um Gefallen, halten Sie sich an die Großen und Guten. Schmeicheln Sie, seien Sie charmant. Seien Sie beschwingt, schön, kontaktfreudig. Sprechen Sie Zauberworte, wenn die Muse Sie verlassen hat. Treffen Sie sich mit anderen Hexen, gehen Sie zu Hexenzirkeln. Lassen Sie alles Häßliche und Unausgeglichene aus ihrem Leben verschwinden. Funkeln Sie.

Skorpion. Macht, Vergeltung, Mut, Hexerei, Krieger und Schlachten. Eine explosive Mischung, dieser Mond. Sibyl Leek kommt zu der Ansicht, daß zu dieser Jahreszeit mehr Morde verübt werden als zu jeder anderen.[25] Es ist die Zeit, in der die Autofahrer aufeinander losgehen, die Menschen sich auf der Straße streiten und auf den morgendlichen Bürgersteigen Blutlachen liegen. Ich gehe in die Berge, wenn ich kann, oder schleiche mit gesenktem Kopf und schützendem Panzer durch die Straßen. Dieser Mond soll Buddhas Geburtstag gewesen sein und gilt im Osten als Feiertag.

Schütze. Reise und Studium. Ein Mond der großen Ideen und eine gute Zeit, um lange Reisen und Studien zu beginnen. Zeit des Philosophierens und Denkens. Es ist auch der richtige Moment, die Lehren der Göttin weiterzuvermitteln. Teilen Sie Ihren Glauben mit, fangen Sie mit Ihren Freunden und Kollegen Diskussionen über spirituelle und philosophische Probleme an. Eine Phase, in der man kleinliche Auseinandersetzungen, Sreitigkeiten und Mißverständnisse klären sollte. Dieser Tag ist der Tag der großen Anrufung.[26]

Steinbock. Karriere, Status. Alles in allem ein ernster Mond. Es ist der Moment, in dem man sich daran erinnern sollte, daß der Höhepunkt des Jahres bereits seinen Tiefpunkt ankündigt. Machen Sie jetzt Pläne, werfen Sie Ballast ab. Bereiten Sie sich auf die Herbstarbeit vor, und bringen Sie Ihre Ernte ein.

Wassermann. Studien, Ideen für neue Projekte. Arbeiten Sie deshalb eng mit Freunden zusammen, und treffen Sie so viele Menschen aus ihrem Kreis wie möglich. Seien Sie umtriebig. Versuchen Sie, Dispute und Mißverständnisse zu klären, die Menschen haben jetzt ihre logischste Phase. Wenn Sie in einem Hexenzirkel oder einer Gruppe sind, sprechen Sie jetzt Organisationsprobleme an, debattieren und diskutieren Sie, klären Sie Machtfragen. Machen Sie Rituale für den Aufbau von Beziehungen, für die internationale Solidarität und die großen menschheitlichen Probleme. Erweitern Sie Ihre enge persönliche Perspektive.

Fische. Liebe, Hellsicht, Träume. Sibyl Leek weist darauf hin, daß es bei diesem Vollmond mehr Selbstmorde gibt als zu jeder anderen Zeit. Man ist jetzt leicht in Gefahr, sich mit dem Urschlamm zu vereinigen, was je nach Umständen gut oder schlecht sein kann. Man ist empfänglicher für bewußtseinserweiternde Substanzen. Sie sollten sich gerade in dieser Phase bewußtmachen, daß Sie genau so gut sind wie immer. Lesen Sie Runen, Tarotkarten, träumen Sie, flüstern Sie mit den Geistern. Vermeiden Sie aber praktische Tätigkeiten, denn Ihre Koordination und Verstandesfähigkeit ist im Moment auf einem Tiefpunkt. Lassen Sie los, retten Sie die Menschheit. Machen Sie Rituale für den Planeten. Aber geben Sie acht, wenn Sie Geister anrufen. Ihre übersinnlichen Kräfte sind jetzt sehr ausgeprägt, seien Sie also vorsichtig, und überlegen Sie sich, worum Sie bitten.

7
RITUALE

Rituale spielen im Leben der meisten Menschen eine große Rolle. Sie reichen von den alltäglichen Aufwach- oder Einschlafritualen bis zu den komplexen sozialen Ritualen, die bei religiösen Festen, politischen Feiern oder den Hauptstationen unseres Lebens zum Tragen kommen. Rituale verleihen ein Gefühl von Ordnung und Kontinuität und verbinden uns mit der Gemeinschaft, in der wir leben und durch die wir unseren Ort finden. Die starken Veränderungen und das allmähliche Zerbrechen der Gesellschaft führen dazu, daß wir unsere Mitte verlieren und unsere Rituale uns fremd werden. Viele stöhnen, wenn Weihnachten und Neujahr herannahen. Sie sind für sie nur noch leere Familienrituale oder Tage, an denen ihnen ihre Einsamkeit oder die Trennung von den Lieben besonders schmerzlich bewußt wird.

Weihnachten, eines der beiden Hauptfeste einer mittlerweile unverbindlichen christlichen Kultur, ist zu einer leeren, teuren und entfremdeten Veranstaltung geworden, die nichts mehr mit der ursprünglichen, den kommenden Sommer ankündigenden Feier des Jahrestiefpunktes zu tun hat. Weihnachten und Geburtstage sind eher dazu angetan, uns unsere Isolation und die Entfremdung von Kultur und Sippe vor Augen zu führen. Nicht unseren Blutsverwandten fühlen wir uns heutzutage am nächsten, sondern Freunden oder Menschen, die unsere Interessen teilen.

Für viele Menschen sind Rituale ein leerer, sinnloser Zeitvertreib, der keinen legitimen Ort in unserem Alltagsleben besitzt. Aber Rituale sind lebensnotwendig. Auf der persönlichen Ebene helfen sie, ein gewisses Maß an Ordnung und Routine herzustellen, das für unsere geistige Gesundheit notwendig ist. Niemand kann in völliger Anarchie leben. Es entwickeln sich immer Muster, egal wie chaotisch, Muster, die unsere Seele als Routine akzeptiert und durch die sie sich entspannt. Der morgendliche Tee oder das nächtliche Bad zum Beispiel gliedern den Tag, sie sind Prüfsteine, mittels derer wir uns versichern, daß alles so ist, wie es sein sollte, selbst wenn die Wirklichkeit anders aussieht.

Frauen im Menstruationsalter sind sich ihres monatlichen Zyklus bewußt. Seine hormonellen Veränderungen strukturieren die Zeit, und die besonders energiereichen Hochphasen oder introvertierte Tiefpunkte können für sie mit bestimmten Mondphasen zusammenfallen. Zusammenlebende Frauen beginnen nach einiger Zeit, gemeinsam zu menstruieren, und ihr Gemeinschaftsleben ist von ihren Rhythmen von Rückzug und Aktivität bestimmt. Wo dieser Rhythmus mit den Mondphasen zusammenfällt, unterstützt und verstärkt der natürliche Zyklus den der Gemeinschaft. Auf diese Weise wird das Ritual geboren. Dem Zu- und Abnehmen des Mondes, das mit dem Mysterium der Monatsblutung zusammenfällt, wird Bedeutung zugewiesen. Die Blutung wird zu einer dunklen Zeit, in der das Mysterium seinen Höhepunkt erreicht. Magie ist in der Luft, und die Frauen ziehen sich tief in sich selbst zurück und sind für ihre Männer und Kinder unerreichbar. Fehlt in dieser Phase auch noch der Mond am Himmel,[1] vertieft sich das Mysterium noch mehr. Die menstruierenden Frauen zogen sich früher in die Menstruationshütten zurück, und das Licht erlosch. Der Dunkle Mond wurde so zu einer verlassenen Zeit, in der die menstruierenden

Frauen sich versammelten, um zu ... ja, um was zu tun? Vielleicht ihre stärksten Zauber zu wirken? Sich ihrem dunklen Treiben und ihren aufrührerischen Gesprächen hinzugeben? Diese Zeit geht schnell genug vorbei, und schon bald erscheint die Mondsichel am Himmel mit ihrem neuen silbernen Licht, ihren zitternden Strahlen, die ein Versprechen auf neuen Glanz, neues Wachstum, auf Hoffnung und neue Möglichkeiten eröffnen. Ein kollektiver Seufzer der Erleichterung ist zu vernehmen, die Frauen kehren aus ihrer Zurückgezogenheit zurück, die Schatten sind vergessen, und die Gemeinschaft erwacht zum Leben. Hoffnung ist zurückgekehrt.

Der Mond nimmt zu, wird fett. Wie der Bauch einer schwangeren Frau wird er zum Zeichen der Fruchtbarkeit, ein Symbol für Zeugungsfähigkeit, Wachstum und Reifung. Mit dem Anwachsen des Mondes breitet sich das Licht aus und holt die nächtlichen Schatten hervor. Das strahlende silberblaue Mondlicht verändert die Konturen der alltäglichen Objekte, verzerrt die Umrisse, läßt sie größer erscheinen, fremd und wie in Zauberglanz gehüllt.[2] Während der Mond zunimmt und schließlich voll wird, wird die Ernte der Mondenergien eingeholt. Ein Hochgefühl stellt sich ein, darüber, daß die Kräfte der Natur in ihrer strahlenden, großartigen Vertreterin nutzbar gemacht werden können, in der Mondin, diesem weiblichen Symbol des Leuchtens und der Naturverbundenheit. Der Mondzyklus erreicht seinen Höhepunkt, die hellste Nacht kommt heran und bringt Stille mit sich, eine eigentümliche Zeitlosigkeit entsteht, die uns den Atem raubt. Der Anblick des Vollmondes am wolkenlosen Himmel nötigt uns Ausrufe der Verwunderung ab. Vielleicht erschrecken die Menschen auch vor seiner Erhabenheit, aber selbst noch in den unnatürlichen Städten erinnert er uns an die übermächtigen Kräfte der Natur. Wir können auf dem Mond landen, aber wir können

Die fünf Stufen der Göttin

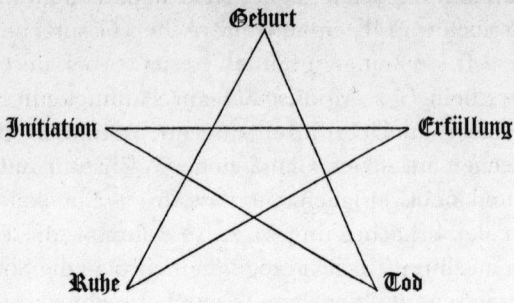

seine Kräfte nicht bändigen. Er nimmt unbarmherzig ab und wieder zu, nach eigenen Gesetzen ... wir selber sind unbedeutend. Der Vollmond ist die Zeit, in der das Küken aus dem Ei schlüpft und das Kind geboren wird, in der die Frucht vom Baum fällt und die Blüte sich öffnet. Meine Freundin Mary gebar ihren Sohn Luke bei Vollmond; ihre Wehen waren durch Donner und Blitz ausgelöst worden.

Die fünf Stationen der Frau

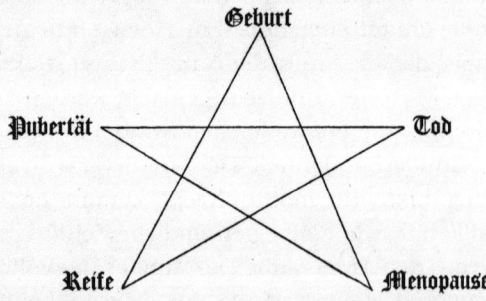

Nach dem Höhepunkt kommt der langsame Abstieg, die Abwärtsbewegung. Nach so viel Helligkeit und Expansion die Wendung nach Innen. Zwar gibt es immer noch Licht, aber es nimmt allmählich ab. Dem Sommer folgt der

Winter, der Blüte das Laub. Die Dunkelheit baut sich langsam auf, und die Schatten werden länger. Das Leben wird schwer, nachdenklich, introvertiert. Die Körper der Frauen nehmen zu, sie werden stiller, nachdenklicher, sensibler gegenüber dem Gelärme der Außenwelt und weniger tolerant ihm gegenüber. Darum bemüht, ein inneres Leben aufzubauen, verlieren die Sorgen der Außenwelt an Bedeutung. Das Licht verliert an Reiz, und die Schatten werden verführerischer. Es ist die Zeit des Loslassens, in der man das Überflüssige, das Abwegige und Unnötige abwirft und das Leben ans Wesentliche, an seine Basis zurückbindet. Und dann taumeln wir wieder in die Dunkelheit, beginnen den Zyklus von neuem, den Zyklus des Blutes.

Hexen feiern den Zyklus des Mondes, besonders die dreizehn Vollmonde des Jahres. Der Vollmond ist eine Zeit großer spiritueller Bewußtheit, buchstäblich eine Zeit größter Erleuchtung. Vision und Einsicht sind gesteigert, und unsere bewußten und unbewußten Anteile kommen sich näher. Es ist zugleich auch die Zeit, in der die beiden großen Lichter, Sonne und Mond, am weitesten voneinander getrennt sind und das Gefühl der Gespaltenheit am größten ist. Die reflexive Natur des Vollmondes zu nutzen verhilft uns dazu, die eigene Ganzheit und Gespaltenheit zu verstehen.

DAS FEIERN DER MONDZYKLEN

Sabbat und Esbat

Die Hexensabbate haben die gleiche Wurzel wie der jüdische Sabbat und bedeuten »heilig«. Sie bezeichnen die dreizehn Vollmondtage und -nächte des Jahres, so wie die Esbats die Vollmondrituale kennzeichnen. Das Hexenjahr beginnt mit Samhain, dem 31. Oktober. Nicht zufällig fängt es mit der Dunkelheit an, dem ersten Mond nach Allerheiligen, dem Tag der Toten. Von hier aus beschreibt es den ganzen Zyklus vom Tod zum Leben und wieder zurück zum Tod. Jeden Monat zu Vollmond feiern wir unsere Erträge, sprechen wir besondere Beschwörungsformeln, üben Magie und danken für unsere Fortschritte und für die Dinge, die wir losgelassen haben und nicht mehr benötigen.

Vollmondritual

> … und im Monat einmal,
> wenn voll ist der Mond,
> versammelt euch in Meinem Licht.
> Mit Tanz und Gesang
> und Freuden süß
> Feiert Mein Mysterium.
> Durch die klaren Wasser des Ozeans,
> durch die stillen Berge,
> durch die rauschenden Winde,
> durch die reichen Wäldchen
> werde euer Wille getan.
> Und sollte es euch mangeln an irgend etwas,
> ruft Mich an.
> Denn Ich bin eure Mutter,
> Herrin der sieben Meere
> und Wächterin der Sterne.
> Ich sitze auf hohen Bergspitzen,
> liege im Bauch der Erde.
> Meine Winde streichen über euer Gesicht
> und durch die Bäume.
> Es gibt keinen Ort, an dem Ich nicht
> Herrin bin.

Versammeln Sie sich an einem heiligen Ort. Reinigen Sie die Luft mit Weihrauch, und heißen Sie jede Frau dadurch willkommen, daß Sie ihr Stirn,[3] Brust, Hände und Füße salben und sprechen: »Wer ist da? Wie kommst du? Was bringst du?« Sie nennt ihren Namen und sagt, daß sie in vollkommener Liebe kommt und Frieden bringt. Dann nimmt jede Frau ihren Platz im Kreis ein. Ziehen Sie den magischen Kreis, indem Sie drei-, fünf- oder neunmal gegen den Uhrzeigersinn, in der Umlaufrichtung des Mondes, um ihn herumlaufen (sogenannte *Widderhins*). Dabei summen Sie leise und lassen Ihr Summen allmählich zum Gesang werden. Lassen Sie Ihre Stimmen sich ineinander verflechten und einen Kraftkegel bilden, in dem ein geschützter heiliger Raum entsteht ... Stellen Sie sich dann in den Kreis, und rufen Sie die Geister der vier Elemente an:

Wenden Sie sich nach Norden und sagen Sie:

> Erde, Erde, ich rufe dich, Erde!
> Sei bei uns heut nacht,
> mit deiner Macht umhülle uns,
> mit deiner Kraft umschließe uns,
> halte uns,
> halte uns.

Nach Süden gewandt, rufen Sie das Feuer an:

> Geister des Feuers, Geister des Feuers!
> Tanzt mit uns heute nacht,
> leiht uns eure Energie,
> gebt uns euer Licht,
> wärmt unsere Herzen,
> wärmt uns, Geister des Feuers,
> wärmt uns!

Wenden Sie sich nach Westen, und rufen Sie das Wasser an:

> Wasser, Wasser,
> Wasser kühl und klar wie Kristall,
> Wasser wild und rauschend,
> Wasser tief und dunkel,
> umfließe uns,
> umfließe uns!

Wenden Sie sich nach Osten, und beschwören Sie nun die Luft:

> Wind, Wind, horche, Wind!
> Wirbelnder Wind, weinender Wind,
> heulender Sturm,
> sanfte Brise,
> trage uns, trage uns!

Beschwören Sie dann Macht oder Angesicht der jeweiligen Göttin herbei, mit der Sie arbeiten wollen. Der Vollmond ist mit der Gottmutter verbunden. Wenn Sie kein besonderes Anliegen haben, rufen Sie am besten sie an:

> Beim Treiben der Wolken,
> beim Rauschen des Bachs,
> beim Laufen des Hasen,
> beim Heulen des Wolfs,
> Mutter, rufe ich dich.

> Bei allem, was schön ist und zart,
> bei des Kobolds verborgener Höhle,
> bei allem, was wild ist und wüst,
> und allem, was karg ist und kahl,
> beim Leuchten der Sonne

und der Finsternis des Schoßes
ruf' ich jetzt dich zu mir.

Bei der Sanftheit deiner Stimme,
bei den Kurven deiner Gestalt,
beim Duft deines Haares,
bei allem, was glitzert und schimmert,
beim Schlagen der Becken,
beim Flug der Tauben
rufe ich dich jetzt.

Wenn Sie bei Ihnen ist, üben Sie Ihre Magie. Sie können alternativ auch eine vorbereitende Meditation machen:

Reise zur Mutter

Schließe deine Augen, und gehe tief in dich. Nimm einen tiefen Atemzug ... Entspanne deinen Körper, und lasse deinen Geist ganz ruhig werden ... Gehe tief, tief, tief in dich hinein ... Du befindest dich am Ufer eines Sees ... Es ist Nacht, eine warme Brise geht über die Wasseroberfäche. Der Mond ist voll, sein silbernes Licht spiegelt sich auf dem stillen Wasser ... In der Ferne der Ruf einer Eule ... Fische plätschern ... Du tauchst einen Zeh ins Wasser ... Es ist überraschend warm ... Du watest langsam hinein ... Das Wasser bedeckt deine Waden ... dann deine Genitalien und deinen Bauch ... Schließlich kannst du nicht länger widerstehen und tauchst in das tintenschwarze Wasser, das dich umschließt, und beginnst zu schwimmen, mühelos, als ob das Wasser dich trägt.[4] Du schwimmst heraus und siehst hoch oben vor dir ein Licht ... Du schwimmst langsam darauf zu ... Du kommst näher und erkennst, daß das Licht von einem Turm auf einer Insel kommt ... Du schwimmst auf die Insel zu, betrittst sie und näherst dich langsam dem Turm ... Du gehst durch einen kleinen Wald und findest dich am Fuße des Turmes wieder ... Es scheint keine Tür zu geben ... Du fragst dich, wie du hineinkommen sollst ... Dann siehst du, daß du am Efeu hinaufklettern könntest, das sich um den Turm rankt ... Du versuchst es, es trägt dich sicher ... Schnell und ohne Mühe kletterst du hinauf und erreichst das Fenster ... Du siehst hinein ... Ein kreisrunder Raum, auf einem großen Altar brennen Kerzen. Auf den Boden ist ein Kreis gezeichnet, umgeben von Symbolen. Du kletterst ins Zimmer und stellst dich in die Mitte des Kreises ... Du setzt dich und wartest ... Die Hohepriesterin kommt zu dir ... (Gib dir zehn Minuten, in denen du der Hohenpriesterin folgst. Laß dich einfach von ihr führen.) ... Jetzt führt sie dich aus dem Turm an den Rand des Wassers ... Ein Boot wartet, das dich hinüberbringen soll ... Sag deinen Abschied, während das Boot langsam durch das Wasser gleitet ... Am Ufer angekommen, steige aus dem Boot, und öffne langsam deine Augen ... Laß dir Zeit, und komme allmählich wieder ins Zimmer zurück ...

Sie können nun in Paaren oder Gruppen die Ergebnisse vergleichen (wobei Sie die Zeit, die Sie für das Erzählen Ihrer Geschichten benötigen, nicht unterschätzen sollten). Oder gehen Sie sofort zur nächsten Stufe über.

Alle stehen auf und halten sich an den Händen, werden eine Gruppe. Bringen sie Ihre Energie in den Körper zurück, und spüren Sie Ihre Füße auf der Erde. Verbinden Sie sich mit der Gruppe. Spüren Sie den Lichtkreis, der durch jede einzelne geht. Machen Sie sich bewußt, daß sich in dieser Nacht überall auf der Welt Gruppen treffen, um den Vollmond zu feiern und sich mit den Energien von Liebe, Licht und Kraft zu verbinden. Halten sie diese Verbindung eine Zeitlang.

Beginnen Sie dann, wieder zu singen, immer lauter. Machen Sie so lange weiter, wie Sie können ... Schlagen Sie dazu die Trommel ... Tanzen Sie ...

Senden Sie Ihre Energie dorthin, wo sie gebraucht wird, schicken Sie sie mit Liebe ...

Machen Sie eine Pause.

Reichen Sie das Brot herum, wobei jede Frau ein Stück in den Mund ihrer Nachbarin legt mit den Worten: »Mögest du nie hungrig sein« und das Brot dann weiterreicht. Dann reichen Sie den Wein herum und lassen jede Frau davon trinken, wobei die Worte »Mögest du nie durstig sein« gesprochen werden.

Schließlich küßt jede Frau ihre Nachbarin und sagt dabei: »Mögest du immer geliebt werden.«

Nun können Sie feiern, reden, sich mit Problemen Ihres Hexenkreises oder anderen Dingen beschäftigen, wobei Sie den Kreis aber beibehalten. Schließlich lösen Sie den Kreis auf, indem Sie dreimal im Uhrzeigersinn, nach dem Gang der Sonne, um ihn herumschreiten.

Sei gesegnet!

Wenn die Zaubersprüche gesagt sind, sammeln Sie alle Kerzen ein sowie das vergossene Wachs und sonstiges Material wie Pflanzen, Essensreste usw. und werfen es in ein fließendes Gewässer, einen Bach, einen Fluß oder das Meer. Gehen Sie dann fort, ohne sich noch einmal umzusehen.

Die Struktur des Rituals

Es ist mir immer schwergefallen, die Rituale anderer Leute zu benutzen. Ich lasse meine Intuition sprechen, statt blind irgendwelchen Anweisungen zu folgen; für mich ist die Stimmung des Augenblicks wichtiger, als lange Rituale auswendig zu lernen. Aber Anfänger brauchen wenigstens einen Rahmen, bevor sie anfangen können, eigene Rituale zu entwickeln.

Jedes Ritual weist normalerweise folgende Elemente in der beschriebenen Reihenfolge auf:

1. *Vorbereitung*

In vielerlei Hinsicht ist dies der wichtigste Teil des Rituals. Gute Planung und Meditation auf das Thema des Rituals lassen das Erlebnis für alle tiefer werden und machen die Magie stark und zielsicher. Wenn Sie in einer Gruppe arbeiten und ein Vollmondritual abhalten wollen, arbeiten Sie seine Struktur schon am vorangehenden Neumond aus. Das läßt Ihnen genügend Zeit, die notwendigen Materialien zu besorgen, Weihrauch und Salböle herzustellen etc. Für den Anfang würde ich vorschlagen, daß Sie mit den verschiedenen Namen und Erscheinungsformen der Göttin arbeiten und einigen Gruppenmitgliedern die Aufarbeitung dieses Feldes übertragen. Mit zunehmender Erfahrung können dann Rituale für spezielle Themen abgehalten werden wie zum Beispiel Kreativität, Kraft, Menstruation, Mutterschaft und Tod. Entscheiden Sie im voraus, wer bei dem Ritual welche Aufgabe übernimmt, wer Hohepriesterin ist, wer die Elemente anruft, wer für den Altar verantwortlich ist, für Essen und Wein usw. Es ist wichtig, daß jede Frau eine Rolle einnimmt, so daß keine Person zu viel Verantwortung übertragen bekommt. Nehmen Sie am Abend des Rituals ein Bad, und waschen Sie sich die Haare, damit die Alltagssorgen von Ihnen abfließen. Ziehen Sie sich saubere Kleidung oder Ihr rituelles Gewand an. Plazieren Sie den Altar an einer sicheren Stelle, an der er nicht umgestoßen und die Kerzen nicht durch einen Windzug ausgeblasen werden können. Stellen Sie ein Göttinnensymbol auf, ein Modell oder ein Bild, das für die Mondphase steht, mit der Sie gerade arbeiten, also Jungfrau, Mutter oder alte Frau. Nehmen Sie zur Jahreszeit gehörende Blumen und dazu passende Kerzen. Dekorieren

Sie den Raum mit Bändern, Muscheln, Holz, was immer Sie gerade zur Hand haben. Der Altar steht im spirituellen Zentrum, stecken Sie deshalb Ihre ganze Liebe und Energie darein, ihn zu bauen. Verbrennen Sie Weihrauch, und gehen Sie mit dem Weihrauch die vier Ecken des Raumes ab, oder gehen Sie einen Kreis um den Altar, wenn er im Freien steht, damit die Luft gereinigt wird und die magische Handlung beginnen kann. Zünden Sie die Kerzen an, und plazieren Sie Essen und Trinken um den Altar.

2. Begrüßung und Ziehen des Kreises

Die Hohepriesterin begrüßt jedes Mitglied, fragt, wer sie ist und wie sie kommt, und die Salberin salbt alle an Stirn, Hals, Herz, Solarplexus, Schoß, Händen und Füßen. Alle nehmen ihren Platz im Kreis ein. Dann wird der Kreis gezogen. Dies geschieht dadurch, daß im umgekehrten Uhrzeigersinn drei, fünf, sieben oder neun *Widdershins* um den Kreis gelaufen werden. Währenddessen meditiert jede Frau auf das Ritual. Der Kreis stellt einen Schutz für alle dar, die sich darin befinden; nichts kann in ihn eindringen, und wenn Frauen ihn verlassen wollen, bevor er aufgehoben ist, muß von der Hohenpriesterin eine Tür in ihm geöffnet und wieder geschlossen werden.

3. Beschwörung der vier Elemente und der Göttin

Die vier Elemente werden beschworen, wobei meistens mit der Erde begonnen wird (siehe oben). Sie können auch die Namen der Geister benutzen, wenn Sie sie kennen; andernfalls halten Sie sich an die Symbolik der vier Elemente, die im Anhang C aufgeführt sind. Die Hohepriesterin ruft die Göttin mit ähnlichen Worten an wie oben beschrieben. Am besten lernen Sie sie auswendig.

4. Öffnen des Kraftkegels

Die Mitglieder des Kreises beginnen nun zu singen und zu summen und dazu vielleicht eine Trommel zu schlagen, um die Kraft herbeizubeschwören. Mit der Kraft des Zaubers (s. Kapitel 10) holen Sie die Göttin in Ihren Zirkel und befreien die Energien. Es kommt dabei immer zu einer Energiespitze, bei der das Singen aufhört. Halten Sie die Energie in Ihrem Kreis, und schicken Sie sie dann los, wenn Sie wollen. Sie dient als Heilenergie für Menschen oder Orte, kann aber auch zur Heilung der Gruppe benutzt werden, wenn es bei irgendwelchen Mitgliedern zu Krankheiten oder Streitigkeiten kam. Jetzt ist der Moment, an dem Sie den Atem der Göttin spüren können.

5. Visualisierung: Wegbereitung und Zauber

An dieser Stelle kommt die Magie zur Wirkung. Wenn Sie einen Zauber wirken oder ein bestimmtes Thema für Ihr Ritual wählen wollen, etwa Heilen oder Kreativität, ist jetzt der richtige Zeitpunkt dafür gekommen. Ansonsten leitet die Hohepriesterin eine Visualisierungsphase, die das Thema des Rituals reflektieren sollte.

6. Das Erden

Hier können Frauen ihre Visualisierungserlebnisse oder das Thema des Rituals diskutieren. Sollten Sie die Religion der Göttin erlernen, kann ein Mitglied an dieser Stelle unterrichten. Falls es Probleme im Hexenkreis gibt, sprechen Sie sie am besten jetzt an. Jede Frau sollte sprechen, mitmachen und Fragen stellen dürfen.

7. Kuchen und Wein

Das Essen und der Wein (bzw. Saft oder Tee; Alkohol ist natürlich nicht Vorschrift) werden herumgereicht und letzte Probleme, Gedanken oder Gefühle angesprochen. Die Zeitwärterin teilt mit, wann das Ritual beendet werden soll, und alle stehen auf.

8. Abschied von der Göttin

Die Hohepriesterin verabschiedet sich von der Göttin und dankt ihr für ihre Anwesenheit im Kreis. Auch den vier Himmelsrichtungen (Norden, Süden, Osten, Westen) wird gedankt, und sie werden verabschiedet.

9. Aufheben des Kreises

Schließlich wird der Kreis aufgelöst, wobei man wie am Anfang mehrere Male um ihn herumschreitet, nur diesmal im Uhrzeigersinn.

Eine Faustregel, die besonders neue Zirkel, die noch unerfahren mit magischen Praktiken sind, beachten sollten: Machen Sie die Rituale nicht zu lang, weil sonst die Energie verpufft und die Frauen schnell abgelenkt werden. Kurze, dynamische Phasen sind besser als stundenlange Gesänge! Vergessen Sie auch nicht, daß es sich um eine Feier handelt! Es ist eine ernste, aber auch freudige Angelegenheit, überlassen Sie die allzu tiefsinnigen Rituale dem Patriarchat.

NEUMOND

Astrologisch gesehen herrscht Neumond, wenn der Mond keine Sichel trägt; aber Hexen bezeichnen diese Zeit als den Dunklen Mond. Für sie ist der Neumond erst drei Tage später da, wenn die Mondsichel am Himmel erscheint. Der Begriff Neumond wird hier in dieser letzten Bedeutung benutzt.

Der Neumond ist eine Zeit des Beginnens, eine Phase hoffnungsfroher, optimistischer Magie. Es ist eine besonders gute Zeit für alle Zauber, die neue Schritte, Veränderungen, Planungen und Zukunftsentwicklungen beinhalten.

Zauberrituale

Warten Sie, bis Sie die Mondsichel am Himmel sehen. Zünden Sie dann auf Ihrem Altar eine weiße Kerze an, und sprechen Sie:

> Mond, Mond, jungfräulicher Mond.
> Willkommen!
> Willkommen in meinem Haus!
> Willkommen in meinem Herzen!
> Willkommen! Willkommen! Willkommen!

Machen Sie nun Ihren Zauber.

Bei Neumond drücken wir uns durch unsere Handlungen aus. Es ist eine Zeit des praktischen Tuns; wir imaginieren unsere Zukunft, den Neuanfang und Wiederaufbau. Eine Phase der Besinnung und Orientierung, in der wir zu unserem Weg zurückfinden, wenn wir ihn oder uns verloren haben.

Zurück zur Quelle

Suche dir einen Ort, an dem du für mindestens 20 Minuten ungestört bist. Leg dich hin und entspanne ... Nimm einige tiefe Atemzüge, und lasse alle Spannungen aus deinem Körper heraus. Laß dich langsam in den Boden sinken ... Laß einfach los ... Laß dich von der Erde tragen, und versinke tiefer und tiefer in dich selbst ... Du befindest dich an einem Strand ... Es ist Nacht ... Die Wellen plätschern sanft, und eine Mondsichel steht am Himmel ... Eine warme Nachtbrise streichelt dein Gesicht; irgendwo schreit eine Eule ... Du gehst langsam am Wasser entlang, den Mond ständig vor Augen ... In der Ferne sieht man ein Licht brennen ... Du entschließt dich, der Sache auf den Grund zu gehen ... Als du näher kommst, erkennst du im Sand ein Feuer ... Funken sprühen aus den Flammen und steigen ins samtige Schwarz des mitternächtlichen Himmels. Du gehst näher heran und siehst eine uralte Frau am Feuer sitzen ... Du trittst näher ... Sie sieht auf und lächelt dir ermutigend zu ... Du spürst jetzt die Hitze der Flammen und trittst mit einem Gruß auf sie zu ... Sie holt unter ihrem Rock eine Kristallkugel hervor und reicht sie dir ... Sie zeigt Bilder deiner nächsten Schritte. Betrachte sie, ohne sie zu werten ... Wenn keine Bilder mehr kommen, kannst du noch eine Weile bei der Frau bleiben und, wenn du willst, mit ihr reden. Verabschiede dich dann, und gehe langsam fort ... Komm dann zurück in das Zimmer, und schreibe deine Erlebnisse auf.

DER DUNKLE MOND

Hekate geht um, wenn der Mond dunkel ist und die Energien am verborgensten sind, geheimnisvoll und magisch. Es ist die traditionelle Zeit des Hexens; Persephone geht tief in die Erde, um die Geister der Toten zu begrüßen. Hier empfängt sie den heiligen Samen, empfängt das heilige Kind. Es ist die Zeit des Blutes, des Todes und der inneren Landschaft, der Augenblick tiefer, dunkler, unbewußter Kräfte, der Träume und Visionen, des Hexens und der Geister. Die Schwarze Göttin, Kali, Hekate, Lilith und Morgana regieren die Unterwelt, die Hel der Skandinavier. Hel ist der Schoß, die Höhle, Abgrund und Quelle. Das uralte Buch chinesischer Weisheit, das *I Ging,* sagt: »Die Quelle kann sich nicht verändern. Sie nimmt weder ab, noch nimmt sie zu.«[5] Als Quelle des Lebens und als das dunkelste, tiefste Gewässer, als erschreckender, tiefer Lebensborn und Todesbote fordert und konfrontiert uns der Dunkle Mond und zeigt uns das Mysterium von Leben und Tod.

Visualisierung/Der Weg zur dunklen Mutter

Für einige Frauen ist es vielleicht besser, diese Übung mit einer Freundin oder in der Gruppe zu machen, da manchmal erschreckende Dinge hochkommen können. Eine andere Möglichkeit ist, sie in einem Ritual zu machen.

Entspanne dich, und lege dich in einen dunklen Raum, am besten nachts, wenn kein Mond zu sehen ist. Schließe deine Augen, und nimm einige tiefe Atemzüge. Entspanne dich, und gehe tief, tief in dich hinein ... Stell dir vor, du gehst in einem Wald einen Weg entlang, es ist Nacht und sehr, sehr dunkel. Kein Mond, kein Licht, außer dem Sternenzelt über dir ... Alles ist ruhig und still ... Du gehst tiefer und tiefer in den Wald hinein ... Plötzlich wirst du dir bewußt, daß du nicht allein bist, daß auch andere Frauen in dieselbe Richtung gehen. Schweigend gehst du ins Herz des Waldes ... Es treffen sich drei Pfade, und du kannst gerade eben die anderen Frauen erkennen, die sich dort versammelt haben ... Eier- und Fischgaben finden sich an dieser Gabelung ... Ihr faßt euch an den Händen und beginnt zu singen ... Eure Stimmen hallen durch das

Schweigen der Bäume und steigen hoch hinauf in den Himmel und sinken tief, tief in die Erde ... Man hört das Flattern von Flügeln, das Rauschen des Windes ... Hekate erscheint ... (5 – 10 Minuten Pause, damit du alles in dich aufnehmen kannst.) ... Schließe dich mit den anderen Frauen zusammen ... Haltet euch an den Händen, und schließt den Kreis ... Geht nun, ohne euch noch einmal umzusehen. Kommt ins Zimmer zurück, und redet über das, was geschehen ist.

Rituale bieten uns die Möglichkeit, zu wachsen, zu lernen und unser innerstes Selbst und den Atem der Göttin zu erfahren. Seien Sie möglichst kreativ, und schaffen Sie eine innere Verbindung zu den Pflanzen, Kerzen, Bändern und allem, was Sie oder Ihren Altar schmückt. Die Göttin liebt Schönheit. Nehmen Sie sich bei Ihrer Vorbereitung auch Zeit, die jeweilige Stufe der Göttin, mit der Sie arbeiten wollen (Jungfrau, Mutter, altes Weib), eingehender zu studieren. Machen Sie sich Notizen, und geben Sie sie den anderen Mitgliedern weiter. Schaffen Sie sich so Ihre eigene Bibliothek und ihre eigenen Traditionen. Auf diese Weise erneuern wir die Vergangenheit, um die Zukunft zu gestalten.

ALLTAGSRITUALE

So wie wir das Rad des Jahres und das Zu- und Abnehmen des Mondes feiern, ebenso feiern und ehren Hexen die Höhepunkte im Leben der Frau. Gebären, Pubertät und Menopause erinnern an den Zyklus des Mondes und stellen wichtige Momente in unserem Leben dar. Wir feiern auch die Liebe, liebevolle Partnerschaften, Geburtstage und den Verlust unserer Lieben.

Zur Begrüßung der jungen Mutter und ihres Kindes

Am ersten Neumond etwa 40 Tage nach der Geburt versammeln sich Mutter, Kind und alle an der Geburt Beteiligten (nach Möglichkeit auch die Hebamme). Schmücken Sie den Altar mit weißen und gelben Blumen, Bändern und Kerzen. Verbrennen Sie etwas Kamillenweihrauch oder Öl, und trinken Sie etwas Kamillentee oder -punsch. Die Göttinnen-Mütter leiten die Zeremonie. Zünden Sie die Kerzen an und sprechen Sie:

> Große Mutter!
> Göttin allen Lebens!
> Wir haben uns hier versammelt, um eine weitere Mutter
> mit ihrem Kind in deine große Familie aufzunehmen.
> Wir, die Göttinnen-Mütter, unterweisen … (Name)
> und lehren sie (ihn) deine Wege und Weisen.
> Ein Kind der Göttin, segnen wir sie,
> vertrauen sie deinen Armen an und führen
> diese junge Mutter in deine Lehre ein.
> Segne das Kind!
> Segne die Mutter!
> Segne unsere Familie!
> Und die ganze Menschheit!

Klatschen Sie nun in die Hände, und jubeln Sie. Eine Göttinnen-Mutter salbt Mutter und Kind mit Sandelholz an den Augenbrauen. Das Kind wird herumgereicht, und jeder spricht einen Wunsch oder einen Segen für das Kind. Dann können die Festlichkeiten beginnen und Mutter-Kind-Geschichten ausgetauscht werden.

Pubertätsrituale

Beim ersten Neumond nachdem das Mädchen zu menstruieren begonnen hat, versammeln sich alle ihre Freundinnen, die ebenfalls schon die Periode haben. Die Mädchen sollen nun einen Altar bauen mit allen Objekten, die ihnen für ihre erste Blutung bedeutsam erscheinen. Frauen, alte Frauen, alle Freunde und Familienmitglieder kommen zusammen. Eine der Frauen, am besten eine alte, weise Frau, heißt sie willkommen:

> Durch die Zyklen des Mondes
> und seines großen Mysteriums.
> Durch das Rad des Jahres
> in seiner einfachen Herrlichkeit.
> Beim Willen der Mutter
> und den Begebnissen des Geschicks
> heiße ich euch ... (Namen) willkommen
> in diesem größten aller Mysterien.
> Blutet, doch werdet niemals leer;
> erneuert euch ewig.
> Aus euch fließt das Leben,
> in euch wächst der Samen.
> Betretet mein dunkles Reich
> und die Welt der Mutter.
> Jungfrauen! Wir grüßen euch
> und heißen euch zu Hause willkommen!

Die jungen Mädchen werden nacheinander von den anderen Frauen begrüßt und erhalten kleine Geschenke und Glückwünsche. Danach soll gefeiert, gesungen und getanzt werden; man kann auch Menstruationsgeschichten, Mythen und Legenden erzählen.

Rituale für die alte Frau

Die neuen Mitglieder in der Gruppe der alten Frauen (die seit Monaten keine Blutung mehr hatten) und ältere Mitglieder versammeln sich beim Dunklen Mond. Errichten Sie einen Altar aus getrockneten Blättern und Blumen, Steinen, Fossilien, Nüssen, Knochen und Symbolen weiblicher Weisheit. Zünden Sie silberne und braune Kerzen an. Eine alte, weise Frau begrüßt die neuen Mitglieder.

> Willkommen, Schwestern der vergehenden Jahre.
> In der tieferen Spirale
> unserer tiefen Lehre.
> Da wir von den langen Jahren der Mutterschaft frei werden.
> Da wir die Sorgen der Welt loslassen.
> Laßt uns zusammenkommen
> in der tiefen Dunkelheit.
> Laßt uns die verborgene Weisheit feiern, die die Mutter der weisen Alten
> für uns bereithält.
> Wir nehmen unsere Schatten
> ins ewige Licht
> und weben ein Tuch,
> einen heiligen Wandteppich.

Die neuen Mitglieder werden nacheinander begrüßt, teilen miteinander Essen und Trinken und sprechen über die Lehren und die Kunde der weisen Alten.

Geburtstagsritual

Sie können dieses Ritual allein oder mit Freunden durchführen. Trotzdem sollten Sie sich irgendwann an diesem Tag mit einigen Freunden treffen.

Entzünden Sie auf Ihrem Altar eine Kerze in Ihrer Lieblingsfarbe oder in den Farben Ihrer Aura, und verbrennen Sie süßlich riechenden Weihrauch oder Öle, z. B. Sandelholz, Ylang Ylang, Jasmin oder ähnliches. Gehen Sie kurz das Jahr von Ihrem letzten Geburtstag bis zum heutigen durch. Lassen Sie dieses Jahr noch einmal ohne Wertung vor Ihrem geistigen Auge ablaufen, und überlegen Sie, welches Gesamtthema dieses Jahr hatte. Lassen Sie sich einen Moment Zeit, und erinnern Sie sich all der Dinge, die Sie im vergangenen Jahr gelernt haben, an Ihre Erfolge und Niederlagen. Lassen Sie dann los, und sprechen Sie:

> Das Jahr ist vorüber,
> die große Runde abgeschlossen,
> die Ernte eingeholt
> und der neue Samen gesät.
> Erhöre mich, Mutter,
> und meine Bitte
> um folgende Gaben
> für das nächste Jahr: ...
> (Zählen Sie sie auf.)
> Erhöre mich
> und erfülle meine Bitten.
> Auf daß ich blühe
> im nächsten Jahr!
> Sei gesegnet!

Erstellen Sie dann eine Prophezeiung für das Jahr, mit Tarot, der Kristallkugel, *I Ging* usw. Danach wird gefeiert!

Ritual für ein Stelldichein

Dieses Ritual ist für die Vereinigung von Liebespaaren, gleichgültig ob schwul, lesbisch oder hetero. Versammeln Sie sich, wenn möglich, bei Neumond draußen im Freien. Schmücken Sie den Altar mit frischen Blumen, weißen, pinkfarbenen und grünen Kerzen, und verbrennen Sie Jasmin, Ylang-Ylang-Öl oder andere sinnliche Weihräucher. Besorgen Sie Essen und Getränke für die Feier. Einer der Anwesenden heißt das Paar willkommen:

> Willkommen, euch Liebenden, willkommen!
> Im Angesicht der Göttin
> und im Licht des neuen Mondes
> feiern wir Venus
> und die Flitterwochen.
> Mögen diese Liebenden,
> die heute nacht vor uns zusammenkommen,
> Glück und Gesundheit
> und Freude finden.
> Da wir, Mutter, feiern
> das Rad des Jahres,
> segne dieses neue Paar,
> das uns so wert und teuer.

Die Anwesenden jubeln dem Paar zu und sprechen ihre Toasts aus. Spielen Sie Musik (live oder vom Band), und lassen Sie das Paar mit dem Tanzen beginnen. Tragen Sie zur allgemeinen Stimmung bei.

Ritual für den Tod

Dieses Ritual kann im Grunde nur durchgeführt werden, wenn die Person zu Hause gestorben ist. Sollte dies nicht der Fall sein, wandeln Sie es in eine Begräbnis- oder Verabschiedungszeremonie um.

Wenn Sie am Bett eines Sterbenden wachen, versichern Sie sich, daß viele frische Blumen vorhanden sind, und halten Sie etwas Kamillenöl und weiße Kerzen bereit. Wenn er oder sie stirbt, öffnen Sie das Fenster, zünden Sie die Kerze an, und segnen Sie den scheidenden Geist des Sterbenden:

> Fliege, Geist!
> Steige empor bis hoch über die Wolken,
> bis tief in den dunkelsten Weltraum.
> Finde den Weg zurück zur Mutter,
> dem heiligen Ort, an dem du begannst.

Läuten Sie dreimal eine kleine Glocke, besprenkeln Sie das Zimmer mit Rosenwasser, und zünden Sie die Kamille an.

Rufen Sie dann Freunde und Verwandte herein (den Arzt sollten Sie erst später dazuholen), und lassen Sie sie so lange bei dem Körper sitzen, wie sie wollen.

Wenn es Ihnen möglich ist, behalten Sie den toten Körper im Haus, und setzen Sie das Begräbnis oder die Einäscherung so früh wie möglich an.

Traditionellerweise werden Kränze mit Rosmarin, Myrte, weißen und violetten Blumen gebunden. Die Trauerfarben sind Weiß, Violett und Schwarz. Wenn eine Beerdigung nach Ihren Vorstellungen nicht möglich ist, versammeln Sie einige geistesverwandte Freunde, und feiern Sie mit ihnen den Abschied von dem Toten. Erzählen Sie Geschichten von ihr/ihm, schwelgen Sie in Erinnerungen, erzählen Sie sich die Dinge, die Ihnen gefielen oder nicht gefielen, die Schwächen und Stärken. Lesen Sie vielleicht aus heiligen Texten, vergessen Sie nicht, zu singen und danach zu essen und zu trinken. Am nächsten Samhain (Allerheiligen) werden Sie die Gelegenheit haben, ungeklärte

Dinge mit dem/der Verstorbenen zu klären (s. auch Kapitel 8). Es ist am besten, man läßt die Seele gehen, nachdem sie den Körper verlassen hat. Trat der Tod aber plötzlich oder gewaltsam ein, kann der Geist des Toten noch eine Weile an die Erde gebunden bleiben, um zu sehen, ob die Hinterbliebenen wohlauf sind. Das ist nur natürlich; lassen Sie es einfach geschehen.

Hexenzirkel, Priesterinnen und die Kunst des Zauberns

Es gibt ebenso viele Möglichkeiten, einen Hexenzirkel zu organisieren, wie es Formen des Hexenkultes gibt. Ich gebe hier meine Erfahrungen als Mitglied eines rein weiblichen Zirkels und als alleinarbeitende Hexe wieder.

Ein Zirkel oder auch Konvent ist eine Gruppe von dreizehn, fünf, sieben oder neun Hexen. Auch eine kleinere Gruppe von drei Mitgliedern kann gut funktionieren. Was hier auffällt, sind die ungeraden Zahlen. Nach meiner Erfahrung ist es besser, eine ungerade Anzahl von Frauen zu haben, weil auf diese Weise die dynamische Qualität der Gruppe bewahrt bleibt. Die Gruppe kann so zwar manchmal etwas gestreßt sein, aber sie wird nicht träge oder zu konventionell werden. Versuchen Sie also, Gruppen mit ungeraden Mitgliederzahlen zu gründen.

Die erste Regel für die Gruppe ist die Verbindlichkeit. Das bedeutet, daß, egal wie beredt oder gebildet man ist, regelmäßiges und pünktliches Erscheinen ein Muß ist, weil man die Gruppe sonst nur belastet. Es gibt Menschen, denen dieses Gefühl der Verbindlichkeit fehlt und die immer zu spät kommen. Solche Gewohnheiten sind schwer zu ändern. Wahrscheinlich ist es für solche Frauen besser, allein zu arbeiten, um die Zeit der anderen nicht zu vergeuden. Zirkel können monatlich bei Vollmond oder zweimal im Monat bei Neu- und Vollmond zusammenkommen. Setzen Sie eine Anfangszeit fest, und halten Sie sich daran. Viele Gruppen beginnen an Lichtmeß (s. Kapitel 8) und bleiben ein Jahr und einen Tag zusammen. Es ist klug, seine Verpflichtung jedes Jahr zu erneuern oder aber die Gruppe zu verlassen, wenn sie einem nichts mehr bringt.

Die zweite Regel beschäftigt sich mit der Motivation. Was sind die Motive der Gruppe und der einzelnen Mitglieder? Lassen sie sich vereinbaren? Einige Zirkelmitglieder haben vielleicht religiöse oder politische Motive, während andere eher die Techniken lernen oder lehren wollen. Sprechen Sie diese Probleme gleich zu Beginn an, damit sie nicht später aufkommen und vielleicht tiefe Risse hervorrufen.

Die dritte Regel lautet Ehrlichkeit. Seien Sie ehrlich mit sich selbst und mit den Gruppenmitgliedern. Das bedeutet auch, eine Atmosphäre des Vertrauens zu schaffen, in der die Gruppenmitglieder Ärger, Verletztheiten und Streitigkeiten ausleben können. Natürlich braucht so etwas seine Zeit. Zu Beginn sollte man jedem Mitglied zuhören, seinem Wort und seinen Überzeugungen Gewicht geben und darauf achten, daß keine Fraktionen in der Gruppe entstehen. Das wird nicht einfach sein, weil man sich immer mehr zu bestimmten Gruppenmitgliedern hingezogen fühlt als vielleicht zu anderen.

Die vierte Regel bezieht sich auf den Tratsch. Jeder liebt diese Art von Gespräch, aber innerhalb der Gruppe, besonders wenn sie mit derart starken Energien umgeht, sollte der Tratsch vermieden werden. Er ist schädlich und verletzend und führt nur zu Unmut und Entzweiung. Wenn ein Mitglied einen starken Hang zum Tratsch hat und dabei vielleicht gar noch die Gruppe zu entzweien droht, sollte der gesamte Zirkel das Gespräch mit ihm suchen und klarmachen, daß ein solches Verhalten in der Gruppe nicht geduldet werden kann. Oft hat eine solche Person das Gefühl, nicht mit offenen Mitteln an Macht und Einfluß gelangen zu können, und sucht sie deswegen auf anderen, untergründigen Wegen. Sollte dies der Fall sein, geben Sie ihr ein verantwortungsvolles Amt, das ihr Bedürfnis befriedigt.

Konsens – so lautet die nächste Regel. Entscheidungen sollten per Konsens getroffen werden, alle Mitglieder eines Konvents sollten einer Entscheidung zugestimmt haben, bevor sie in die Praxis umgesetzt wird. Andernfalls werden sich diejenigen, die nicht zugestimmt haben, ausgeschlossen und übergangen fühlen, was letztendlich zu Differenzen und Spaltungen führen kann. Man braucht viel Zeit, um einen Konsens zu erzielen. Nehmen Sie sich die Zeit, auf lange Sicht lohnt es sich. Keine Entscheidungen durchpeitschen! Nehmen Sie sich die Zeit für ein Extrameeting, wenn es sich um eine wichtige Entscheidung handelt. Wenn keine Übereinstimmung erzielt werden kann, lassen Sie diese Punkte fallen. Oder überantworten Sie diese Frage einem Konventmitglied, das sie nach bestem Wissen und Gewissen entscheiden und die Gruppe dann über das Ergebnis informieren soll.

Spaß ist überaus wichtig. Man kann natürlich keinen Katalog von Regeln und Pflichten für den Spaß aufstellen. Die Anbetung der Göttin ist eine Lust und sollte erfreulich und erhebend sein. Wenn sie zur unliebsamen Pflicht oder zu ernst wird, stimmt irgend etwas nicht. Versichern Sie sich, daß jeder auf seine eigene Weise Spaß haben kann, etwa durch Lesen, kleine Touren, Kunst, Tanz oder Kochen. Man kann die Göttin auf unendlich viele Weisen feiern, nicht bloß durch Ritual und Meditation.

Sie sollten sich am Anfang darüber verständigen, ob Sie für den Zirkel oder auch nur einzelne Rituale eine Führerin (Hohepriesterin) wollen oder ob sie eine nichthierarchische Organisation bevorzugen. Die Entscheidung hängt auch davon ab, wieviel Erfahrung die Gruppenmitglieder mit der Hexerei und mit Gruppen haben. Denken Sie in diesem Punkt praktisch, aber hüten Sie sich auch vor einem Mitglied, das in allen Situationen die Führung übernimmt oder einen diktatorischen Stil pflegt. Eine gesunde Mischung aus geführter und führerloser Gruppe ist meiner Erfahrung nach am besten. Rituale brauchen einen Fokus, und wenn nicht gerade alle individuellen Teilnehmer ihre Rollen voll ausfüllen, kommt man um eine Person, die das Geschehen koordiniert, nicht herum.

Jedes Mitglied ist einzigartig und hat eigene Stärken und Talente, die auch für die Gruppe ermutigt und gefördert werden sollten. Egal welchen Zweck die Gruppe hat, sie muß für ihre Mitglieder eine bereichernde Lernerfahrung sein. Werden Sie sich der Talente Ihrer Gruppenmitglieder bewußt, und sehen Sie zu, daß sie regelmäßig und kreativ in die Lobpreisung der Göttin einfließen. Wenn die einzelnen Mitglieder dazulernen und wachsen, wird auch die Gruppe an Tiefe und Erfahrung gewinnen. Es wäre vielleicht keine schlechte Idee, eine Liste der Fähigkeiten der einzelnen Mitglieder anzulegen, auf die man von Zeit zu Zeit zurückgreifen kann.

Irgendwann wird es unausweichlich zum Konflikt kommen. Eine Gruppe ist so stark wie ihr schwächstes Glied. Konflikte erwachsen häufig aus dem untergründigen Gefühl, ausgeschlossen zu sein, oder aus dem Bedürfnis, andere zu dominieren oder zu kritisieren. Diese Motive verbergen sich zumeist hinter der Nebelwand anderer vordergründiger Konflikte. Falls nicht gerade die ganze Gruppe an dem Konflikt beteiligt ist, sollten die außenstehenden Mitglieder versuchen, hinter die Worte zu blicken und den wahren Konflikt herauszufinden. Ist der Streit nicht zu kitten, sollten sich die verfeindeten Fraktionen trennen und eigene Zirkel gründen. Auf diese Weise können endgültige Zerwürfnisse hoffentlich vermieden werden, da der Konflikt nicht bis zum bitteren Ende ausgetragen wurde. Es ist immer besser, praktische Lösungen für einen schweren Konflikt zu suchen, als eine der Konfliktparteien zum Nachgeben zu überreden oder gar zu zwingen. Wir können nicht immer einer Meinung sein, und nur selten können wir den andern von seiner Meinung abbringen, aber wir können mit den unendlich vielen Unterschieden, die es gibt, in Harmonie leben. Ja zu den Unterschieden zu sagen bedeutet, Krieg und Haß zu beenden.

Die Göttin liebt den Großmut und haßt die Kleinkariertheit. Großmut zu zeigen heißt, den anderen einen Vertrauensvorschuß zu geben, ihnen positive Motive zu unterstellen und die eigenen Ressourcen bereitwillig zu teilen, seien sie emotionaler, spiritueller oder intellektueller Natur. Wir müssen lernen, Schmerzen und Freuden, Schwächen und Stärken zu teilen und auch die der anderen anzunehmen und wertzuschätzen.

Zeichnen Sie die Arbeit Ihres Zirkels in Ihrem eigenen »Buch der Schatten« auf. Notieren Sie die Rituale, Lehren und Erfahrungen Ihrer Mitglieder.

Das Handwerkszeug des Rituals

Ein einfaches Ritual, das mit großem Engagement gemacht wird, ist mehr wert als tausend Weihrauchfässer, Roben und Zauberstäbe.

Ich gehöre zur rustikalen, hemdsärmeligen, naturverbundenen Fraktion des Hexenglaubens, deswegen bevorzuge ich natürliche Utensilien und preiswerte, schmucklose Rituale. Ich richte meine Praxis nach den Jahreszeiten und den Mondphasen aus und nehme die meisten meiner rituellen Gegenstände direkt aus der Natur oder mache sie selbst. Kerzen und die wichtigen Öle kaufe ich mir, aber meine Weihräucher und Getränke bereite ich selber zu. Einige Hexen machen sogar ihren eigenen Wein. Ich bin davon überzeugt, daß das Erleben dadurch vertieft und intensiviert und das Heilige inniger mit dem Alltäglichen verbunden wird.

Wenn Sie engagiert sind und genügend Zeit haben, fertigen Sie ihre eigenen Zauberstäbe, Becher und Gewänder an.

Die Größe des Altars ist nicht entscheidend. Es kann sich um ein Regalbrett handeln, eine Fensterbank, ein Tisch, vielleicht sogar mit einer Decke geschmückt, wenn Ihnen das zusagt. Er sollte sich aber an einem ruhigen Ort befinden. Vermutlich werden sich auf ihm folgende Gegenstände finden: eine (selbstgemachte) Tasse aus Ton, Glas oder Silber. Füllen Sie sie für das Trankopfer. Damit haben wir den Kessel des Wissens und das Element des Wassers. Auch ein Weihrauchfaß dürfte sich auf dem Altar finden. Es sollte aber aus Metall sein, da Weihrauch sehr heiß wird. Stellen Sie es am besten auf eine Kachel, damit die Altaroberfläche nicht anbrennt. Hier haben wir das Element der Luft. Benutzen Sie eine oder mehrere Kerzen. Versichern Sie sich, daß sie nicht umkippen und Vorhänge oder andere Gegenstände anbrennen können. Die Kerze repräsentiert das Element des Feuers.

Für das Element der Erde nehme ich Blumen, Früchte der entsprechenden Jahreszeit, schöne Blätter, Rinden, Seemuscheln oder Nüsse. Ich versuche auch immer, frische Blumen auf dem Altar zu haben. Sie können auch einen Zauberstab benutzen, aus Haselnuß- oder Holunderholz. Mit einem einfachen oder heiligen Messer (*Athame*) können Sie den Kreis ziehen und die vier Himmelsrichtungen anzeigen. Auch eine Darstellung der Göttin sollte nicht fehlen, ein Bild etwa, eine Statue oder ein Stein, irgend etwas, das die Göttin ins Haus holt. Wenn Sie Karten lesen, bewahren Sie sie auf Ihrem Altar auf. Ich lege auch das Geld, das ich verdiene, darauf, bevor ich es ausgebe – als eine Geste des Dankes. Auch andere wertvolle Dinge oder heilige Objekte, Gebete, Schwüre, Gedichte oder Bilder sollten auf dem Altar deponiert werden.

Benutzen Sie Ihren Altar in Ihrer Wohnung als Fixpunkt. Zünden Sie eine Kerze an, wenn Sie traurig, glücklich oder wütend sind. Symbole erhalten mehr Kraft, wenn wir Energie in sie investieren. Ihr Altar ist ein Teil vom Heiligen, das mit Ihnen lebt und atmet, Ihr Gefährte und Ihr Zuhause. Behandeln Sie ihn auch so; machen Sie ihn regelmäßig sauber; fügen Sie Dinge hinzu, nehmen Sie anderes weg; machen Sie aus ihm eine lebendige, atmende Verkörperung der Göttin in Ihnen.

Sei gesegnet!

8
DIE JAHRESFESTE

DAS RAD DES JAHRES

Wie der Mondzyklus hängt das Rad des Jahres von den wechselnden Jahreszeiten ab, die es reflektiert. Es spiegelt die Reise der Sonne durch die zwölf Tierkreiszeichen. Die vier Vierteltage Sommersonnenwende (Mittsommer), Wintersonnenwende (Mittwinter), Frühlings- und Herbst-Tagundnachtgleiche und die dazwischenliegenden Festtage Beltane, Lammas, Samhain und Lichtmeß stellen die acht Hauptfeste des heidnischen Kalenders dar und werden wie die dreizehn Voll- und Neumonde festlich begangen. Der jährliche Zyklus wiederholt den monatlichen Zyklus von Tod, Erneuerung, Wiedergeburt, Wachsen, Reifen und Tod. Dieses Mal ist es die Sonne, die mit ihren Zyklen den Reigen anführt. Sie verschwindet in den dunklen Wintermonaten, kommt zögernd im nassen Frühling wieder hervor und strahlt im hellen Sommer und schließlich in der Reife und Wärme des Herbstes.

Die Rituale, die ich hier bespreche, sind unterschiedlichen Quellen entnommen,[1] die allesamt Berichte aus erster Hand über die Landbevölkerung Englands enthalten. Ein großer Teil der beschriebenen Feste hing mit der Landwirtschaft zusammen und war dadurch direkt mit der Erde und ihren Mysterien verbunden, besonders mit dem Kreislauf von Fruchtbarkeit, Empfängnis, Geburt und Tod.

Das Jahr beginnt mit Samhain (Allerheiligen), mit Tod und Auflösung.

Samhain – 31. Oktober

Seelentag, Seelentag,
Für die Seelen der Verstorbenen haben wir gebetet,
Gebt also, gute Leute, gebt uns einen Kuchen,
Denn arme Leute sind wir allesamt, euch wohlbekannt;
Um der Mildtätigkeit willen gebt uns einen Kuchen,
Und wir lassen unseren Segen an eurer Pforte zurück.[2]

Zur Zeit der Angelsachsen war Samhain noch der Jahresbeginn.[3] Der ganze September war mit dem Totenkult assoziiert, und Samhain markierte das endgültige Ende der Ernte und den Beginn des Winters, den dunklen Abstieg des Jahres in die triste Kargheit der kältesten Monate, eine Begegnung mit dem Tod, die uns aus dem Leben ins dunkle Schattenland der Trauer wirft. Traditionellerweise wurde an diesem Tag Geld für die Seelen der Toten gesammelt, damit Messen für sie gelesen werden konnten. Die Leute backten auch Kuchen, die, wie der obige Vers bezeugt, den Rufern gegeben wurden. An Kreuzungen deponierte man Nahrung für die Toten und zündete Feuer an. Beltane und Samhain waren die beiden bedeutendsten Feuerfeste in Europa. Noch vor kurzem zündete man auf den Feldern Feuer an und trug brennende Fackeln an Feldesrändern entlang, während die Familie für ihre Toten betete. Die Feuer sollten den Weg der Toten in die andere Welt erleuchten. Die in England heute noch bekannten Feuer des 5. Novembers waren in Wahrheit Samhainfeuer. Jeder mußte an diesem Tag einen Stein nehmen und ihn ins Feuer werfen. Konnte er ihn am nächsten Morgen nicht mehr finden, bedeutete das, daß er dieses Feuer im nächsten Jahr nicht mehr erleben würde. Der englische Begriff für diese großen Feuer, »bonfire«, kommt von »bane fire« oder »bone fire« und bezeichnet das Feuer, das alle Abfälle verbrennt, um sie zu reinigen.

Samhain wurde mit Äpfeln und Haselnüssen in Verbindung gebracht; im Norden Englands war es auch als »Nußkrachernacht« bekannt.[4] Es war die Zeit des Äpfeleintauchens und des Schmorens von Haselnüssen. Der Haselbusch galt damals als ein magischer Baum, als Symbol der Weisheit. Von Ranke-Graves beschreibt dies anhand von Connlas Well, einem Brunnen in der Nähe von Tipperary, über dem die neun Haselsträucher der poetischen Kunst hingen, die gleichzeitig Blumen (Schönheit) und Früchte (Weisheit) hervorbrachten.[5] Die Nüsse enthielten alles Wissen aus Kunst und Wissenschaft. Haselnußzweige wurden auch als Wünschelrute für Wasser und Schätze benutzt. Der Haselstrauch war einer der sieben heiligen Bäume[6] des irischen Hains, so wie der Apfelbaum, der Baum der Unsterblichkeit: »Süßer Apfelbaum von karmesinroter Farbe, / Der verborgen im Walde Celyddon steht ...«[7] Der Apfelbaum führte die Seele in das Land der Unsterblichen, die sich von der Frucht des Lebens und der ewigen Glückseligkeit nährten. König Artus wurde auf der verborgenen Apfelinsel Avalon von seiner schmerzhaften Wunde geheilt. Der kreuzweise geschnittene Apfel offenbart eines der Mysterien, das fünfzackige Pentagramm; es ist ein Symbol der Göttin und repräsentiert die fünf Stationen: Geburt, Initiation, Erfüllung, Rückzug und Tod. Vom Tod zum Leben und wieder zurück zum Tod. Das Pentagramm steht auch für den Planeten Venus, dem Morgen- und Abendstern. Die Nuß symbolisiert in der keltischen Legende konzentrierte Weisheit. Der englische Ausdruck »in a nutshell« zeugt noch von dieser ursprünglichen Bedeutung: eine harte Schale, die einen nährenden, süßen Kern beschützt. Daß diese beiden Bäume heilig waren, geht auch aus den *Triads of Ireland* hervor, die für das rechtswidrige Fällen dieser Bäume die Todesstrafe vorsahen: »Drei Wesen ohne Atem sind nur mit atmenden Wesen zu bezahlen: ein Apfelbaum, ein Haselbusch, ein heiliger Hain.«[8] Von Ranke-Graves ordnet den Apfelbaum Merkur, dem Gott der Beredsamkeit, zu. Die Antwort auf Hiobs Frage, wo man Weisheit finden soll und wo sich die Stätte der Vernunft befindet, lautet in von Ranke-Graves Interpretation: »Unter einem Apfelbaum, kraft reiner Meditation, an einem Freitagabend, in der Jahreszeit der Äpfel, wenn der Mond voll ist.«[9] Doch der Finder wird ein Kind des Mittwochs sein, des Tages von Hasel und Merkur.

Das Samhainfest wurde oft im Apfelgarten gefeiert. Äpfel, Zucker, Bier und Haselnüsse waren Teil der festlichen Kost: »Man benutzte ein Faß von herrlicher Bronze, aus dem der Saft des köstlichen Malzes rann. Über dem Faß stand ein Apfelbaum mit einer reichen Krone von unzähligen Früchten. Die Äpfel fielen direkt ins Faß, und jeder nahm einen Schluck Bier und aß einen Apfel dazu.«[10] Diese Form des Apfelumtrunkes gehörte ursprünglich zu Samhain, wurde aber später mit der Mittsommernacht in Verbindung gebracht. Man begrüßte die Gäste manchmal auch mit einem Apfelcidre.

Samhain wird mit dem Tara-Fest assoziiert,[11] das man im keltischen Irland feierte. Es wurde alle drei Jahre begangen und dauerte vierzehn Tage. Jeder, der ein Gewaltverbrechen verübt oder gestohlen hatte, fand den Tod durch das Feuer. Am 31. Oktober wurden in ganz Irland alle Feuer gelöscht und brennendes Stroh oder Fackeln in die Luft gehalten. Auf diese Weise sollten die alten Übel gebannt und das neue Jahr willkommen geheißen werden. Vom letzten Feuer wurde eine Kerze angezündet, in deren Licht

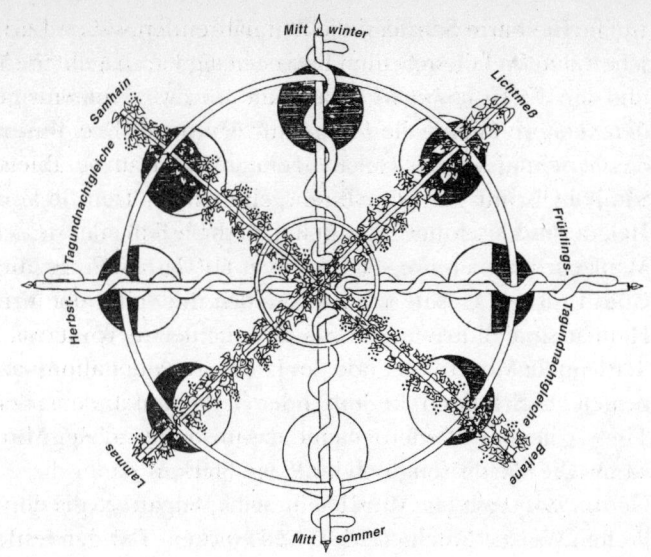

Die Jahresfeste

man die Riten abhielt. Am Morgen danach erhielten die Leute von den Druidenpriestern das geweihte Feuer und zündeten mit ihm ihre Herdfeuer wieder an.

Der November war der Monat der Trauer. Die Druiden opferten ein Schaf und brachten Trankopfer für die Verstorbenen des letzten Jahres dar. Zu Samhain (manchmal auch zur Herbst-Tagundnachtgleiche) wurde die letzte Garbe Korn geschnitten; aber niemand wollte dieses Amt verrichten, und deswegen warf jeder seine Sichel auf das letzte Korn. Die Bauern sammelten das Korn dann auf und machten daraus eine Puppe, mit der die Kornmutter beschwichtigt werden sollte. Diese Kornpuppe wurde in den Häusern oder an heiligen Orten aufbewahrt. Der November galt den Teutonen und Angeln als Monat des Todes, der Opferung, der Tieropfer; er war der *Blot monath*.

Für Hexen ist Samhain die Zeit, in der die Schleier zwischen den Welten am durchlässigsten sind. Die Lebenden und die Toten kommen zusammen, und wir können mit den verstorbenen Seelen kommunizieren und von ihnen die Geheimnisse über Hekates Königreich erfahren. Denn Samhain ist ihr Fest, die Toten gehören zu ihrem Reich. Hekate sind Fisch und Eier heilig, deshalb ließ man sie als Mahlzeiten an Dreiwegekreuzungen als Geschenk für die Göttin zurück. Hekate führt uns zu den wilden Orten; ihre Heimat sind Blutriten, Verfall, Tod, heulende Wölfe und der Dunkle Mond. Am Ende des Jahres sollte der alte Groll beigelegt, Schulden bezahlt oder vergeben und reiner Tisch gemacht werden, damit das neue Jahr beginnen kann. Die Weide (englisch »willow«) galt als Baum dieser Göttin. Das englische Wort hat dieselbe Wurzel wie die englischen Wörter »witch« (Hexe) und »wicked« (böse, frech): »wike«. Ein Hexenbesen wird aus einem Eschenstab (zum Schutz vor dem Ertrinken), Birkenzweigen (gegen böse Geister) und Weide hergestellt. Die Weide ist der Hekate heilig und kann das Böse binden. Druiden brachten bei Vollmond in Weidenkörben Menschenopfer dar. Die Weide ist auch dem Mond heilig, was durch ihre Nähe zum Wasser bezeugt wird. Sie ist der Baum der Verzauberung. Der Vogel dieser Göttin ist die Eule; sie heult im November am lautesten und schweigt dann bis zum Februar. Sie ist Hekates Botin und hat von ihr die Gabe der Prophezeiung erhalten, was ihr den Ruf der Weisheit einbrachte; es ist die Weisheit der alten Göttin.

Rituale für Samhain

Machen Sie dieses Ritual wenn möglich draußen, am besten dort, wo drei Wege aufeinandertreffen. Fangen sie so spät wie möglich an; Mitternacht ist eine gute Zeit, noch besser aber sind die dunkelsten Stunden vor Tagesanbruch. Errichten Sie einen Altar, und dekorieren Sie ihn mit Äpfeln, Haselzweigen und -nüssen, einem Weidenkorb mit drei bemalten Eiern (rot und schwarz) und etwas Fisch. Stellen Sie rote und schwarze Kerzen auf den Altar und eine silberne für die Göttin. Verbrennen Sie Weihrauch mit Salbei oder anderen zur Göttin und zur Jahreszeit passenden Kräutern. Seien Sie himmelgewandet (nackt), oder tragen Sie schwarze und rote Kleidung. Trinken Sie Rotwein oder dickflüssigen roten Kräutersaft (zum Beispiel Hibiskus oder Hagebutte), gut gewürzt mit Zimt, Nelken, Piment etc. Benutzen Sie einen Kessel aus Eisen, Zinn oder anderem feuerfesten Material, nichts Synthetisches. Verbrennen Sie etwas Beifuß und Alraune. Bilden Sie wie üblich einen Kreis, und beschwören Sie die Göttin Hekate, indem Sie auf die Erde klopfen. Flüstern Sie zunächst, werden Sie dann immer lauter ...

> Hekate, Hekate, Hekate, Hekate!
> Göttin des Sumpfes und der Heide.
> Göttin der heiligen Wegkreuzungen.
> Göttliche, weise Alte,
> Bringerin des Todes, Seelenfresserin,
> Königin der Nacht, Meisterin der Schatten,
> Herrin der Unterwelt,
> wir rufen dich ...

Heulen Sie nun, schlagen Sie auf den Boden und auf Trommeln, holen Sie mit Ihrem Klagen die Göttin aus dem Land der Toten hervor.

> Süßes Geheimnis,
> dunkles Wissen,
> verborgene Weisheit,

> Bringerin von Chaos und Wahnsinn,
> laß uns deine Welt betreten,
> damit wir dich kennenlernen,
> wir bringen Trankopfer und Gaben.
> Zeig uns dein dunkles Gesicht,
> dein blutiges, weises Geheimnis,
> führe uns in die Schatten,
> in die finsterste Nacht.

Hekate bringt Erinnerungen von vergangenen Verbrennungen mit sich, von Folter und Verrat. Sie bringt Schmerz, Leid und Trauer. Sie bringt Wut, Raserei und Wahnsinn. Aber sie bringt auch Frieden, Akzeptieren und Vergebung.[12]

Akzeptieren Sie alles, was sie bringt; weinen und heulen Sie, schreien Sie, winden Sie sich, lassen Sie sich los, und machen Sie alles, was sie in Ihnen auslöst. Hekate ist die Agonie und die Ekstase, die Göttin der wilden Orte.

Nun geht jede zum Kessel und setzt sich eine Weile vor ihn hin. Er enthält brennende Kohlen; werfen Sie etwas von dem Weihrauch darauf. Nehmen Sie die heiligen Düfte in sich auf. Lassen Sie Visionen und Erinnerungen aufsteigen ... Lassen Sie den kreuzweise geschnittenen Apfel, der das Geheimnis offenbart, und das rote Getränk herumgehen. Nehmen Sie sich die Zeit, mit anderen zu sprechen, die bereits durch den Schleier zwischen den Welten gegangen sind. Erinnern Sie sich ihrer, und segnen Sie sie. Dann bringen Sie der Gruppe Ihr persönliches Opfer dar, etwas, das Sie nicht ins neue Jahr mitnehmen wollen, eine Gewohnheit, eine Beziehung, eine Denkform (d. h. eine Vorstellung, die sich in Ihrem Kopf festgesetzt hat und die stärker wird, je mehr Sie sie mit Energie versorgen). Schreiben Sie folgendes auf ein Papier, gehen Sie damit zum Kessel, und verbrennen Sie es mit den Worten:

> Mit Feuer reinige ich.
> Mit Feuer verbrenne ich.
> Mit dem endenden Rad des Jahres
> mögest auch du enden.
> Mit dem Beginn des neuen Jahres
> laß uns scheiden.
> Sei gesegnet!

Danken Sie der Göttin, und lösen Sie den Kreis auf. Tragen Sie Ihre Gaben aus Fisch und Eiern zur Weggabelung, und lassen Sie sie dort. Gehen Sie fort, ohne sich umzusehen.

DAS JULFEST – MITTWINTER

Das Julfest wird am 21. Dezember zur Wintersonnenwende, dem kürzesten Tag des Jahres, gefeiert.

> O die Steineiche und der Efeu,
> wenn sie in vollem Grün stehen.
> Von allen Bäumen des Waldes
> trägt die Steineiche die Krone.

Die Frauen des Dorfes gingen von Haus zu Haus und sammelten Weizen, aus dem für das Julfest Kuchen und Brot gebacken wurden. Jede Frau erhielt ein viertel Pfund Weizen. Der Müller mahlte das Mehl kostenlos und bekam dafür Stechpalmen- und Mistelzweige. Das Julfest war eine Zeit des Mimenspiels. Die männlichen Teilnehmer trugen Röcke, große Kopfbedeckungen und Hemden, die aus Lumpen gefertigt waren. Es gab die unterschiedlichsten Versionen dieses Spiels, aber alle behandelten dasselbe Thema: einen Kampf mit Tod und Wiederauferstehung. Zwei Männer rangen miteinander, und einer, der Narr, wurde in diesem Kampf getötet. Daraufhin kam ein Arzt herbei und holte den Narr, auch als Steineichenkönig oder Grüner Ritter bekannt, von den Toten zurück; der Arzt hieß Beelzebub. Der Verstorbene war der Korngeist, und der Arzt oder Priester-Heiler ließ das Korn durch seine rituellen Handlungen wieder wachsen. Der alte König stirbt, und der neue König wird geboren. Christina Hole[13] berichtet von Mimenspielen, die über 850 Jahre alt sind, und vermutet, daß sie einen vorchristlichen Ursprung haben.

> Prost und Wohlsein in der ganzen Stadt,
> Wenn ihr Äpfel habt, gebt sie satt:
> Hoch mit den Strümpfen, runter den Schuh,
> Habt's keine Äpfel, Geld schießt dazu.
> Das Bier ist braun, der Krug ist weiß,
> Dies ist das beste Haus hier, wie jeder wohl weiß.[14]

In Derbyshire und Cornwall machten die Leute einen Kußkranz. Er bestand aus zwei ineinandergeschlungenen Reifen, die mit Immergrün bedeckt waren. In der Mitte befand sich eine Krone aus rosigen Äpfeln und ein Mistelzweig. Der Kranz hing am Hauptbalken des Wohnzimmers, und man küßte sich unter ihm, war ausgelassen und sang Lieder.

Steineiche, Efeu und Mistelzweig waren die typischen Pflanzen der Julzeit. Misteln haben bei den Druiden eine lange Geschichte; sie schnitten sie in ihren Mittwinterriten mit einer goldenen Sichel von der heiligen Eiche. An diesem Jahrespunkt fand eine rituelle Entmannung des Königs statt, damit er wiedergeboren werden konnte. Der Sonnenkönig wurde getötet, um zur Großen Mutter im Norden, dem Land, an dem keine Sonne scheint, zurückzukehren und wiedergeboren zu werden. In der altnordischen Tradition wird Baldur von Loki mit einem Mistelpfeil getötet, den er seiner Mutter Frigg, der nordischen Göttin der Sexualität, widmete. Er durfte aber den Boden nicht berühren. Deswegen hing der Mistelzweig von Dachsparren herab und wurde mit Küssen und sexuellen Spielen assoziiert. Am Julfest wurde Frigg auch ein Wildschweinkopf geopfert, der mit Lorbeer, Rosmarin und Mistel bedeckt war. Jul war wie die römischen Saturnalien ein Fest, an dem die Regeln gelockert wurden und große sexuelle Freizügigkeit herrschte. Mistel galt als Aphrodisiakum.

> Die Steineiche, dunkelgrün,
>   Hielt entschlossen stand;
> Sie ist bewaffnet mit vielen Speerspitzen,
>   Die verwunden die Hand.[15]

Von Ranke-Graves ordnet die Steineiche dem Planeten Mars und dem Dienstag zu.[16] Sie war bei den Römern der Baum des Eselgottes, des Weihnachtsnarrs, der im Pantomimenspiel von seinem Rivalen getötet wird. Der Esel repräsentiert die körperlichen Gelüste, die der gereinigte Initiierte hinter sich gelassen hat. In der Erzählung *Der goldene Esel* von Apuleius wird ein reicher Grieche in einen Esel verwandelt, weil er sich von der Weißen Göttin abgewendet hat; er verfällt dem Hexenkult von Thessalien und wird erst von Isis erlöst, in deren Kult er schließlich aufgenommen wird.[17] So wiederholt die Steineiche das Thema von sexueller Freizügigkeit und Verwundung.

Das Efeumädchen und der Steineichenjunge hatten am Julmorgen einen Wettstreit; sie sangen Lieder und machten Pfänderspiele. Die Männer und Frauen des Dorfes veranstalteten deswegen einen Gesangswettbewerb, der diesen Wettstreit symbolisierte. Wer am Julmorgen als erster über die Schwelle trat, mußte den Efeujungen (einen finsteren Kerl) spielen, und alle möglichen Spiele und Listen wurden angewandt, um dies zu erreichen. Die letzte eingebrachte Erntegarbe wurde mit Efeu umwunden und Efeumädchen getauft.[18] Der letzte, der seine Ernte einholte, mußte dieses Efeumädchen nehmen, das für das nächste Jahr Pech bringen sollte. Im Efeu sah man die klammernde Frau, die den Baum erstickte. Er war in den römischen Saturnalien das Nest des Goldenen Haubenzaunkönigs, und die Steineiche stand für die Keule des Saturn. Der Efeustrauch stand auch für die Taverne, was wohl auf den Zusammenhang mit Dionysos zurückgeht; Efeubier war im Mittelalter ein stark berauschendes Getränk. Das in Spiralen verlaufende Wachstum des Efeus symbolisierte die Wiederauferstehung. Zum Teil dürfte der Gegensatz zwischen dem Efeu und der Steineiche, dem Baum des Todes, auch hierin begründet sein: Der männliche Tod bekämpft das weibliche Leben und das Prinzip der Wiedergeburt. Der Efeu ist neben Wein, Brombeere, Feige und Plantane eine der fünfblättrigen Pflanzen, die der Göttin heilig sind.

> Den baumumschlingenden Efeu werde ich pflücken
> Wie Maria mit ihrer einen Hand,
> Wie der König es verfügte,
> Um Milch zu bringen in Euter und Drüse,
> bei den Kühen der sommersprossigen Mädchen,
> So wie die Prophezeiung verhieß,
> Auf diesem Boden für ein Jahr und einen Tag,
> Durch die Brust des Gottes des Lebens
> und alle Mächte.[19]

Mit dem Julfest feiern Hexen das Kommen des Sommers. Vom dunkelsten Punkt des Jahres aus blicken wir nach vorn, der Wärme und Helligkeit des Mittsommers entgegen.

Julfestrituale

Schmücken Sie den Altar mit einem Kranz aus Steineiche und Efeu, den Sie mit roten und grünen Bändern binden. Stecken Sie eine goldene und eine schwarze Kerze darauf, um damit Sonne und Dunkelheit zu symbolisieren. Binden Sie Mistelzweige mit rotem Band zusammen, verknoten Sie das Band siebenmal, und befestigen Sie den Bund an der Decke. Verbrennen Sie den Weihrauch des Saturn. Bereiten Sie ein Trankopfer aus Glühwein und etwas Würzkuchen, und lassen Sie sie herumgehen.

Bilden Sie einen Kreis, und rufen Sie dann die Göttin an.

Mittwinter-Göttin,
frostige Winterkönigin,
Herrin der Eiszapfen,
liebreizende Herrin des eisgrauen Frostes.
Höre uns, die wir dich rufen
in dieser dunkelsten aller Nächte.

In diesen kargen Monaten,
in denen die Sonne sich verbirgt,
haben wir uns heute versammelt,
um die Dunkelheit zu feiern
und das Kommen des Lichtes.
Die Sonne hat den tiefsten Punkt
in der Unterwelt erreicht.
Sie beginnt in ihrer großen Runde
mit dem Aufstieg.

Bring uns dein Geheimnis,
und laß uns feiern
die Herrlichkeit des Winters
und die Wiedergeburt der Sonne.

Beschwören Sie tanzend und singend die Kraft, und spielen Sie dann den Tod der Sonne und ihre Wiedergeburt durch den Narren/Zauberer nach.

IMBOLC – LICHTMESS

Lichtmeß, das am 1. Februar begangen wird, ist das Fest des Lichts. Man feiert die ersten Schneeglöckchen, die durch die Schneedecke dringen. Es wird mit Reinheit, Unschuld und den jungen, frischen Trieben im Winterfrost assoziiert. Lichtmeß liegt zwischen Mittwinter und der Frühlings-Tagundnachtgleiche. An diesem Tag segnete man die Kerzen und brachte sie den Frauen in der Gemeinde. In Nottinghamshire wurde eine Kerze auf eine Wiege neben dem Altar gestellt, und der Pfarrer schaukelte das letzte Kind, das getauft wurde. Unverkennbar ein heidnisches Wiedergeburtsritual, das die Kirche übernommen hatte. Es erinnert an die Tradition von Brigits Bett, bei der die Herrin des Hauses und ihre Dienerinnen ein Getreidebündel nahmen, es als Frau verkleideten und in einen großen Weidenkorb legten, neben dem ein Knüppel lag. Dann riefen sie: »Brigit komme! Sei willkommen, Brigit!« Dies geschah kurz bevor alle zu Bett gingen. Am nächsten Morgen suchten die Frauen nach Fußspuren in der Herdasche, um zu sehen, ob Brigit in der Nacht gekommen war. Dieser Brauch wurde im schottischen Hochland und in Cornwall, dem Land der Kelten, praktiziert. Brigit oder Birgit hatte eine starke Gefolgschaft in Irland, die ausschließlich aus Frauen bestand. Es war ein rein weiblicher Kult, von dem Männer bei Strafe des Todes ausgeschlossen waren. Das Zentrum des Kultes befand sich in Kildare, wo unaufhörlich ein Feuer brannte. Imbolc war der Tag der Brigit.

> Ich bin der Weiße Schwan,
> Die Königin aller.[20]

Traditionell war der Ebereschenbaum mit diesem Fest verbunden. Er galt als Baum der Belebung und des Orakels.

> Ebereschenrute, Zeigefinger.
> Durch die Kraft des Wahrsagens
> Enträtsele ihm ein Rätsel;
> Der Schlüssel ist verlegt.[21]

In früheren Tagen war nicht der Dreikönigsabend, sondern Lichtmeß der richtige Zeitpunkt, das Weihnachtsgrün abzunehmen.

> Herunter mit dem Rosmarin,
> Herunter mit dem Mistelzweig,
> Herunter mit der Steineiche, dem Efeu und allem,
> Womit ihr den Weihnachtssaal geschmückt:
> Daß auch der Abergläubischste nicht finde
> Den kleinsten Zweig:
> Denn wißt und vertraut mir, ihr Mägde,
> So viel Zweige noch bleiben von euch unversorgt,
> So viel Kobolde sollen euch begegnen.
>
> *Robert Herrick*[22]

Lichtmeßrituale

Decken Sie Ihren Altar mit weißen und grünen Blumen (den jahreszeitlichen Blumen der Göttin). Nehmen Sie ruhig reichlich, besonders Schneeglöckchen. Winden Sie Girlanden aus weißen und grünen Bändern um weiße und grüne Kerzen. Stellen Sie Göttinnenbilder auf, die sie als Schöpferin zeigen, sowie schöne Gegenstände, Töpfereien,

Glasobjekte und Schmuck. Bilden Sie einen Kreis, und rufen Sie nun die Göttin an.

> Aus der eisigen Erde rufen wir dich,
> aus den gefrorenen Seen und den Eisenbergen.
> Komm hervor aus frostigen Wäldern,
> gelb und weiß und violett,
> krokusfarben im bleiernen Grau,
> brich hervor durch den weißesten Schnee.
> Göttin dieser dunkelsten aller Jahreszeiten,
> Herrin dieser heiligen Zeit,
> weihe uns ein in deine Weisheit,
> trage uns in dein eisiges Reich.

Wecken Sie die Kraft durch Gesang. Lichtmeß ist eine gute Zeit für Initiationen. Ich persönlich halte die Initiation eher für ein persönliches Bekenntnis als für etwas, was man von anderen erhält. Vielleicht sollte sie jedes Jahr von allen Zirkelmitgliedern, die das folgende Jahr dabeibleiben wollen, erneuert werden.

Jede Frau geht einzeln zum Altar, meditiert über dieses Fest und ihren Beitrag zur Gruppe. Dann dreht sie sich um und wiederholt ihre Gelöbnisse. Anschließend wird gefastet.

Ostara – Frühjahrs-Tagundnachtgleiche

Dieser Festtag wird am 21. März begangen, wenn der Tag genauso lang ist wie die Nacht. Am ersten Sonntag nach dem auf Ostara folgenden Vollmond wird das christliche Osterfest gefeiert, was, wie auch sein Name, deutlich auf seine ursprünglich heidnische Herkunft hinweist. Ostara war die Göttin des Frühjahrs und der Morgendämmerung. Das Frühlingsfest feierte den endenden Winter, die Frühlingsblumen und die neuen Kleider. Man entfachte durch das Aneinanderreiben zweier Holzstäbe neue Feuer. Allerdings mußte man dafür zuerst alle alten Feuer löschen, da die Stöcke, wie man glaubte, sonst kein Feuer fangen würden. Danach wurden die Roste gesäubert und der Ofen mit den Holzstäben angemacht.

Ostereier, Osterhasen, kreuzförmige, heiße Kuchen und Osterhasen sind heidnischen Ursprungs, genau wie das Färben der Eier eine alte nordische, ägyptische, griechische, römische und persische Tradition war. Man färbte die Eier mit Naturprodukten wie Zwiebelschalen, Blauholz, gefärbten Stoffetzen und Stechginster. Eier standen für die eingekapselte Welt. Die Vorstellung vom Weltei läßt sich in vielen antiken Kulturen finden. Es ist ein Symbol der Initiation. Die Göttin, die das Weltei gelegt hat, braucht nun die Sonne, damit es schlüpfen kann. Das Frühjahrsfest repräsentiert genau diesen Übergang vom sonnenarmen Winter zum Frühling. In Ägypten, Griechenland, Rom und Persien wurden die Eier gelb gefärbt und vom Priester gesegnet. In England gab der Gutsherr seiner Gemeinde rote, grüne und gelbe Eier. In den Geschäftsbüchern von Edward I. wurde 1290 der Erwerb von 450 Eiern notiert, die zu Ostern für die Armen bestimmt waren.

> Bitte, Herr … (Name),
> Bitte gebt uns ein Osterei.
> Wenn Ihr uns keines geben wollt,
> soll Eure Henne ein faules legen
> und Euer Hahn einen Stein.[23]

Barbara Walker berichtet von englischen Königen, Königinnen und deren Gefolge, die noch im 16. Jahrhundert zu Ostern mit Eiern und Äpfeln, den heidnischen Symbolen für Leben und Tod, auf Knien zum Kreuz krochen.[24]

Heiße Kreuzkuchen gingen auf die Weizenkuchen zurück, die im Frühjahr von den Römern, Sachsen und Griechen gegessen wurden. Die Römer backten diese heiligen Kuchen Diana zu Ehren, deren Fest im Frühling begangen wurde. In England war Cambridge das Zentrum dieses Brauchs, wo sich an der Stelle, an der sich die römischen Straßen Ikneld Street und Amynge Street trafen, ein Altar der Diana fand. Hier wurden die heiligen Kuchen gebacken und der Göttin geopfert. Wer es sich leisten konnte, machte reichgewürzte und mit Mandelpaste bestrichene englische Teekuchen und verteilte sie an die Armen. Osterkuchen repräsentieren den Mondhasen der Göttin. Hasen waren in England tabu und durften nicht getötet werden. Sie sollen sogar in die Schlacht bei Boardicea mitgenommen worden sein. Im irischen Kerry essen die Menschen auch heute noch kein Hasenfleisch, weil sie das Gefühl hätten, »ihre eigene Großmutter zu essen«.

Hexen verwandelten sich in Hasen.

Ich werd' in einen Hasen fahren
Mit Angst und Seufzen und Sorgen viel
Und werd' in Teufels Namen fahren,
Ach, bis ich wieder bei mir bin.[25]

Es wurde auch eine Frühjahrspantomime aufgeführt, der Kampf zwischen Thor und Baldur, Winter und Frühling. Beau Slasher war der Kämpfer für den Winter; er hatte eine Eisenhand, einen Stahlkörper und Hände und Füße, die aus Schlagringen geformt waren. Der Frühling aber besiegt den Winter und leitet dadurch das Ende der winterlichen Herrschaft ein.

Frühlingsrituale

Dekorieren Sie den Altar mit Frühlingsblumen, pinkfarbenen, blauen und gelben Kerzen und einer Kerze für die Göttin. Legen Sie Girlanden aus gelben, grünen und roten Bändern und Eier von derselben Farbe auf den Altar. Nehmen Sie auch kleine Teekuchen und etwas leichten Weißwein als Trankopfer dazu.

Bilden Sie einen Kreis, und heißen Sie Flora, die Frühlingsgöttin, willkommen.

> Frühlingsgöttin, sanfte Jungfrau,
> tritt hervor aus eisiger Erde.
> Die Fesseln des Winters laß fallen
> und die weite Welt wieder atmen.
> Die Narzissen bewege im kalten Wind,
> und Blüten verstreu
> über die Hügel.
> Komm Flora!
> Frühling komme!
> Wir heißen dich nochmals willkommen!

Jede Frau nimmt nun ein Ei, das von Hand zu Hand geht, und meditiert über das innere Ei, das wachsende Ich. Schließen Sie Ihre Augen, und nehmen Sie sich einige Minuten Zeit, um bei diesem inneren Wachsen zu verweilen. Stellen Sie sich das Ei bildlich vor, stellen Sie sich genau vor, wie es aufbricht. Beobachten Sie, was ihm entschlüpft. Teilen Sie der Gruppe Ihre Erlebnisse mit. Lassen Sie nun Kuchen und Wein herumgehen, und danken Sie der Göttin.

Beltane – Mainacht

Beltane wurde am 30. April gefeiert und war das große Fruchtbarkeitsfest des Hexenjahres. Philip Stubbes schrieb 1583:

> Gegen Mai versammelten sich Gemeinden, Städte und Dörfer, Männer wie Frauen und Kinder, Alte und Junge, ohne Unterschied: Man ging vereint oder spaltete sich in Gruppen auf; einige zogen in die Wälder und Haine, andere wieder zu den Bergen und Hügeln und wieder andere hier- oder dorthin; die ganze Nacht verbrachte man dort mit Kurzweil, und gen Morgen kehrten die Leute mit Birkenzweigen und Ästen zur Verzierung ihrer Versammlungsorte zurück.[26]

Jedes Haus wurde mit grünen Zweigen geschmückt, die am Maimorgen in die Häuser gebracht wurden. Der darauf folgende Tag war ein Feiertag. Am Nachmittag gab es einen Jahrmarkt und am Abend einen Maiball für die Mägde. Die Frauen trugen Maiglöckchensträuße und die Männer Morgenkleider mit Knopflöchern. Sie zogen durchs ganze Dorf, klopften an jede Tür und tanzten durchs Haus. Die Frauen machten Knickse und die Männer Verbeugungen, um den Sommer einzuladen.

> Und wir waren auf so früh wie jeden Tag,
> Ach, um heimzuholen den Sommer,
> Den Sommer, ach, und den Mai.
> Denn gekommen ist der Sommer
> Und gegangen der Winter.[27]

Das war der Refrain des Helston Furry, des traditionellen Tanzes für die Blumen- und Frühlingsgöttin Flora. Am

Maiabend schmückten die *May Bircher* jede Haustür mit verschiedenen Zweigen und Blumen in einer Art Geheimsprache, die kodiert mitteilte, was sie über die Hausbewohner dachten; Birnen zeichneten die Bewohner als freundlich aus (»pear« für »fair«), Pflaumen als bedrückt (»plum« für »glum«) und Ginster als finster (»gorse« für »morose«). Nesseln und anderes Unkraut standen ganz unten in der Bewertungsskala.

Man machte Kreuze aus Ebereschenzweigen und band sie an die Viehschwänze, damit sie nicht verhext wurden, denn an Beltane trieben sich die Hexen herum.

> Umsonst ist der Bann, die Hexe kehrt
> Zerknirscht zurück in den grünen Wald,
> Die Macht ihres Spruches wird ihr verwehrt,
> Wirkt der Eberesche Gewalt.[28]

Die Mainacht mußte auch für allerlei Unfug herhalten: Geschäftsschilder wurden ausgewechselt, Türen aus den Angeln gehängt und allerlei Schabernack getrieben. Man legte Primeln vor die Haustür, um die bösen Elfen abzuwehren. Der Legende nach veranstalten die Elfen am 2. Mai ihren ersten Tanz, um das Erwachen der Elfen aus dem Winterschlaf zu zelebrieren. Ihr letzter Tanz fand zu Samhain statt. Wenn man nach Sonnenuntergang noch aus einem Brunnen trank, wurde man vom Feenvolk gefangengenommen und für ein Jahr und einen Tag ins Feenland gesperrt.

Am 1. Mai fand eine Prozession statt, man trug Kränze, zündete große Feuer an und ließ Lieder von Berghöhen oder Türmen erklingen. Bis zum heutigen Tag werden am 1. Mai auf dem Magdalen Tower in Oxford Lieder gesungen. Im 17. Jahrhundert wurden diese Feste von den Puritanern gnadenlos unterdrückt. Die Puritaner führten auch eine Veränderung im Kalender ein, bei der elf Tage verlorengingen, wodurch vermieden werden sollte, daß die Primeln am 1. Mai blühten. Und in Suffolk mußte ein alter Brauch verboten werden, nach dem der erste Bedienstete, der eine blühende Primel und eine Schüssel Sahne brachte, belohnt wurde.

Der 1. Mai feierte den grünen Mann, Robin Hood, und Jungfer Marion. Heinrich VIII., der mit Katherina, einer seiner vielen Frauen, am Maimorgen in Greenwich ausritt, stieß auf eine Bande

> ... von großen Freibauern, alle in Grün gekleidet, mit grünen Kapuzen und Pfeil und Bogen, etwa an die zweihundert. Einer, offenbar der Anführer, der Robin Hood genannt wurde, bot dem König und seinem Gefolge Einhalt, damit sie die Schießkunst seiner Männer bewundern konnten.[29]

In Oxford gab es eine Art Karnevalszug mit Prinz und Prinzessin (oder König und Königin), einem Narren, der mit einer an einem Stock angebrachten Schweinsblase die Zuschauer schlug, einem Fiedler und allen Schornsteinfegern der Stadt. Ein Mann mit einer Schaufel und einem Schürhaken machte eine Art Musik, und zwei oder drei Männer gingen mit Sammelbüchsen herum. Bis auf die Prinzessin hatten alle geschwärzte Gesichter und waren mit Bändern und Blumen geschmückt. Sie sammelten Almosen für die ausgedienten Schornsteinfeger. London und Manchester veranstalteten eine Parade von Zugpferden; die riesigen Pferde wurden mit Blumen, Bändern und glänzendem Zaumzeugbeschlag verziert. Das ursprüngliche Zaumzeug aus Messing mit Mondsichel und Sternen galt als Glücksbringer. Die Karren waren mit Lorbeerzweigen und blühendem Flieder geschmückt.

Rote und weiße Blumen, die das Blut- und Milchmysterium der Großen Göttin repräsentieren, wurden in Girlanden um den Maibaum gewunden. Der Maibaum ist ein uraltes Fruchtbarkeitssymbol und wurde am Maimorgen aus dem Wald herbeigeschafft. Eine gute Beschreibung davon gibt Philip Stubbes:

> Sie haben zwanzig oder vierzig Joch Ochsen, von denen jeder einzelne einen lieblichen Blumenstrauß auf die Hörner gebunden hat, und diese Ochsen ziehen den Maibaum ins Dorf ..., er ist gänzlich mit Blumen und Kräutern bedeckt, die von oben bis unten an ihm festgebunden sind; manchmal ist er auch in verschiedenen Farben angemalt. Zwei- oder dreihundert Männer, Frauen und Kinder folgen ihm ehrfurchtsvoll. Und wenn er so hochgezogen wird, wehen Flaggen und Taschentücher von seiner Spitze, und man streut Blumen zu seinen Füßen; man bindet grüne Zweige und errichtet in unmittelbarer Nähe Hütten und Gartenlauben. Und dann beginnt das Feiern und Schlemmen, das Springen und Tanzen um den Baum.[30]

Der Maibaum in London, der 1661 in Strand errichtet wurde, maß beeindruckende 134 Fuß und wurde von Seeleuten aus den Docks mit Anker und Winden hochgezogen. Die Puritaner führten einen erbitterten Krieg gegen all diese heidnischen Riten, die schließlich auch nach und nach verboten wurden.

Beltanerituale

Schmücken Sie den Altar mit Maiblüten, Flieder, frischen Blumen und knospenden Ästen. Benutzen Sie reichlich rote und weiße Bänder sowie rote, grüne und weiße Kerzen. Verbrennen Sie Sandelholz- oder Melissenweihrauch. Besorgen Sie viel süßes Essen, Kuchen und Pasteten mit Honig und Holunderschaumwein. Dies ist ein großes Fest, das Sie möglichst draußen im Garten, im Wald oder sogar in einem nahe gelegenen Park feiern sollten. Geben Sie auf das Volk der bösen Feen acht. Beginnen Sie, sobald der Abendstern Venus aufgegangen ist.

Beschwören Sie die Göttin als Jungfrau:

Blumenjungfer,
Blütengöttin,
Duft des Sommers,
Brunst des Hirsches,
laß uns an deiner Fülle teilhaben,
während wir tanzen in dieser magischen Nacht.

Singen, tanzen und feiern Sie die Mysterien der Liebe, Schönheit und Fruchtbarkeit.

MITTSOMMER – 21. JUNI

Mittsommer wird am längsten Tag des Jahres gefeiert und markiert seinen Wendepunkt. Auf den Hügeln Britanniens zündete man zu Ehren der Sonne große Feuer an, um die die Menschen tanzten. Diese Feuer waren Überreste druidischer Riten. Auch in Griechenland wurden solche Mittsommerfeuer zu Ehren Demeters entfacht. Die Gemeinde dieser Göttin tanzte um die Feuer, um das Böse zu bannen und eine gute Ernte sicherzustellen. In Irland sagte man, die Feen flögen um die Baalfeuer und versuchten, sie zu löschen, damit sie ihr Unwesen treiben konnten. Anschließend wurde die Asche des Feuers auf die Felder gestreut, damit die Ernte fruchtbar wurde. Männer mit helleuchtenden Fackeln schritten um die Felder. Selbst auf den Straßen Londons brannten Feuer, und die ganze Nacht über wurden die Lampen über den geschmückten Häusereingängen nicht gelöscht. Girlanden aus Fenchel und Johanniskraut zierten die Eingänge. Und in den Straßen tanzten junge Mädchen mit Bändern aus Rosen, Raute, Eisenkraut und Klee.

In Shakespeares *Ein Mittsommernachtstraum* erscheint die Mittsommernacht als eine Zeit der Verzauberung, der Hexereien und der Possen. Es gab mehrere magische Pflanzen, die man in dieser Nacht sammeln mußte. So sollte z. B. Farnkrautsamen, der so klein ist, daß er mit dem bloßen Auge kaum sichtbar ist, unsichtbar machen. Es gibt dazu eine deutsche Geschichte von einem Mann, der am Mittsommerabend durch ein Feld mit Farnkraut lief. Dabei fielen ihm einige Farnkrautsamen in die Schuhe, und er wurde, ohne daß er es selber bemerkte, unsichtbar. Zu Hause versetzte er dann Frau und Kinder in nackte Panik, da sie zwar seine Stimme hörten, ihn aber nicht sehen konnten. Charles Hardwick[31] erzählt die Geschichte von drei Männern, die auszogen, um in der Mittsommernacht Farnkrautsamen zu sammeln, und denen eine dunkle Gestalt in einem Mantel erschien:

> Mit einemmal kam Dunkelheit über sie. Das Farnkraut bewegte sich; die erste Schüssel zerbarst in Stücke; die zinnerne zerschmolz ... sie sahen wunderschöne Kinder gehen ... und zierliche weibliche Gestalten sangen traurige, bezaubernde Weisen.[32]

Mittsommerfeuer wurden grundsätzlich mit Eiche entfacht; sie war den Donnergöttern heilig und wurde Vesta, der römischen Göttin des Herdes, zugeordnet. Zu Mittsommer wurde der Eichenkönig geopfert und lebendig verbrannt;, man antizipierte so die Dunkelheit des Winters. Liebespaare sprangen gemeinsam über die Mittsommerfeuer und warfen Blumen über die Flammen. Liebespaare verabredeten sich für diese Nacht, es war eine Nacht der körperlichen Vereinigung.

Mittsommerrituale

Schmücken Sie den Altar mit Rosen, Eisenkraut und anderen Sommerblumen, vielen roten, gelben und orangefarbenen Kerzen und Frühsommerfrüchten. Verbrennen Sie Sonnenweihrauch. Nehmen Sie als Opfergabe einen schweren, süßen Wein oder ein Kräutergetränk und volle Sommerfrüchte.

Rufen Sie nun die Göttin des hohen Sommers an.

> Sommersonne, die auf uns scheint,
> warme Brisen, die uns lind umwehen.
> Wiesen reif mit duftigen Blumen,
> Felder, Haine und Hecken.
> Der Sommerwind küßt unseren Körper,
> das Sonnenlicht heilt die erfrorenen Herzen.
> Möge die Göttin uns in der Stunde der Dunkelheit
> an die Helle des Sommers erinnern.

Wecken Sie die Kraft mit Gesang und Tanz, und schicken Sie sie zu den Bauern überall, damit sie genügend Sonne und Regen für ihre Ernte haben. Nehmen Sie dann das Trankopfer, und reichen Sie das Essen herum.

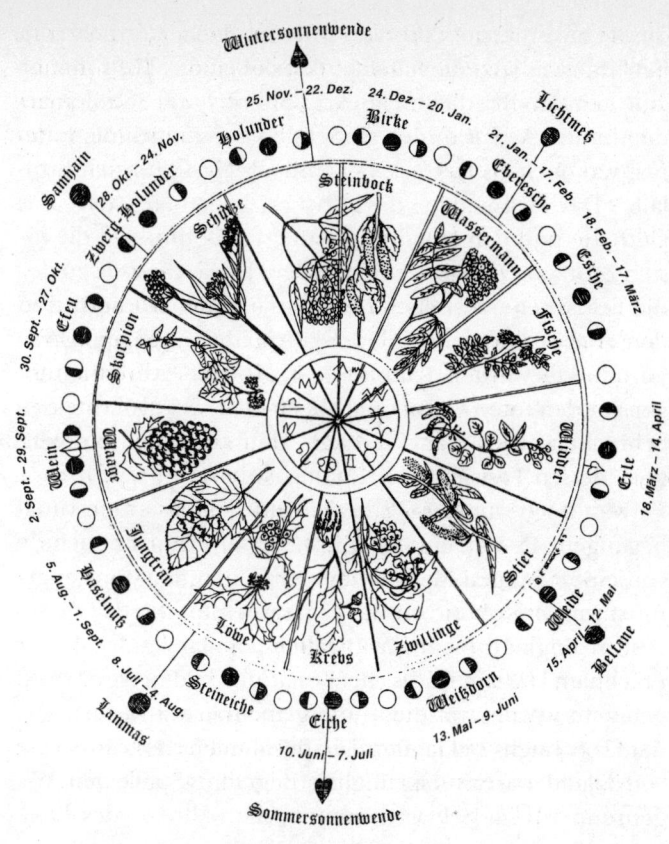

Der Baumkalender

LAMMAS – 1. AUGUST

Lammas wurde am 1. August gefeiert und repräsentierte das Einsammeln der ersten Ernte. Nach Lammas kamen die Hundstage des Sommers, an denen nichts so recht von der Hand gehen will. Es ist genau die richtige Zeit für Ferien und Erholung, das heißt natürlich nur für diejenigen, die nicht die Ernte einholen müssen, denn was die Ernte betrifft, ist es jetzt die härteste Zeit des Jahres. Die Ernte ist eine gemeinschaftliche Tätigkeit, Stunden um Stunden gemeinsamer Arbeit in der glühenden Sommersonne. Lammas war auch als *loaf mass* bekannt, als Messe für den Brotlaib. Das Schneiden des Kornes bedeutete, daß das Getreide nun gemahlen und dank der Göttin bald die ersten Brotlaibe zu haben sein würden. Es war die Zeit, zu der die Feldarbeiter zwischen der Heu- und der Kornernte zu den »wakes«, den alten Heuer-Jahrmärkten, gingen. Diese Jahrmärkte wurden frühmorgens als Trauerveranstaltungen für den toten Kornkönig abgehalten, der als Ernte eingebracht worden war, für Lugh, den keltischen Sonnengott, dessen Fest auch als Lughmass bekannt war. Bis vor kurzem noch wurde *Lugh nasadh* in Irland als Trauerritual begangen. Es war ein Totenfest, dessen Trauergemeinde von einem jungen Mann mit einem Girlandenkranz angeführt wurde. Robert von Ranke-Graves schreibt, daß dieses Fest in England bis ins Mittelalter populär war.[33] Als der Leichnam William Rufus' zur Bestattung in den New Forest gebracht wurde, traf die Trauergemeinde auf Bauern, die den Tod Lughs beklagten. Die berühmten Tailtean-Spiele von Irland waren ursprünglich Begräbnis-Spiele mit Wagenrennen und Schwertkämpfen, die während des Lammas stattfanden.

Lammas erzählt die Geschichte des Heldentodes, des Opfers des Sonnengottes auf dem Zenit seiner Macht und seines allmählichen Abstiegs in den Tod.

Lammasritual

Schmücken Sie den Altar mit den Früchten und Blumen des Sommers, mit roten, gelben und orangefarbenen Blumen und Kerzen. Lammas ist der Niedergang, sein entgegengesetztes Fest, Lichtmeß, der Aufstieg. Noch ist es nicht ganz Herbst, aber der Sommer weicht zurück. Lammas hat etwas Dunstiges, Verträumtes an sich, mit einem fast narkotischen Duft von Honig, dem Lärm der Ernte und dem langsamen Ausklingen des Jahres.

Beschwören Sie die Erntegöttin.

> Kornmutter, Getreideschnitterin.
> Erhöre unser Rufen!
> Unsere Arbeit geht zu Ende, das Jahr neigt sich,
> die Sommersonne sinkt.

Singen Sie, und beschwören Sie die Kraft; schicken Sie sie dorthin, wo Energie und Unterstützung gebraucht wird.

Nehmen Sie sich die Zeit, Ihr eigenes Leben zu betrachten, machen Sie sich Ihre unerledigten Aufgaben, ihre ungelösten Probleme und Ihre noch ausstehende Ernte bewußt.

Herbst-Tagundnachtgleiche

Die Herbst-Tagundnachtgleiche ist der zweite Vierteltag des Jahres und wird am 21. September gefeiert. Mit ihr endet das Hexenjahr. Man feiert die Früchte der Ernte und den Abschied des Sommers. Die letzten Garben wurden als Symbol der Göttin, der Jungfrau und Erntekönigin, verkleidet und auf dem Kaminsims aufbewahrt. Das jüngste Mädchen auf dem Feld schnitt die Garbe und brachte sie zum Erntenachtmahl. Im hohen Nordosten von Schottland hieß sie *Cailleach*, alte Frau; sie trug ein weißes Kleid mit Umhang und Schal, die mit weißem Heidekraut zusammengebunden waren. In ihrer Schürze trug sie ein Brot, Käse und eine Sichel. Sie saß beim Erntefest am Kopfende des Tisches, und die jungen Männer tanzten mit ihr.

Herbstritual

Schmücken Sie den Altar mit Herbstblättern, Holunderbeeren, Weißdorn und Eberesche. Backen Sie ein besonderes Brot mit Rosinen und Honig, und nehmen Sie einen leichten Rotwein oder ein Kräutergetränk. Benutzen Sie braune, orangefarbene und gelbe Kerzen und zusätzlich noch eine weiße für die Göttin. Verbrennen Sie erdige Weihräucher, Wurzeln und Rinden.
  Rufen Sie die Göttin des Herbstes.

  Hier unsere Früchte,
  hier unser Werk,
  hier die Arbeit, die wir in deinem Namen getan.
  Kupfernfarbene Blätter, goldene Äpfel,
  Weizengarben und süße Haselnüsse.

  Hier bringen wir dir ein kleines Trankopfer,
  mit Liebe bereitet, unsere Opfergabe.
  Herrin der Herbsternte,
  komme heute nacht, und feiere
  das Abnehmen des Jahres.

Es ist die Zeit der Ernte, aber auch die Zeit des Säens. In der Herbst-Tagundnachtgleiche träumen wir von dem nächsten Frühling und dem Erwachen im März. Wecken Sie die Kraft, und nehmen Sie sich danach die Zeit, diese Samen in sich zu pflanzen. Graben Sie tief, und schicken Sie Ihre Träume, Hoffnungen und Wünsche tief in die reiche Erde.

9
ETHIK

Ich war sowohl in der feministischen als auch in der orthodoxen Tradition engagiert: im heidnischen Kult der Göttin und in der christlichen bzw. buddhistischen Lehre. Meine Glaubensvorstellung sind ein Konglomerat aus den verschiedenen Aspekten dieser Systeme, von allem, was mir wertvoll und lebensfördernd erschien.

Meine Überzeugungen stimmen in den meisten Fällen mit der allgemeinen Wicca-Tradition überein und unterscheiden sich nur in bestimmten Punkten von ihnen. So ordnet sich die von mir vertretene Ethik dem Feminismus und Antirassismus ein und ist damit radikaler als das traditionelle Heidentum und der Wicca-Hexenkult. Sie weist eine starke Nähe zu den feministischen Hexen und neopaganen Gruppierungen auf.

Der Hexenkult ist in meinen Augen mehr als eine Religion, die den Vatergott durch die Muttergöttin ersetzen will. Ich sehe ihn eher als eine weltumspannende Bewegung, die viele verschiedene Gruppen umfaßt, denen die Entwicklung und Förderung aller Menschen auf diesem Planeten am Herzen liegt. Dieses Anliegen zeigt sich nicht nur im Privatbereich, sondern auch durch die gesellschaftliche Aktivität dieser Menschen.

Ein Großteil der westlichen Mysterientradition wurde während der Hexenverfolgung und der nachfolgenden Unterdrückung zerstört. Hexen müssen heute nachforschen, neu erfinden und die Lehren anderer kopieren und ausleihen. Deswegen kommen viele Elemente aus unserem esoterischen System von anderen Kulturen, besonders aus dem Osten. Sie stammen aus China, Indien, Tibet und in jüngster Zeit auch von den nordamerikanischen, aber auch mittel- und zentralamerikanischen Indianern. Dies ist politisch, ethisch und praktisch gesehen nicht ungefährlich. Zum einen müssen diese Lehren für den westlichen Menschen »übersetzt« werden, sowohl buchstäblich, da sie ja in einer anderen Sprache formuliert wurden, als auch im übertragenen Sinne, denn sie gehören zu einer von der unsrigen sehr verschiedenen Kultur. Die erste Frage, die sich hier stellt, lautet: Wer hat diese Texte übersetzt? Gibt die Übersetzung den Geist des ursprünglichen Textes wieder? Es ist fast unmöglich, diese Fragen zu beantworten, solange wir die Ausgangssprache nicht beherrschen. Da dies für die wenigsten von uns zutrifft, müssen wir Vorsichtsmaßnahmen ergreifen und möglichst viele Übersetzungen lesen. Häufig haben männliche Übersetzer die Rolle und Bedeutung der weiblichen Spiritualität in der Gesellschaft trivialisiert und heruntergespielt. Diese frauenfeindlichen Übersetzungen blieben unangefochten, bis feministische Gelehrte in den letzten Jahren begonnen haben, das Feld zu bearbeiten.

Der zweite, sicherlich wichtigere Aspekt ist der, daß der Westen mit seinem expansionistischen und rassistischen Denken sehr vorsichtig mit der Kultur der Schwarzen umgehen muß. Sonst besteht die Gefahr, daß, nachdem der Westen sich bereits Land, Sprache und Kultur dieser Völker angeeignet hat, nun auch ihre spirituelle Tradition von ihm ausgebeutet wird. Das gilt besonders für die nordamerikanischen Indianer, deren spirituelle Traditionen neuerdings von den weißen Nordamerikanern im großen Stile vermarktet werden, während gleichzeitig die Indianerinnen von der Sozialhilfe leben müssen. Andy Smith, eine Cherokee-Frau, beschreibt diese Eingliederung indianischer Traditionen in ihrem Aufsatz *For All Those Who Were Indian in a Former Life* als »Teil der uralten Geschichte weißen Rassismus und Völkermordes an dem indianischen Volk«.[1] Kein echter spiritueller Lehrer, so betont sie, würde von seiner oder ihrer Lehre profitieren. Die indianische Tradition wirkt innerhalb der Gemeinschaft und kann nicht losgelöst von ihr betrachtet werden. Weiße Feministinnen, so fährt sie fort, wollen Indianerinnen werden, um sich vom Völkermord der weißen Rasse loszusagen – aber sie werden nicht wirklich Indianerinnen. Die Armut, die niedrige Lebenserwartung, den Alkoholismus und den Kampf um Vertragsrechte, die zu den Alltagsrealitäten der Indianer gehören, wollen sie nicht. Durch die Trivialisierung der indianischen Spiritualität treiben die weißen Feministinnen die Ausrottung des indianischen Volkes weiter voran. Neuerdings finden sich auch selbsterklärte »Experten«, die diese weißen Frauen in Fragen der spirituellen Techniken der Indianer unterrichten und die Marginalisierung der Indianerinnen damit verschlimmern.

Für die weißen Feministinnen sind die Indianerinnen »echt cool und spirituell«. Sie drängen sie dazu, ihnen alles über ihre spirituellen Praktiken zu erzählen, und wenn sie sich weigern, gelten sie gleich als geldgierig. In Wahrheit aber haben diese »echt coolen und spirituellen« Frauen, deren Lebenserwartung bei 47 Jahren liegt und die unter einer Arbeitslosigkeit von 75 Prozent leiden, von der Vermarktung ihrer Traditionen überhaupt nichts. Im Gegenteil, es sind die weißen Frauen, die die Geschäfte machen, den Schmuck verkaufen, die Bücher schreiben und Konferenzen organisieren. Und doch hat nicht eine dieser Frauen, die die Spiritualität der Indianerinnen vermarkten, sich jemals für die Rechte der Indianerinnen eingesetzt oder eine Konferenz geleitet, die sich für die indianische Nation stark macht.

Die Situation ist in allen Entwicklungsländern die gleiche, nicht nur im spirituellen Bereich. Auch ihre Musik, Kunst, Medizin und selbst Kosmetik sind in der westlichen Welt sehr gefragt. Kultureller Austausch ist gut und begrüßenswert, aber es muß sich auch um einen *Austausch* handeln. Wenn der Westen die ethnische Bereicherung will, muß er den Entwicklungsländern, die diese Bereicherung liefern, auch etwas dafür geben. Es muß, wie Adam Smith schreibt, nicht unbedingt Geld sein, aber eine Gegenleistung in irgendeiner Form sollte schon erfolgen – vielleicht durch Proteste gegen den Mißbrauch dieser Völker, durch Zeitungsartikel oder Öffentlichkeitsarbeit.

Wir müssen also aufpassen, wer uns die spirituellen Geheimnisse vermittelt und warum. Nicht alles »Ethnische« ist förderlich, nützlich oder korrekt. Spirituelle Lehren können, falsch vermittelt, irreführend oder gar schädlich und die selbsternannten Lehrer irregeleitet oder korrupt sein.

Ich habe selbst in einem Entwicklungsland gelebt und miterlebt, wie manche seiner spirituellen Führer sich einen Spaß daraus machten, den Forschern Bären über ihre spirituellen Praktiken aufzubinden. Selbst die lächerlichsten Geschichten wurden von ihnen geschluckt und tauchten ohne den kleinsten Hauch eines Zweifels in den Doktorarbeiten wieder auf, wo sie dann als unumstößliche Wahrheit verkündet wurden. Eine Freundin aus der Gemeinde, in der ich lebte, erzählte mir einmal eine Geschichte von einem Ei, die meine Aussage vielleicht verdeutlichen kann. Diese Frau ist eine spirituelle Führerin ihrer Gemeinde, und eines Tages kam ein japanischer Forscher, der ihren Altar sehen wollte. Auf dem Altar lag ein Ei. Eier werden für viele Zauber und Heilrituale benutzt. Als sie von dem Forscher gefragt wurde, wofür das Ei sei, entgegnete sie trocken, daß sie ihre Eier immer auf dem Altar aufbewahre, um sie von ihren Kindern fernzuhalten, damit sie sie nicht zerbrächen. Der Forscher zog verwirrt von dannen und ließ eine lachende Dorfgemeinschaft zurück.

Wir im Westen haben unsere eigenen Traditionen, auch wenn wir keinen so direkten Kontakt zu unserer Vergangenheit haben wie andere Kulturen. In allen Darstellungen antiker Geschichte finden sich Beispiele von Seefahrervölkern (Kelten, Wikinger, Inder, Chinesen, Indianer etc.), die ihre Ideen und spirituellen Praktiken ausgetauscht haben, so daß mit der Zeit die Ähnlichkeiten zwischen ihnen stärker wurden als die Unterschiede. Die Pantomimenspiele von Hampshire zum Beispiel finden sich auch im Ga Ga der Haitianer. Wir alle sind Teil eines Raum-Zeit-Kontinuums, das sich ständig umkehrt, Loopings macht, sich verzweigt und immer neue Muster schafft.

Dies alles sind die Wurzeln und Äste einer weltumspannenden spirituellen Realität, die Alice Bailey als »die neue Weltreligion« bezeichnet.[2] Wenn ich sie richtig verstehe, geht sie davon aus, daß wir in der kulturellen Vielfalt eine Gemeinsamkeit spiritueller Praxis entdecken können. Diese Weltreligion kann die neue Weltordnung fördern, die, wie wir alle hoffen, die uns aufgenötigte Kultur von Tod und Herrschaft ablösen wird.

Damit dies möglich wird, müssen wir im Westen unsere spirituellen Wurzeln wiederentdecken. Unsere Geschichte ist eine Geschichte von Herrschaft, Blutvergießen und Grausamkeit, in der wir Leben, Länder und Kulturen der Völker stahlen, die nicht so kriegerisch waren wie wir selbst. Die Schuldgefühle, die viele informierte Weiße deswegen empfinden, müssen in positive Handlungen umgesetzt werden. Wir müssen Wiedergutmachungen anbieten, Brücken bauen, aber zu Bedingungen, die die Völker, die wir vergewaltigt, ermordet und geplündert haben, auch akzeptieren können. Unsere Schuld nagt an unserem Selbstbewußtsein, obwohl wir uns das nur ungern eingestehen, weil es so schwer ist, damit zu leben. Viele ziehen es deswegen vor, ihre Schuldgefühle zu beruhigen, indem sie Ehrenmitglieder der unterdrückten Kulturen, Tibetaner, Hindus, Indianer werden und ihre eigenen westlichen Wurzeln verleugnen.

Den spirituellen Kern unserer eigenen Kultur offenzulegen ist unsere einzige Chance, aus dem materialistischen Morast herauszukommen, in den wir unseren tödlichen Führern gefolgt sind. Es ist zugleich die einzige Hoffnung für eine Kultur, die immer schneller in Verzweiflung und Nihilismus versinkt.

Als friedliche, nichthierarchische, naturverbundene und frauenzentrierte spirituelle Praktik hat der Hexenkult den Verlorenen und Enttäuschten viel zu geben. Unsere Wertschätzung der Person, der Gemeinschaft und der Selbstbestimmung schafft eine Toleranz, die die patriarchalischen Religionen mit ihren Regeln und Hierarchien nicht bieten können.

Die patriarchalischen Religionen (Christentum, Judentum und Islam) waren die Speerspitze einer Kultur des Todes, die den pazifischen Völkern jahrtausendelang zum Verhängnis wurde. Ihr Einfluß nimmt endlich ab. Ich sehe das Wiedererstarken des Fundamentalismus als letzten, verzweifelten, letztlich aber sinnlosen Versuch, ein »goldenes Zeitalter« zu errichten, in dem wenige Männer ganze Kontinente mit Terror und Blutvergießen regieren.

Die Welt wird endlich erwachsen. Obwohl wir eine schmerzliche Jugend durchmachen, richtet sich die Stimmung immer deutlicher gegen die Herrschaft des Vatergottes. Es herrscht ein tiefgefühltes Verlangen nach den Werten, wie sie von der Göttin repräsentiert werden. Wir ernten heute die Resultate der Ethik des Vatergottes: Fettleibigkeit und Eßstörungen bei den Reichen und Hungersnöte bei zwei Drittel der Weltbevölkerung auf der anderen Seite. Die Reichen kaufen sich Swimmingpools und Waschmaschinen, während Millionen Kinder und Babys jedes Jahr an verschmutztem Wasser sterben. Oxleas Wood, der älteste Wald in London, konnte so gerade noch vor den Bulldozern gerettet werden. Eine neue Autostraße sollte hier entstehen, die noch mehr Gifte in die Luft blasen und die Anzahl der Erwachsenen und Kinder, die jedes Jahr in der Metropole an Asthma erkranken, noch weiter in die Höhe treiben sollte. Gleichzeitig hält die Regierung ihre Subvention einer Nuklearindustrie bei, die mittlerweile so schlecht organisiert und korrupt ist, daß radioaktives Material austritt, das 15 000 Jahre braucht, um ungefährlich zu werden. Aber natürlich werden solche Nachrichten zurückgehalten. Kinder, die diese Luft einatmen, sterben an Schilddrüsenkrebs. Wir leben in einer Kultur, die es vorzieht, ihre Kinder hinter Gitter zu stecken, statt die Verbindung zwischen Armut, Entfremdung, sinnloser Gewalt und obszön gewalttätigen Filmen herzustellen.

An der Wurzel all dessen steht der Vatergott, der sich nur um sein auserwähltes Volk kümmert, seien es nun Juden, Christen, Moslems oder Kommunisten. Der Rest der Menschheit kann ruhig verbrennen. Wie die Inquisitoren, die mit ihrer riesigen Leibgarde herumzogen, blieben die Männer hinter all dieser Ungerechtigkeit und Grausamkeit gesichtslos und dem Zorn des Volkes entzogen. Die Marionetten, die sie manipulieren, Priester und Politiker, dienen nur als Masken für ein weltweites Netz von Drogen- und Waffenhändlern, Zuhältern und Kirchenmännern. Diese Männer haben uns an den Rand des Abgrundes gebracht. Wir sind jetzt am Ende des Jahrtausends angelangt und denken über das Ende unserer Rasse nach. Vielleicht haben wir noch eine letzte Chance.

Die riesige Aufgabe, der wir uns gegenübersehen, läßt uns verzweifeln und lähmt uns oft. Aber das Gerücht von der nicht zu bewältigenden Aufgabe stammt vom Vatergott und ist eine Lüge. Es sind nicht die Männer an der Spitze, die die Macht haben, auch wenn sie uns das glauben machen wollen. Wir sind es, die Massen; durch unsere Passivität kann das Gebäude sich halten. Jeder von uns dient als eine seiner tragenden Säulen.

Es gibt viele Wege, wie wir zu einer Veränderung der Welt beitragen können. Der Psychologe Roberto Assagioli spricht von den sieben Wegen zur Selbstverwirklichung, die eine starke Nähe zu Alice Baileys »sieben Strahlen« aufweisen. Es sind der Weg der Schönheit, der Weg des Willens, der Weg der Demut, der Weg der konkreten Wissenschaft, der Weg der aktiven Intelligenz, der Weg der Liebesweisheit und der Weg des Rituals. Hexen lassen sich auf allen sieben Strahlen finden, und viele Hexen sind auf mehr als einem dieser Strahlen tätig. Der Weg des Rituals besteht, wie der Name schon sagt, darin, daß heilige rituelle Akte abgehalten werden, die Sinn, Bedeutung und Ganzheit vermitteln können. Die Betonung der Verbindung, Jahreszeiten, Mondphasen, die Bewegung der Sterne und Planeten – all das kann uns helfen, zur Verbindung mit dem Guten, Wahren und Schönen zurückzufinden.

Erforschen Sie die Traditionen Ihrer Gegend. Graben Sie die Vergangenheit wieder aus, die das Christentum verschüttet hat. Seien Sie stolz auf Ihre Kultur, und fordern Sie Ihr heidnisches Erbe von den Lügnern und Fabulierern zurück. Alle Religionen der Göttin teilen einen Grundbestand an Glaubensvorstellungen und Praktiken. Bauen Sie auf Ihren einheimischen Praktiken auf, und benutzen Sie sie als Sprache, um mit Vertretern anderer Kulturen ins Gespräch zu kommen. Damit helfen Sie, ein internationales Netzwerk zu entwickeln, für das der Respekt vor dem Leben und die Verehrung der Großen Mutter im Mittelpunkt stehen.

MACHT

Der Vatergott und seine nekrophilen Anhänger haben uns beigebracht, daß Macht etwas Böses ist, und uns zugleich die Konsequenzen unserer Machtlosigkeit spüren lassen. Machtgewinn ist der erste Schritt auf dem Weg zur Selbstentdeckung. Aber die Frauen, denen die Macht lange verwehrt worden ist und die sie unter großen persönlichen Opfern aus den Händen der Männer gerissen haben, empfinden Machtzuwachs als sehr problematisch.

Bei der Magie geht es um die Manipulation natürlicher Kräfte, sie ist die »Wissenschaft von der Kontrolle geheimer Naturkräfte«[3]. Mit der Magie zu arbeiten bedeutet, Zugang zu Mächten jenseits des »Normalen« zu erhalten. Klasse, Geschlecht und Rasse sind dabei ohne Bedeutung, denn die Kräfte, über die die Magierin verfügt, sind die des Geistes und stehen jedem offen. Aleister Crowley hat einmal gesagt, Magie sei die Wissenschaft und Kunst, im Einklang mit dem Willen Veränderung hervorzurufen. Der erste Schritt im magischen Ablauf ist deshalb die Konzentration, auf die im allgemeinen die Visualisierung folgt. Der Geist ist ein potentes Werkzeug und grundsätzlich neutral. Er kann für Böses und Gutes benutzt werden: Es ist alles Energie. Anfängerinnen in der Magie haben oft die Befürchtung, daß sie ihre magischen Fähigkeiten dazu benutzen könnten, anderen zu schaden, oder daß sie auf einem okkulten Nebengleis der Selbstverblendung landen könnten. Solche Sorgen sind berechtigt und positiv. Es sind diejenigen, die sich nicht mit solchen Fragen herumplagen, die gefährdet sind. Wer an seinen Motiven und seiner Integrität zweifelt, ist meiner Erfahrung nach niemals machtbesessen.

Wir sind in einer Kultur der Macht aufgewachsen, und sosehr wir ihre Werte auch kritisieren, wir haben die Doktrin der Herrschaft mit der Muttermilch eingesogen. Ständige und strenge Selbstkontrolle ist daher unabdingbar.

Magisches Training findet oft in Gruppen statt. Die Einschätzung der Gruppe ermöglicht uns die (manchmal sehr schmerzhafte) Erfahrung, daß und wie wir Macht ausüben. Eine solche Supervision ist die beste Möglichkeit zur Selbstkontrolle. Andere wiederum benötigen den Lehrer, der zu ihnen mit einer Offenheit spricht, die sie anderen nicht gestatten würden. Wenn eine Atmosphäre der Offenheit und des Vertrauens geschaffen werden kann, sollten die eigenen Zweifel in einem Klima gegenseitiger Unterstützung mitgeteilt werden.

DER TÄGLICHE RÜCKBLICK

Der tägliche Rückblick ist eine wichtige okkulte Praktik, die aber bei unserem inneren spirituellen Selbst auf enormen Widerstand stößt. Gehen Sie jeden Abend ihren Tag von dem Moment an durch, an dem Sie aufgestanden sind. Urteilen und werten Sie nicht, lassen Sie ihn einfach wie einen Film vor sich ablaufen. Achten Sie auf die wichtigen Dinge: wie Sie sich in bestimmten Situationen verhalten haben, wie Sie zu Ihren Entscheidungen gekommen sind und wie diese aussahen. Versuchen Sie, so unbeteiligt wie möglich zu sein, so als blickten Sie auf den Tag eines Freundes zurück. Versuchen Sie, den Kausalzusammenhang zwischen Ihren Entscheidungen, dem, was Sie gemacht haben und wie Sie es gemacht haben (widerwillig, wütend, freudig etc.), zu erkennen. Wenn Sie dies über Monate und Jahre hinweg praktizieren, können diese Tagesrückblicke Sie über das »Wie« und »Warum« in ihrem Leben aufklären. Sie zeigen Ihnen, wie Sie Ihre Entscheidungen treffen und warum Sie die Dinge tun, die Sie tun. Der Rückblick erlaubt Ihnen eine Einsicht in Ihre Motive, und Sie werden allmählich erkennen, wer Sie wirklich sind, nicht wer Sie sein wollen.

Während sich unsere Fähigkeiten allmählich entwickeln, bildet sich auch unser Verantwortungsgefühl aus. Wenn es Ihr Ziel ist, niemandem Leid anzutun, kommen Sie irgendwann unweigerlich zu der Erkenntnis, daß Sie Ihre Kräfte in den Dienst der Menschheit stellen müssen.

Die meisten Hexen gehen Aktivitäten nach, die lebensfördernd oder revolutionär in dem Sinne sind, daß sie Veränderungen in einer aus den Fugen geratenen Welt anstreben. Dies kann auf einer Eins-zu-eins-Basis geschehen, etwa durch individuelle Betreuung, Heilen, Problemberatung oder Prophezeiungen. Die Hexe versucht zu trösten und den Heilungsprozeß des verletzten Geistes oder Körpers zu unterstützen. Die Lehrerinnen unter den Hexen versuchen, ihre Schülerinnen auf den Weg der Weisheit zu bringen und auf ihre eigene spirituelle Reise zu schicken. Politisch und sozial orientierte Hexen arbeiten zusammen mit größeren Gruppen daran, Ungerechtigkeiten und der ungerechten Machtverteilung entgegenzuwirken. Die kreativen Vertreterinnen unter den Hexen inspirieren uns und bringen uns dazu, über das Leben und seinen Gang nachzudenken. Sie geben uns das Geschenk der Schönheit, ohne die niemand von uns überleben kann. Und die Mütter unter den Hexen bringen uns neues Leben und unsere Zukunft.

Die spirituellen Praktiken des Patriarchats zielen auf die

individuelle Entwicklung. Die Spiritualität der Göttin gründet eher auf der Gemeinschaft. Halten Sie sich daran, selbst wenn Sie (Ihres Wissens) die einzige Hexe in Ihrem Bezirk sind. Das Hauptziel des Patriarchats ist die Trennung: die Trennung des Körpers vom Geist, des Geists von der Materie, des Mannes von der Frau, des Initiierten von den verlorenen Uneingeweihten, des Priesters von den Laien. Im Unterschied dazu betont die Spiritualität der Göttin das *Verbindende* zwischen den Dingen: die Jahreszeiten, Mondphasen, die Natur, Planeten, die Namen der Göttin, das Leben, die Geburt, das Sterben. Die patriarchalische Religion verneint den Tod als natürlichen Bestandteil des Lebens und betrachtet ihn als Lohn oder Strafe, bei der man im Höllenfeuer brennt, im Fegefeuer oder im Paradies sitzt. Die Religion der Göttin sieht das Leben als großen Zyklus. Wir werden mit den Geistern unserer Vorfahren geboren (unser Karma), leben unser Leben in Ehrfurcht vor diesen Geistern, entwickeln uns weiter und kehren zu unseren Vorfahren zurück, zur »Anderswelt« der Geister.

Wir machen eine spirituelle Evolution durch. Unsere abgegrenzten Leben sind beendet, wir müssen uns nun auf die menschliche Familie und ihre gegenseitige Abhängigkeit konzentrieren. Das ist unsere einzige Möglichkeit zu überleben. Völlerei im Westen verursacht Hungersnöte im Osten. Wenn wir ehrlich sind, geben wir dies zu. Die Welt kann sich die Reichen nicht leisten. Ganze Leichenberge sind der Preis für unsere grenzenlose Gier. Wir im Westen haben kein Recht auf zwei Drittel der Weltressourcen, genausowenig wie wir das Recht haben, unsere Nachbarn mit unseren Maschinengewehren niederzumähen. Das Handeln beginnt hier bei uns, in unseren Herzen und Köpfen, in der Küche, am Arbeitsplatz. Es beginnt in unserem persönlichen Leben. Wenn wir andere unterdrücken und terrorisieren, wenn wir uns ihnen überlegen fühlen und sie diskriminieren, wird alle Mühe, die Unterdrückung in der Welt zu beenden, umsonst bleiben. Die Losung der Frauenbewegung in den 70ern lautete: »Alles Pesönliche ist auch politisch.« Damit meinten die Frauen nicht nur den Geschlechterkampf. Frauen behandeln Frauen genauso schlecht wie Männer. Wir sind in einer frauenfeindlichen Gesellschaft aufgewachsen, und es läßt sich deswegen kaum verhindern, daß wir unsere Schwestern hassen, die ja nur unser eigenes verhaßtes Selbst repräsentieren.

Unterschiede sind schnell auszumachen, Ähnlichkeiten aber sind nicht so leicht zu entdecken. Außerdem sind sie schwerer zu verdauen; man gibt sie nicht gerne zu. Es ist leicht, andere als minderwertig und wertlos zu bezeichnen, aber wer gibt das schon gerne bei sich selber zu? Die große Lüge des Patriarchats besteht in der Betonung der Unterschiede und Differenzen, in der Behauptung, daß wir nicht miteinander auskommen können. Dagegen steht die große Wahrheit der Göttin, die Erkenntnis, daß wir alle eine Familie sind. Wir sind alle verwandt, dasselbe Blut fließt durch unsere Adern, und dieselben Erfahrungen verbinden uns.

Wir sind dabei, die unzähligen Lügen aufzudecken, die auf den Gräbern der Andersdenkenden errichtet wurden. Natürlich haben wir Angst und fallen immer wieder in unsere alten Vorurteile zurück. Wir wissen, daß es gefährlich ist, sich der Lüge zu widersetzen. Aber tief in unserem Herzen kennen wir die Wahrheit. Wir alle haben das Mysterium der Geburt erlebt, und wir alle werden sterben. Die Deckmäntelchen und Masken, die wir benutzen, um uns zu schützen, können diese Wahrheit nicht verdecken, sosehr wir es auch versuchen.

Die Göttin ist immanent, die Göttin ist Gemeinschaft ... das Telefon klingelt, es ist meine Freundin Helen. Ich erzähle ihr, daß ich gerade an einem Kapitel über Ethik schreibe, und beschreibe ihr mein Unbehagen über die Versuche des Westens, die spirituellen Traditionen anderer Kulturen zu usurpieren. Sie praktiziert tibetischen Buddhismus, genau wie ich. Wir haben dies gemeinsam, obwohl wir aus unterschiedlichen Ecken zum Buddhismus kommen. Sie arbeitet unmittelbar mit Tibetanern zusammen, und ihre Erfahrungen bestätigen meine Zweifel. Tibetaner haben den Eindruck, der Westen sei bereit für ihre Lehren, aber sie wollen sie ihnen nur geben, wenn er auch bereit ist, die traditionellen Methoden, sie zu vermitteln, zu respektieren.

Viele dieser Lehren werden mündlich weitergegeben, an Menschen, die offen für sie sind. Das soll nicht bedeuten, daß einige auserwählt sind und andere nicht. Aber wenn man nicht auf diese Lehren vorbereitet ist, wird man nichts mit ihnen anfangen können. Die Lehren bauen nicht ohne Grund aufeinander auf. Ich habe die gleiche Erfahrung gemacht, als ich versuchte, mit Menschen ohne jedes Vorwissen über bestimmte Aspekte meiner spirituellen Praxis zu reden: Es geht einfach nicht. Ich will die Wahrheiten, die ich entdeckt habe, bestimmt nicht zurückhalten, aber es gibt einfach keine gemeinsame Sprache, wenn jemand mit der Lehre nicht vertraut ist.

Das Spirituelle ist immanent, es ist in jede Faser unseres Alltagslebens eingewebt. Alles Alltägliche ist Ausdruck des Heiligen. Tibetische Novizen bauen in mühevoller Kleinarbeit ein wundervolles Sandgemälde im Londoner Museum auf, nur um es nach der Ausstellung in die Themse zu kippen. Der Sand fließt ins Meer zurück; er wird im großen Kreislauf der Dinge an eine ferne Küste geschwemmt werden und die ganze Liebe mit sich bringen, die mühevoll in ihn investiert wurde. Für uns im Westen ist es vielleicht die größte Herausforderung, andere Kulturen zu respektieren und unser eigenes individualistisches Denken aufzugeben. Einheimische spirituelle Lehren können uns zeigen, wie sie ihre spirituellen Überzeugungen in das Alltagsleben integriert haben, und uns so vielleicht wichtige Hinweise liefern, wie wir dies in unserer eigenen zerbrochenen Kultur bewerkstelligen können.

ARBEIT MIT DER REINKARNATION

Vergangene Leben können häufig Licht auf Probleme unseres gegenwärtigen Lebens werfen. Oft treffen wir Menschen, die wir irgendwie schon kennen. Viele wichtige Leute in unserem Leben sind uns vielleicht schon aus einer früheren Existenz bekannt, besonders Familienmitglieder. Solche früheren Beziehungen können erklären, warum wir einige Menschen anziehend und andere abstoßend finden oder warum wir manchmal das Gefühl haben, einen Menschen schon lange zu kennen, obwohl wir ihn vorher noch nie gesehen haben.

Wenn Ihnen die Idee der Reinkarnation etwas sagt, wird es Ihnen leichter fallen, Ihr gegenwärtiges Leben in der richtigen Perspektive zu sehen. Lebenskrisen und scheinbar zufällige Ereignisse können in den größeren Zusammenhang mehrerer Leben eingeordnet werden, was den Problemen und Sorgen oft erst den richtigen Stellenwert gibt. Die Beschäftigung mit der Reinkarnation ist nur sinnvoll, wenn sie Leben ermöglicht und fördert. Ohne praktische Auswirkung ist sie sinnlos. Wenn Sie feststellen, daß Sie immer wieder die gleichen Situationen erleben oder sich immer zu denselben Menschen hingezogen fühlen, obwohl sie nicht gut für Sie sind, kann die Arbeit mit der Reinkarnation Ihnen vielleicht helfen, die Strukturen aufzudecken, die für Ihr Verhalten verantwortlich sind. Vielleicht gibt es da ein wichtiges Problem in Ihrem Leben, das Sie endlich bearbeiten müssen und das so lange wiederkehrt, bis Sie es gelöst haben. Aber selbst wenn Sie nicht an die Wiedergeburt glauben, ist diese Übung therapeutisch sinnvoll, weil sie Ihnen die tief verborgenen Bilder und Archetypen zeigt, die für Sie wichtig sind, und Ihnen sagen kann, welchen Fragen Sie im Augenblick nachgehen sollten.

Meditation: Rückkehr in die Vergangenheit

Leg dich hin, lockere deine Kleidung ... atme tief durch ... bei jedem Ausatmen entspannst du deinen Körper ein bißchen mehr und läßt deine Spannungen los ... Versinke immer tiefer in dich selbst, und spüre, wie dein Körper von der Erde getragen wird ... Werde dir deines Solarplexus bewußt, und atme eine Zeitlang dorthin ... Spüre den Silberfaden, der vom Solarplexus nach oben führt ... Erfasse diesen Faden, und verlasse deinen Körper, folge dem Faden hinauf, höher und höher ... Steige durch die Decke des Zimmers, durch das Dach nach draußen ... Du schwebst hoch über der Straße, höher und höher, weit über der Stadt, über dem Land und immer weiter bis in den Himmel ... Halte hier ein ... Betrachte die Sterne um dich herum ... Höre die Geräusche des Weltraumes, betrachte die einzigartige Dunkelheit des pechschwarzen Himmels und das Funkeln der Sterne ... Atme die dünne Luft ... Sei dir bewußt, daß du noch immer den Silberfaden in der Hand hältst, der dich jederzeit nach Hause bringen kann ... Steige nun wieder hinunter in eine andere Zeit, zu einem anderen Ort, in ein anderes Leben ... Steige langsam hinab ... Sieh dir genau an, was um dich herum ist ... Nimm dir zehn Minuten Zeit, um zu erforschen, wo du dich befindest. Greife jetzt wieder deinen Silberfaden, und steige zum Weltraum hinauf. Komm wieder in dein Zimmer zurück. Laß dir Zeit ... wenn du bereit bist ... schreibe auf, was passiert ist ...

Diese Übung ist sehr intensiv, machen Sie sie am besten unter Anleitung. Um Lebensfragen, die auf ein früheres Leben zurückgehen, besser zu verstehen, muß diese Übung mehrfach gemacht werden. Es ist besser, wenn Sie diese Übung nicht mehr als einmal in der Woche machen, damit Sie Zeit haben, Ihre Erlebnisse zu verarbeiten. Die Übung geht sehr tief, machen Sie sie also vorsichtig.

Zurück zur Geburt

Diese Übung verfolgt einen ähnlichen Zweck wie die vorhergehende und betrachtet Ihre Entwicklung von Ihrer Herkunft her.

Such dir einen ruhigen Ort, wo du mindestens zwanzig Minuten ungestört bist ... Leg dich hin, und lockere deine Kleider ... Atme einige Male tief durch, und entspanne deinen Körper ... Wende deine Aufmerksamkeit nach innen und nach unten ... Sinke tief in dich hinein ... tiefer und tiefer ... Stell dir dich selbst als zehnjähriges Kind vor ... Stell dir die Kleidung vor und den Haarschnitt, den du damals hattest, erinnere dich daran, was du damals getan hast ... Versuche, ein ehrliches Bild von dir zu bekommen ... Geh dann noch einmal zehn Jahre zurück ... Nimm dir die Zeit, dieses Alter wirklich zu fühlen ... Denk dich zurück in die Zeit, als du ein Baby warst, das auf dem Arm getragen wurde ... Fühl dich wie ein kleines Baby ... Und jetzt geh zurück zur Zeit vor deiner Geburt ... Werde dir der Entscheidungen bewußt, die deine Seele vor deiner Geburt getroffen hat ... welche Erfahrungen du gebraucht hast ... welche Lektionen du noch lernen mußtest und welche Hindernisse überwinden ... Nimm dir Zeit genug, alle auftauchenden Fragen zu beantworten ... Komm dann ganz langsam in das Zimmer zurück ... Schreib deine Erfahrungen auf.

Wie die vorherige eröffnet diese Übung eine neue Perspektive auf Ihr Leben und seine Probleme. Sie ist besonders hilfreich, wenn eine wichtige Entscheidung in Ihrem Leben ansteht oder Sie Ihren Weg verloren haben.

Ethik

Mach, was du willst, und schade niemandem.
Alte Wiccan-Weisheit

Eine Freundin ist vergewaltigt worden und bittet sie um Hilfe. Was tun Sie? Jemand ohne Arbeit will verzweifelt einen bestimmten Job und bittet Sie, mit dem Interviewer zu reden, damit sie die Stelle auf jeden Fall bekommt. Erklären Sie sich dazu bereit? Eine verheiratete Freundin entdeckt, daß ihr Mann eine Affäre hat, und bittet Sie, die andere Frau zu verhexen, damit sie aufhört, ihren Mann zu treffen. Ist es erst einmal bekanntgeworden, daß Sie mit Magie zu tun haben, wird eine ganze Schar von Leuten sich bei Ihnen melden und Sie bitten, ja manchmal sogar anflehen, einen Zauber für sie zu wirken. Dabei bringen sie ein ganzes Knäuel von kniffligen ethischen Problemen mit sich. Einige Hexen sagen, sie würden nie für Geld zaubern, andere verdienen ihren Lebensunterhalt damit. Viele Hexen würden nie jemanden verhexen, andere halten es für eine revolutionäre Tat, einen Vergewaltiger zu verhexen. Die christliche Ethik fordert uns auf, auch die andere Wange hinzuhalten und nicht zurückzuschlagen, aber es sind diejenigen, die alle Trümpfe in der Hand halten, die so etwas sagen. Wir müssen also vorsichtig sein, solche Ratschläge allzu schnell zu akzeptieren. Wie aber sieht unsere eigene Ethik aus?

Die feministische Hexe Zsuzsanna Budapest hat die

Frage, ob sie einen Vergewaltiger verhexen würde, für sich entschieden. In einem Artikel, der in dem Magazin *Women of Power* erschien, schreibt sie: »Ich konnte es gar nicht fassen, daß ich völlig aufgeklärten Frauen gegenüber erklären mußte, daß ein Mann, der dich angreift und vergewaltigt, es verdient, verhext zu werden, ohne daß das sich gleich zehnfach an dir rächt.«[4] Sie beschreibt ein Verhexungsritual, das sie und ihr Zirkel bei einem Mann anwandten, der ein Konventmitglied vergewaltigt hatte. Der Mann wurde gefaßt, und es stellte sich heraus, daß er noch sieben weitere Frauen aus der Gegend vergewaltigt hatte. Wir werden so sozialisiert (oder besser: einer solchen Gehirnwäsche unterzogen), daß wir glauben, man könne nichts gegen Vergewaltigung, Gewalt gegen Frauen, Atomkraft usw. tun. Das Patriarchat erzieht uns zur Passivität, damit wir verängstigt und verzweifelt zu Hause bleiben.

Niemand von uns will heiliggesprochen werden, und wir sind alle fehlbar, unsere ethischen Grundsätze sollten deshalb so realistisch wie möglich sein. Meine Erfahrung hat mich gelehrt, daß Rache sich von selber erfüllt. So kreativ man selber auch sein mag, das Schicksal wartet immer mit noch besseren Ideen auf. Aus diesem Grunde suche ich nie Rache, auch wenn ich mich noch so sehr im Recht fühle; ich warte einfach ab. Meiner Erfahrung nach stricken böse gesinnte Menschen immer bereits selbst an ihrem Sturz. Hochmut kommt vor dem Fall. Dies alles gilt sicherlich für die persönliche Ebene; in der Gemeinschaft aber müssen wir unsere Schritte koordinieren, um uns gegen die zu wehren, die uns mißbrauchen.

Es gibt eine Wicca-Tradition, nach der keine Magie für Geld gemacht werden sollte. Geld gilt in unserer puritanischen Kultur als böse. Ich würde dagegen einwenden, daß es von der Einstellung abhängt, die man zum Geld hat. Geld, so versichern uns die Okkultisten, ist nichts als konkretisierte Energie. Das bedeutet, es ist weder gut noch böse. Es ist die Liebe zum Geld, die an der Wurzel des Bösen liegt, nicht das Geld selbst. Wenn Sie großzügig mit Ihrem Geld sind und darin ein nützliches Werkzeug für die Arbeit der Göttin sehen und nicht ein Mittel zur Selbstvergöttlichung oder zur Herrschaft über andere, kann es nur helfen, wenn sie möglichst viel davon besitzen. Ausschlaggebend sind hier die Motive.

Ein weiteres schwieriges Gebiet für die Magie ist die Liebe. Liebeszauber wirken, und zwar besser, als Sie glauben. Verzaubern Sie einen Menschen, um seine Liebe zu gewinnen, und Sie haben einen hoffnungslos vernarrten Liebhaber auf der Matte stehen. Was aber passiert, wenn Sie seiner Liebe überdrüssig werden? Man sollte keine Liebeszauber durchführen, wenn man sich nicht absolut sicher ist ... Und wie könnte man sich jemals sicher sein?

Magie wird am besten nur für allgemeine Zwecke oder für die eigene Entwicklung benutzt. Wenn Sie ein gestörtes Selbstverhältnis haben, machen Sie Zauber, die Ihnen helfen, sich selbst mehr zu mögen. Wir werden nur geliebt, wenn wir uns selber lieben. Wenn jemand Ihnen Schaden zugefügt hat, schicken Sie ihm seine ganze negative Energie zurück, und brechen Sie Ihre Beziehung zu ihm oder ihr ab, indem Sie die Solarplexus-Meditation (Kapitel 11) machen oder Ihr Herzchakra öffnen. Wenn Sie Arbeit brauchen, konzentrieren Sie sich nicht auf einen bestimmten Job, machen Sie einen allgemeinen Zauber, um Arbeit zu finden. Auf diese Weise verfolgen Sie Ihre Interessen, ohne sich in die Fallstricke der Hexerei oder bindender Zaubersprüche zu verstricken. Selbst wenn Sie das Gefühl haben, daß Ihre Freundin dringend Hilfe braucht, und nur das Beste für sie wollen, üben Sie ohne ihr Wissen niemals Magie aus. Sie würde sie nur manipulieren, etwas, das Sie unter allen Umständen vermeiden sollten.

Ehrlichkeit

Nimm dir, was du willst, und bezahle dafür.
Spanisches Sprichwort

Wenn wir lügen und betrügen, werden wir auch von andern belogen und betrogen. Wir sagen nur das Offensichtliche, bezahlen zuwenig Steuern, geben zuviel gezahltes Wechselgeld nicht zurück, klauen Bücher, beziehen Arbeitslosengeld, obwohl wir vielleicht arbeiten könnten, benutzen unsere Freunde, wenn wir sie brauchen, sind aber nicht da, wenn sie unsere Hilfe benötigen. All dies sind Formen von Diebstahl. Egal was wir zu bieten haben, Geld, Güter, Energie – eine Göttinnen-Ethik verlangt, daß wir für das, was wir uns nehmen, auch bezahlen. Wir müssen die Verantwortung übernehmen und ehrlich sein, aufbegehren, wenn wir eine Ungerechtigkeit miterleben, offen unsere Interessen vertreten und unsere eigenen Fehler und Schwächen eingestehen. Das kann sehr schmerzhaft sein und wird oft als destruktiv angesehen, aber in einer echten Beziehung und einer wirklich gesunden Gemeinschaft brauchen wir ein Gefühl von Vertrauen, so unbequem und schwierig dies manchmal ist. Offene, konstruktive Kritik wirkt oft befreiend, während Tratsch und Verleumdung verheerend sein können. Ersteres entspringt aus einem Gefühl der Liebe, letzteres zielt auf Spaltung und Machtaneignung. Wer tratscht, unterstützt eine Ethik, die Außenseiter und Unehrlichkeit produziert. Der konstruktiven Kritik liegt eine Haltung zugrunde, die primär auf Beziehungen und Kommunikation setzt. Tratsch demütigt und schwächt, wo konstruktive Kritik dem anderen neue Möglichkeiten eröffnet. Ehrlichkeit gibt, Unehrlichkeit nimmt, gleichgültig in welcher Form. Wenn wir in einem Geschäft stehlen, wen bestehlen wir da eigentlich? Die anderen in der Gemeinschaft. Der Geschäftsführer leidet nicht darunter, die Preise decken den Ladendiebstahl ja ab. Wir können dem profitgeilen Kapitalisten schlecht vorwerfen, daß er unseren Planeten zerstört, wenn wir uns selber nicht aufraffen können, Papier und Glas zu recyceln oder aus Bequemlichkeit in Plastik eingepackte Waren kaufen. Wenn wir aggressiv sind oder autoritär und einschüchternd, unterscheiden wir uns nicht wesentlich von einem bewaffneten Soldaten. Was uns zum nächsten Punkt, der Harmlosigkeit, bringt.

HARMLOSIGKEIT

Harmlos zu sein bedeutet nicht, daß wir uns nicht verteidigen können oder unsere Rechte nicht wahren wollen. Wir sind dadurch nicht zu nachgiebig oder leicht zu manipulieren. Der Wille zur Harmlosigkeit ist ein integraler Bestandteil des Glaubens an die Gemeinschaft und die Immanenz. Wenn wir wirklich alle verwandt und voneinander abhängig sind, schaden wir uns selbst, wenn wir anderen Schaden zufügen. Aggressionen und Gewalt pflanzen sich ebenso fort wie Liebe und Mitleid. Welche der beiden Möglichkeiten wollen wir? Wir verkörpern Harmlosigkeit, wenn wir den Menschen Raum lassen, wenn wir ihnen wirklich zuhören und sie respektieren, wenn wir kritisieren, aber konstruktiv kritisieren, wenn wir die Auseinandersetzung mit ihnen suchen und nur in Übereinstimmung mit ihnen handeln. Wir sind harmlos, wenn wir neues Wachstum, Veränderung, Freiheit in den persönlichen Dingen fördern. Aber harmlos zu sein ist keine leichte Angelegenheit. Es verlangt Mut und lange, harte Arbeit. Harmlosigkeit verlangt, daß wir die Dinge so belassen, wie sie waren, bevor wir kamen; wir reparieren und verbessern, wir lassen los und verabschieden uns. Harmlosigkeit hat weniger damit zu tun, einer alten blinden Frau über die Straße zu helfen, als vielmehr, unserer eigenen inneren Blindheit abzuhelfen, damit wir andere nicht verletzen. Manchmal verlangt die Harmlosigkeit von uns, daß wir aggressiv werden, ein anderes Mal, daß wir weggehen, damit wir unser Gemüt abkühlen. Harmlos zu sein bedeutet, den Standpunkt des anderen zu sehen und zugleich die eigene Position nicht aufzugeben. Harmlosigkeit entspringt einem wirklichen Gefühl für unseren eigenen Wert und für unseren göttlichen Kern, der nicht die Macht über andere braucht, weil er seine eigene innere Kraft spürt.

DIENEN

Dienen bedeutet anderen helfen, ihren Willen an die erste Stelle setzen, für sie aktiv werden. Wir dienen, wenn wir eine kranke Freundin anrufen, Protestbriefe schreiben, Abfall aufheben, ein öffentliches Amt bekleiden, gute Klempner sind oder in unserer Gemeinde ein Netzwerk aufbauen. Die meisten von uns haben eine völlig verkehrte Vorstellung vom Dienen, die von den Verdrehungen der Kirche herrührt, die im Dienen eine großzügige Gabe an das hilflose und unaufgeklärte Volk sah, das ihr dafür dankbar sein mußte. Wenn Sie dienen und sich dabei moralisch überlegen vorkommen oder wenn Sie dadurch Macht über andere erhalten wollen, statt freudig und ohne Aussicht auf Belohnung zu geben, stehen Sie in der Tradition der orthodoxen Theologie. Wahres Dienen gibt freiwillig, ohne Hintergedanken, und, was vielleicht das Wichtigste ist, es will den anderen stärken und ihm zur Autonomie verhelfen. Abhängigkeit korrumpiert und raubt die Kraft. Dienende hören den Bedürftigen zu und geben ihnen, was sie verlangen, nicht das, was sie selbst für das Richtige halten. Auch das Dienen beruht auf dem Prinzip der Immanenz: Wenn wir anderen helfen, wird auch uns in Zeiten der Not geholfen. Dies ist Göttinnen-Logik. Ich habe sie schon oft bei mir und anderen wirken sehen. Normalerweise sind die Leute, denen ich helfe, nicht diejenigen, die mir dann später helfen, aber ich führe da nicht Buch. Wenn mir geholfen wird, gleichgültig von wem, ist die Hilfe für mich das Entscheidende, nicht die Identität des Helfers. Offenherzige, großzügige Menschen ernten die Früchte ihrer Handlungen, während Selbstopfer und Pflichtgefühl das Prinzip des Dienens zerstören. Die Verneinung selbstischer Interessen führt zu Schmerzen und Konflikten, die Transzendierung oder Verwandlung dieser Interessen dagegen befreit. Man gibt sich selbst am meisten, wenn man anderen gibt. Dies ist das Paradox. Wer nur darauf aus ist, sich selber zu versorgen, zementiert unsere trennende, individualistische Weltanschauung und fördert die Entfremdung, so befriedigend der Kurzzeiteffekt zunächst auch sein mag. Wer dagegen Dienst tut, indem er andere versorgt, sorgt auf einer tiefen Ebene für uns alle.

> Möge die Macht des einen Lebens
> durch die Hände aller wahren Diener fließen.
> Möge die Liebe zur einen Seele
> das Leben aller bestimmen,
> die den Großen zu helfen suchen.
> Möge ich meinen Teil in der einen Arbeit leisten, durch
> Selbstvergessenheit, Harmlosigkeit
> und wahre Rede.[5]

10
ZAUBERKRAFT

Was ist ein Zauber? Ein Zauber ist »jede Art von magischer Handlung, die auf die physische Welt wirken will«, so definiert Robin Skelton in seinem Buch *Spellcraft*.[1] Websters Wörterbuch beschreibt einen Zauber als »einen Zustand der Verzauberung, eine starke, zwingende Beeinflussung oder Anziehung«.[2] Mary Daly dringt in ihrem Buch *Intergalactic Wickedary* noch tiefer in das Problem ein: der Zauber ist »ein gesprochenes, gesungenes oder geschriebenes Wort oder eine Wortfolge, deren magische Kraft weise alte Frauen kennen«.[3]

Jedes Kind weiß, daß ein Zauber wirkt, wenn man seine Augen schließt und dem Wind oder den Sternen etwas zuflüstert. Erwachsene brauchen eher komplexe, detaillierte und aufwendige Zauberhandlungen, um an ihre Wirkung zu glauben. Suchen Sie sich Ihren eigenen Stil aus. Hexen decken die gesamte Spanne vom kindlichen bis zum komplexen, ritualistischen Zauber ab, aber alle erfolgreichen Zauber haben eines gemeinsam: den festen Willen.

DER FESTE WILLE

Die Qualität und Quantität der Emotionen und Gedanken, die wir in einen Zauber legen, bestimmen seine Wirkung. Liebe, Haß, Wut, Eifersucht, Neid und Freude – Gefühle dieser Art fokussieren Herz und Geist in geradezu unglaublichem Maße. Wenn man liebt oder eifersüchtig ist, gibt es keinen Platz mehr für andere Gefühle oder Menschen. Wir leben dann in einer Gefühlsblase, die für andere nahezu undurchdringlich ist. Um einen Sturm hervorzurufen oder eine kranke Frau zu heilen, bedarf es allergrößter Konzentration. Man darf also keine Zweifel haben; man muß sich über das, was man erreichen will, im klaren sein und alle störenden Gedanken und Gefühle beiseite tun, um die Aufmerksamkeit ganz auf diese Aufgabe konzentrieren zu können. Ist es nur ein Wunsch, den Sie haben, oder ein wirkliches Bedürfnis? Vertun Sie sich nicht. Wünsche und Neigungen sind, wie Buddha lehrt, die Ursache alles Leidens. Wollen Sie also diesen Liebhaber wirklich? Oder diesen Job? Diese Vergeltung? Besprechen Sie es mit Menschen, die Sie gut kennen. Ihre besten Freunde werden Ihnen, wenn sie wirklich Ihre Freunde sind, sagen, ob Sie richtig liegen.

Vielleicht kann eine Erfahrung, die ich zu Beginn meiner Ausbildung gemacht habe, das, was ich sagen will, illustrieren. Ich hatte damals eine Beziehung zu jemandem, der mich dann, wie ich damals glaubte, sehr verletzte. Er stammte aus einer völlig anderen Kultur und hatte großen Respekt, ja geradezu Angst vor der Hexerei. Jedenfalls schien er mir damals reif für ein bißchen Magie, und ich beschloß, den Vollmond abzuwarten und Rache an ihm zu nehmen. Der Vollmond ist für mich der wirkungsvollste Mond, weil ich in seinem Zeichen geboren wurde. An dem betreffenden Abend hatte ich in einem Bildungszentrum einen Gesundheitskurs für Frauen, und ich mußte danach eine lange, gerade Straße bis zu meiner Bushaltestelle gehen. Es war wirklich ein langer Weg, etwa eine halbe Stunde. Der Mond hing tief am Himmel; es war ein rotgoldener, riesiger Vollmond im Herbst. Er stand die ganze

Zeit, während ich diese Straße hinunterging, direkt vor mir. Ich konnte ihm gar nicht ausweichen. Ich begann, über das Ritual nachzudenken, das ich mir ausgedacht hatte. Obwohl ich unter seinem Zeichen geboren wurde und mir seine Energie sehr vertraut ist, fühlte ich mich an diesem Abend in seinem Licht unwohl. Das war völlig ungewöhnlich für mich. Ich ging weiter die Straße hinunter und wurde mir, was mein Vorhaben betraf, mit jedem Schritt unsicherer. Ich ging in mich und entdeckte, daß ich im Grunde nicht diesem Mann, sondern mir selbst Vorwürfe machte, weil ich so unrealistische Erwartungen gehabt hatte. Je mehr ich darüber nachdachte, desto klarer wurde mir, daß ich mir in der Schuldfrage überhaupt nicht sicher war. Wir hatten beide schuld. Meine Lust auf Rache war vorbei. Als ich am Ende der Straße angekommen war, wußte ich, daß ich ihn verhexen konnte. Ich hatte die Macht dazu, sicher, aber dieses Wissen bedeutete zugleich, daß ich meine Macht nicht mehr zu benutzen brauchte. Ich hatte eine wichtige Lektion gelernt. Als ich nach Hause kam, sammelte ich alle Utensilien für das Ritual ein und verbrannte sie. Auf diese Weise reinigte ich sie und warf sie dann in einen nahe gelegenen Fluß. Als ich sie ins Wasser gleiten ließ, sandte ich ihm die negativen Energien zurück, die er mir geschickt hatte, und schloß Frieden mit ihm. Das war eine Magie ohne allen Zauber und für mich eine wichtige Erfahrung.

Ich betrachte das Zaubern als einen Lernprozeß, in dem uns nicht nur etwas über die Magie, sondern auch über uns selbst verraten wird. Alles kann mit Magie erreicht werden, genauso wie der eigene Glaube und die Konzentration Berge versetzen können. Betrachten Sie die Ergebnisse Ihrer Magie genau. Sie werden verstehen, was Ihre Bedürfnisse sind und wie Ihre Wünsche diese Bedürfnisse fördern oder ihnen im Weg sind. Wenn Sie einen Samen säen wollen, müssen Sie natürlich auch für die richtigen Bedingungen sorgen, die er zum Wachstum braucht: die richtige Umgebung, Temperatur, Wasser usw. Dann aber müssen Sie den Samen in Ruhe lassen, damit er nach seinem Willen wachsen kann. Ihn von Zeit zu Zeit auszugraben, um nachzusehen, ob er Wurzeln gefaßt hat, hilft ihm nicht. Im Gegenteil, es würde die Pflanze vermutlich töten. Zauber funktionieren nach dem gleichen Prinzip. Bereiten Sie den Boden, nähren Sie ihn, und lassen Sie ihn dann in Ruhe! Vergessen Sie ihn, und machen Sie mit Ihrem normalen Leben weiter. Wenn er Wurzeln faßt, so ist es der Wille der Göttin, und wenn er es nicht tut, ebenfalls.

Ich bespreche im folgenden sechs verschiedene Zauber: Segnungszauber, Schutzzauber, Liebeszauber, Zauber für Gesundheit, Arbeit und Geld. Ich habe festgestellt, daß diese die meisten Lebensbereiche abdecken und am gefragtesten sind.

SEGNUNGSZAUBER

Möge das Licht in deiner Lunge zur Süße reifen
möge deine Zunge leuchten

Mögest du deinem Leib dankbar sein
für all die Vergehungen an ihm
die er dir verzeiht
möge dein Leib dir Freude bereiten
und dein Geist seine Formen akzeptieren
und dich durch Gefahren und Freuden führen

Mögest du dich so lieben
wie du geliebt wirst

William Pitt-Root[4]

Dies ist einer meiner beliebtesten Segnungszauber; er enthält für mich alle wichtigen Elemente. Geist, Körper und Gefühle werden auf eine nicht-wertende Weise gesegnet.

Einer meiner eigenen Segenszauber ruft die Göttin an:

Segne dieses Haus
und alle, die in seinen Mauern wohnen.
Mögest du hier wachsen und gedeihen
und nach der alten Weise weise werden.
Möge dein Geist sich erheben
und deine Fülle wachsen.
Mögen die Lerchen des Himmels
und die Engel der Tiefe
dich umfangen und schützen
vor allem Bösen.
Beschütze dieses Haus.

Segnungsritual

Nehmen Sie an einem Freitagabend, nachdem der Abendstern aufgegangen ist, ein Bad mit einigen Tropfen Sandelholz. Trocknen Sie sich danach ab, und salben Sie Stirn, Hals, Herz und Schoß mit Moschusöl, zünden Sie eine weiße Kerze an, und sprechen Sie folgende Worte:

Ich segne meinen Körper in seiner reinen Gestalt.
Ich segne meinen Verstand in seiner Schönheit.
Ich segne mein Herz in seiner Überfülle.
Ich segne meinen Geist, der mich jetzt ausfüllt.

Wiederholen Sie dies dreimal.

SCHUTZZAUBER

Weißes Licht schützt. Immer wenn ich mich draußen bedroht fühle, hülle ich mich in ein weißes Licht ein; es wirkt immer. Wenn ich mit der U-Bahn fahre oder auf den Bus warte und irgend so ein Idiot mich anstarrt, stelle ich mir einen großen Spiegel zwischen uns vor, in dem er sein eigenes krankes Selbst sehen kann. Es hat bisher immer funktioniert! Solche armseligen Idioten ziehen immer ab … sie können es nicht ertragen, ihr eigenes Spiegelbild zu sehen. Das Stadtleben macht es für mobile Frauen unerläßlich, sich selbst, ihr Haus und ihr Auto zu schützen. Welche Art von Schutz Sie auch wählen, lassen Sie Wut und Zorn sein Fundament sein. Wut ist durchaus angebracht, denn wir müssen uns gegen Männer verteidigen, die sich nicht unter Kontrolle haben und fest entschlossen sind, Unheil anzurichten.

Ich möchte noch die Erlebnisse von zwei Freundinnen anführen, die die Macht der schützenden Magie gut illustrieren können. Die erste fuhr einmal spätabends auf dem Topdeck eines Busses. Es war in einer ziemlich verrufenen Gegend der Stadt. Sie war ganz allein in dem Bus, als fünf oder sechs Jugendliche einstiegen. Kurz vorher war eine Frau von einer ähnlichen Jugendbande ermordet worden. Als meine Freundin aussteigen wollte, versperrten die Jugendlichen ihr den Weg. Sie sah sie an, und die Jugendlichen begannen, ihr Beleidigungen an den Kopf zu werfen. Sie wurden immer ausfallender, nannten sie Hexe, Schlampe usw. Schließlich drohten sie ihr, sie zu töten. Meine Freundin stellte sich vor, eine große Schlange zu sein, eine Kobra, glaube ich, und sah die Jugendlichen mit glasigem Blick an. Sie hörten nicht auf, sie zu verhöhnen, aber sie blieb völlig unbewegt. Allmählich verließ die Dreistigkeit die Jugendlichen, und sie wurden unsicher.

Schließlich ließen sie meine Freundin kleinlaut an sich vorbeigehen und aus dem Bus steigen.

Eine andere Freundin stieg an einem verlassenen Bahnhof aus einem Zug. Ein Mann stieg ebenfalls aus. Er versuchte, ein Gespräch mit ihr zu beginnen, aber sie ignorierte ihn. Daraufhin blockierte er den Eingang und bedrohte sie. Sie hüllte sich in ein weißes Licht ein. Er schreckte zurück. Als er versuchte, ihre Tasche zu greifen, schreckte er erneut zurück. Sie blieb standfest ... Es schien, als versuchte er, gegen ihre Energie anzukämpfen und sie zu packen, aber es gelang ihm nicht. Schließlich stürzte er fluchend davon.

Diese Berichte zeigen, daß der Schutzzauber tatsächlich wirkt, *aber man braucht einen unbeugsamen und festen Willen, um erfolgreich zu sein.* Wie ich schon gesagt habe, sind Wut und Zorn eine gute Basis für einen Schutzzauber. Wenn ich mein Haus für längere Zeit verlasse, versiegele ich Türen und Fenster mit weißem Licht. Auch die Fronttüre versiegele ich von außen mit den Worten:

> Möge kein Leid über diese Schwelle kommen.
> Möge mein Haus sicher bleiben,
> innen und außen.
> Behüte es.

Reinigen des Hauses

Wenn Sie in ein Haus einziehen und dort negative Energien von Ihrem Vorgänger vorfinden, gibt es da ein einfaches Reinigungsritual, das mit diesem Problem fertig wird. Benutzen Sie dieses Ritual auch, wenn jemand in diesem Haus krank war oder dort Spannungen geherrscht haben. Stellen Sie in jedem Zimmer, das gereinigt werden soll, eine blaue Kerze auf, die auf einer Untertasse befestigt ist. Stellen Sie nun die Kerze auf ein großes Stück Zeitungspapier, und zeichnen Sie mit Meersalz einen Kreis um die Kerze. Zünden Sie die Kerze an, schließen Sie die Tür, und lassen Sie die Kerze brennen. Prüfen Sie von Zeit zu Zeit nach, ob sie noch sicher steht. Wenn sie ganz runtergebrannt ist, sammeln Sie das Papier ein. Achten Sie darauf, daß Sie nicht ein einziges Salzkorn verstreuen. Bringen Sie das Ganze zu einem fließenden Wasser, werfen Sie alles hinein, und gehen Sie fort, ohne sich noch einmal umzudrehen.

Sie können dazu auch Sandelholz-Weihrauch verbrennen, um die Reinigungswirkung zu erhöhen.

LIEBESZAUBER

Bei Liebeszauber ist unbedingt Vorsicht geboten. Sehr oft ist das, was wir wollen, nicht mit dem identisch, was wir auch tatsächlich brauchen. Dies gilt in ganz besonderem Maße für Liebe und Lust. Seien Sie also vorsichtig. Ich persönlich würde keinen Liebeszauber machen, um eine Person an mich zu binden. Ich werde einer Sache schnell überdrüssig und kann mir nichts Schlimmeres vorstellen als eine liebeskranke Seele, die mir ständig nachläuft. Liebeszauber können auch schrecklich danebengehen, wenn das Objekt Ihrer Liebe Sie nun absolut nicht will. Wenn Sie einsam sind und einen Liebhaber oder Partner suchen, rate ich Ihnen, sich auf sich selbst zu konzentrieren. Lieben Sie sich selbst, und die Liebhaber werden in Supermärkten oder an Bushaltestellen unverhofft auf Sie zutreten.

Machen Sie sich ein ungefähres Bild von dem, was Sie von einem Liebhaber erwarten. Halten Sie Ihr Bild aber flexibel und offen. Eine Freundin von mir erstellte einmal eine Liste, in der alles bis ins letzte Detail aufgeführt war. Und tatsächlich tauchte der Traummann auch auf und brachte alle gewünschten Eigenschaften mit – nur leider eben auch eine Frau. Diesen Aspekt hatte meine Freundin nicht auf ihrer Liste gehabt, er ließ die Attraktivität ihres Traummannes doch erheblich in den Keller sinken.

Der oben aufgeführte Segnungszauber ist ein ganz guter Anfang. Beginnen Sie also mit ihm, und überlegen Sie sich danach alle Qualitäten, die Sie Ihrem Liebhaber zu bieten haben: Mitgefühl, Humor, Wärme usw. Fühlen Sie sich in diese Qualitäten hinein. Werden Sie mit Ihrer ganzen Person zum Prinzip der Liebe und des Atmens, und halten Sie das Gefühl, so lange es geht. Wiederholen Sie diesen Prozeß ein- oder zweimal, und spüren Sie, wie die Liebe aus Ihnen herausbricht und sich ausbreitet. Sie können diese Übung, wenn Sie wollen, jeden Freitag (dem Tag der Venus) wiederholen. Denken Sie zwischen diesen Tagen nicht mehr daran. Lassen Sie es ruhen.

Heilungs- und Gesundheitszauber

Gesegnet ist dein Körper,
stolz und stark.
Gesegnet ist dein Herz,
das treu dir dient.
Gesegnet ist dein Bauch,
der dein Essen trägt.
Gesegnet deine Füße,
so leicht beschuht.

Krankheit kann uns an den Rand der Verzweiflung bringen. Eine ernste und kraftzehrende oder sogar lebensbedrohliche Krankheit führt unausweichlich zu Angst und Wut. Wie reif unsere Theorien über Leben und Tod auch sein mögen, angesichts unserer Sterblichkeit gewinnt die Angst die Oberhand. Vielleicht wird der Tod von schwerkranken und alten Menschen begrüßt, die genug vom Leben haben, aber normalerweise stößt er auf Abwehr, Angst und Hilflosigkeit. Ich rate Ihnen, sich an eine Gruppe oder einen Freund zu wenden. Vielleicht ist das ja auch schon der erste Schritt in Ihrem Heilungsprozeß: die Demut zu besitzen, um Hilfe zu bitten, das Eingeständnis, daß Sie nicht alles unter Kontrolle haben und nichts in Ordnung ist.

Manchmal fühlen wir uns nicht wirklich krank, sondern irgendwie unwohl und schlapp. In einem solchen Moment wünschen wir uns oft einen Zauber, der uns wieder aufpäppelt.

Zünden Sie an einem Sonntagmorgen eine goldene Kerze an, und sprechen Sie:

> Sonne! Sonne! Schein auf mich.
> Gieße deine goldene Wärme über mich.
> Fülle jede Zelle und Pore
> mit deinem lebenspendenden Licht.
> Bade mich in deinen Strahlen,
> belebe mich,
> laß dein feuriges Wesen
> meinen Geist erfrischen,
> damit er so strahle wie du.

Genießen Sie eine Zeitlang die Sonnenstrahlen. Oder malen Sie sich aus, wie die wohlige Sommersonne Ihre Niedergeschlagenheit überwindet und Sie belebt. Wiederholen Sie diesen Zauber, wenn nötig, an den nächsten Sonntagen. Wer im dunklen Norden lebt, sollte seine innere Sonne scheinen lassen, um den Sonnenmangel der Wintermonate auszugleichen, und sein inneres Feuer gegen die äußere Kälte setzen. Gelbe und orangefarbene Blumen können helfen, den Mangel an Feuer visuell zu kompensieren; dies gilt auch für das Tragen von leuchtenden Farben, feuerrote, gelbe und orangefarbene Kerzen und bestimmte Öle wie Orange, Zimt und Ingwer.

Heilrituale

Einige Hexen arbeiten in Heilgruppen, die sich zu Neu- oder Vollmond treffen und Rituale für kranke Frauen abhalten. Normalerweise werden diese Rituale durch Kräuter, Massagen und andere lebensfördernde Heiltechniken unterstützt. Das Ritual kann für die Kranke zu einer kathartischen Erfahrung werden, die ihr eine Einsicht in ihre Krankheit gewährt oder ihr eine sanfte Heilung und nährende, fördernde Energien gibt. Hexen, die allein arbeiten, machen Rituale mit der Einzelperson oder auch in Abwesenheit der Kranken.

Die Gruppe bildet einen Kreis um die Person, die geheilt werden soll. Dann werden eine Heilgöttin, die vier Elemente u. ä. angerufen.[5] Lassen Sie einen Kraftkegel entstehen, und bitten Sie die Göttin um Heilung für die Frau, deren Name an dieser Stelle genannt werden sollte. Sie sitzt in der Mitte des Kreises. Die Konventmitglieder können sie jetzt berühren, um die Kanalisierung der Heilenergie, die sehr stark werden kann, zu verstärken. Die Gruppe wartet, bis sie das Gefühl hat, daß die Heilung abgeschlossen ist, und die geheilte Person tritt zur Seite, um der nächsten Frau Platz zu machen. Wenn die Konventmitglieder das Gefühl haben, selber Heilung zu benötigen, treten sie nacheinander in den Kreis, um die heilende Energie zu erhalten. Diejenigen, die dem Heilungsprozeß unterworfen waren, können das Bedürfnis haben, über ihre Erfahrungen mit der ganzen Gruppe oder mit einem einzelnen Konventmitglied zu reden. Diesem Wunsch sollte entsprochen werden. Danken Sie abschließend der Göttin und den vier Elementen, und lösen Sie den Kreis auf.

JOBZAUBER

In Zeiten hoher Arbeitslosigkeit suchen gerade Frauen gutbezahlte Jobs; die Hexerei kann ihnen helfen, Arbeit zu finden. Denken Sie immer an den unbeugsamen festen Willen, dann wird die Magie auch in noch so hoffnungslos erscheinenden Situationen helfen. Alles, was Sie brauchen, ist Konzentration und das echte Bedürfnis, eine Arbeit zu finden. Arbeitslosigkeit führt zu Versagensgefühlen, Selbstmitleid und Selbstverachtung, da die Gesellschaft uns nur nach unserer bezahlten Arbeit beurteilt. Ohne Arbeit sind wir in ihren Augen wertlos, ja Unpersonen. Für manche sind die Zeiten der Arbeitslosigkeit eine Gelegenheit, zu studieren, auszuruhen, ihr Leben neu zu überdenken und zu verändern. Andere, die mit staatlicher Unterstützung nicht über die Runden kommen, wie z. B. Frauen mit Kindern, brauchen das Geld, da sie die Verantwortung für andere tragen. Die Arbeit am eigenen Selbstbewußtsein ist der erste unabdingbare Schritt, der andere dazu veranlassen kann, so viel von uns zu halten, daß er uns eine Arbeit gibt. Vielleicht reicht dieser Schritt sogar schon aus. Hexen arbeiten deswegen am Selbstbewußtsein. Frauen haben häufig ein geringes Selbstwertgefühl, unterschätzen ihr Können und akzeptieren aus Mangel an Selbstachtung zu niedrige Löhne. Niemand kann Ihnen Selbstachtung geben, aber es kann sie Ihnen auch niemand nehmen. Sie kann untergraben werden, aber wenn sie gesund ist, kommt sie wieder. Sie brennt in uns weiter. Selbstachtung kommt aus der Selbstliebe.

Nehmen Sie sich dreißig Minuten, in denen Sie ungestört sind, und legen Sie zwei Blätter vor sich hin. Auf das eine Blatt schreiben Sie in roter Farbe alles auf, was Sie an sich selber mögen: Ihre Fähigkeiten, Talente, Ihre guten Qualitäten. Lassen Sie sich ruhig gehen, grasen Sie das ganze Spektrum vom Lächerlichen zum Erhabenen ab, und notieren Sie alles, was Ihnen gefällt. Nehmen Sie nun das zweite Blatt, und notieren Sie in schwarzer Farbe alles Schreckliche und Unangenehme, was Ihnen zu Ihrer Person einfällt. Dies fällt erfahrungsgemäß sehr viel leichter, und Sie könnten ein zweites Blatt benötigen. Legen Sie los, notieren Sie alle schlechten Eigenschaften, Schwächen, Eitelkeiten, alles, was Ihnen schlecht erscheint. Wenn Sie fertig sind, legen Sie beide Blätter vor sich hin. Zünden Sie eine weiße und eine blaue Kerze an, und sprechen Sie:

> Mutter, hier sind meine guten Seiten
> (Lesen Sie sie laut vor),
> und hier sind meine Schwächen
> (Lesen Sie wieder laut).
> Nur du kennst die Wahrheit.
> Ich brauche Arbeit für meine Talente,
> eine, die auch meine Schwächen berücksichtigt.
> Ich brauche Arbeit, um zu essen.
> Ich brauche Arbeit, um zu leben.
> Ich brauche Arbeit, um deinen Willen zu tun.

Nehmen Sie die beiden Blätter, und verbrennen Sie sie in der blauen Kerze, ohne sich den Finger, den Teppich oder anderes zu verbrennen. Sammeln Sie die Asche in einer Schale. Tragen Sie sie, wenn Sie möchten ruhig eingepackt, zum nächsten fließenden Wasser, einem Fluß, Kanal oder Meer, und werfen Sie sie hinein. Dabei sprechen Sie:

> Dein Wille geschehe.
> Laß mich Arbeit finden.

GELDZAUBER

Viele Hexen sagen, man soll keine Geldzauber machen. Ich persönlich glaube, es hängt ganz davon ab, wofür man das Geld benutzen will. Wenn man materielle Dinge kaufen will, ist der Geldzauber wohl wirklich keine so gute Idee, aber wenn man das Geld für eine wichtige Ausbildung oder eine Reise, die man machen muß, benötigt, sehe ich keine Einwände. Wie ich oben schon gesagt habe, ist Geld neutral; es ist die *Liebe* zum Geld, die an der Wurzel allen Übels liegt. Wenn man Geldzauber macht, um die Zwecke der Göttin zu fördern, nimmt man dem Bösen (dem Patriarchat) damit gleichzeitig ein wichtiges Mittel und läßt es dem Guten zukommen. Entscheidend sind hier Ihre Motive. Werden Sie sich also über Ihre Motive klar. Wenn sie angemessen sind, wird das Geld auch kommen.

Zünden Sie an einem Sonntagmorgen eine Kerze an, und sprechen Sie:

> Göttin der Fülle,
> Bringerin des Vollen.
> Ich bitte dich jetzt.
> Höre meine Bitte.
> Ich brauche Geld, um … (Nennen Sie den Zweck).
> Erhöre mich,
> Göttin der Fülle.

Visualisieren Sie nun das Geld als eine goldene Substanz, die für Ihr Projekt oder Ihren Zweck benutzt wird. Seien Sie exakt, beobachten Sie genau, wie das Geld ausgegeben wird, und konzentrieren Sie sich darauf, was damit erreicht wird. Wiederholen Sie das jeden Sonntag, bis es nicht mehr nötig ist.

11
DIE ENTFALTUNG ÜBERSINNLICHER FÄHIGKEITEN

In diesem Kapitel wollen wir uns einige übersinnliche Fähigkeiten ansehen, die die meisten Menschen beherrschen könnten und die entscheidend zum Repertoire der Hexen gehören.

VISUALISIERUNG (WEGBEREITUNG)

Es gibt einen okkulten und zugleich psychologischen Allgemeinplatz, der besagt, daß nichts realisiert werden kann, was nicht auch visualisiert werden kann. Roberto Assagioli[1] stellte viele detaillierte Studien im Bereich der Visualisierung an. Zwar waren sie im Prinzip eher psychologischer Natur, doch Psychologie und Magie haben eine Menge gemeinsam – auch wenn einige Psychologen dies bestreiten würden. Assagioli stellte eine Reihe von Gesetzen der Visualisierung auf, von denen einige im folgenden aufgeführt werden:

1. Bilder und Ideen schaffen sich die Bedingungen und äußeren Handlungen, die ihnen korrespondieren.
2. Einstellungen, Bewegungen und Handlungen produzieren Bilder und Ideen.
3. Ideen und Bilder wecken die Emotionen und Gefühle, die ihnen korrespondieren.

4. Diese Emotionen und Gefühle ihrerseits verstärken die ihnen korrespondierenden Bilder und Ideen.

Assagioli glaubt also, daß Ideen und Bilder unsere Gefühle speisen und umgekehrt auch von ihnen gespeist werden, so daß ein geschlossener Kreislauf entsteht. Je mehr wir an eine Sache denken, desto mehr fühlen wir uns von dieser Idee angezogen; und je mehr wir uns von ihr angezogen fühlen, desto größer wird die Wahrscheinlichkeit, daß sie Realität wird; je wahrscheinlicher es ist, daß sie Realität wird, desto mehr fühlen wir uns von ihr angezogen und desto mehr denken wir in der Folge auch an sie. Impulse und Bedürfnisse wollen sich mitteilen, entweder durch direkte Handlungen oder indirekt durch symbolische Handlungen. Hier kommt die Magie ins Spiel. Durch die symbolische Handlung, die wir uns vorher überlegt haben, geben wir einem tiefgefühlten Bedürfnis Ausduck. Hexen benutzen Bilder (Visualisierungen), sowohl um ihre innere Welt als auch ihr Verhältnis zur äußeren Welt zu verändern. Visualisierungen werden in allen möglichen Situationen benutzt, aber ihr Hauptzweck ist es, zu einer tieferen Selbsterkenntnis zu verhelfen, was den Alltag reicher und leichter macht.

Visualisierungsübung:
Den inneren Lehrer finden

Nehmen Sie sich für die folgende Übung zwanzig Minuten Zeit. Suchen Sie sich einen Ort, an dem Sie ungestört sind. Nehmen Sie die Meditation vorher auf, oder machen Sie sie in einer Gruppe oder zusammen mit einem Partner.

Leg dich auf den Boden, lockere die Kleidung, und entspanne dich ... Laß den Boden dein Gewicht tragen, und atme einige Male tief durch, um alle Spannungen in deinem Körper zu lösen ... Stell dir vor, du bist auf einer Wiese. Es ist ein warmer Sommertag. Betrachte die Pflanzen um dich herum, fühle die leichte, warme Brise auf deiner Haut ... Am Ende der Wiese befindet sich ein Tor. Geh auf das Tor zu, und betrete die andere Seite ... Dort befindet sich ein Weg. Sieh dir den Weg an, und entscheide, ob du ihn gehen willst. Wenn ja, folge seinem Lauf ... Er schlängelt sich allmählich einen Berg hinauf ... Achte auf alles, was dir auf dem Weg begegnet, Pflanzen, Tiere, die Konsistenz der Luft ... Du gehst langsam den Berg hinauf, die Sonne scheint noch. Nimm dir Zeit, geh dein eigenes Tempo ... Du näherst dich dem Gipfel und bemerkst, daß die Luft jetzt klarer, reiner wird, und irgendwoher kommt der schwache Klang von Musik ... Du kommst dem Gipfel immer näher, und gleichzeitig wird die Musik immer lauter, sie hört sich an wie das Plätschern von Wasser einer Quelle ... Schließlich erreichst du den Gipfel. Du gehst durch einen Torbogen und gelangst auf einen Tempelhof, in dessen Mitte sich eine Quelle befindet ... Du machst an der Quelle halt, um dich auszuruhen ... In diesem Moment siehst du eine Gestalt auf dich zukommen ... Es ist dein innerer Führer. Begrüße sie (oder ihn), und höre zu, was sie dir zu sagen hat ... Du kannst sie alles fragen, was du willst ... Laß dir Zeit, sie kennenzulernen ... Mach zehn Minuten Pause – laß sich das Bild entfalten, ohne es bewußt zu beeinflussen ... Werde dir dann bewußt, daß es Zeit ist zu gehen ... Deine Führerin wird dir ein Abschiedsgeschenk machen und dir versichern, daß du jederzeit zu ihr zurückkehren kannst ... Geh nun mit dem Geschenk langsam wieder den Berg hinunter zur Wiese zurück ... Öffne dann die Augen, und komm ins Zimmer zurück. Schreib deine Erfahrung auf.

Die Person, die Ihnen begegnet ist, ist Ihre innere Lehrerin, die Ihnen Hilfe gibt, wenn Sie sie benötigen, und Ihnen Klarheit in schwierigen Fragen verschafft. Je öfter Sie sie besuchen, desto tiefer wird Ihr Verhältnis werden.

Sie kann Ihnen in äußerst praktischen und zutiefst esoterischen Fragen Hilfestellungen geben.

Die Visualisierung kann auch bei der Traumanalyse oder bei körperlichen Problemen, die Sie nicht verstehen, sehr wertvolle Hilfe leisten. Wenn Sie einen Traum bearbeiten wollen, suchen Sie sich einen Aspekt oder eine Person aus diesem Traum aus; werden Sie dieser Aspekt oder diese Person. Sprechen Sie nun, sagen Sie, warum Sie gekommen sind, was Sie brauchen, alles, was Sie loswerden wollen. Bei Schmerzen, zum Beispiel bei Kopfschmerzen, gehen Sie ähnlich vor. Visualisieren Sie den Schmerz, geben Sie ihm eine Farbe oder ein Gesicht, und lassen Sie ihn zu sich sprechen. Der Schmerz will Ihnen etwas sagen; geben Sie ihm eine Stimme. Sie können auch ein Gespräch mit dem Schmerz anfangen ... Experimentieren Sie, seien Sie kreativ.

Wenn Sie erst einmal eine Beziehung zu Ihrem inneren Lehrer aufgenommen haben, können Sie weitergehen und mit subtileren Körpern arbeiten.

DER ÄTHERISCHE KÖRPER UND DIE CHAKRAS

Das Wort *chakra* kommt aus dem Sanskrit und bedeutet »Rad«. Wie das deutsche Wort kann es buchstäblich für das sich drehende Rad oder metaphorisch für das Rad des Schicksals oder auch das Rad des Lebens im Tarotspiel stehen. Die Chakras sind sieben radförmige Energiezentren, die sich im ätherischen Körper, dem Zwilling unseres physischen Körpers, befinden. Die meisten Menschen sind sich nur ihres physischen Körpers bewußt, aber wir besitzen auch einen ätherischen Körper, einen emotionalen oder Astralkörper und einen mentalen Körper sowie eine dominierende Seele, die alles koordiniert. Der ätherische Körper ist ein Energiefeld, durch das wir sowohl mit dem physischen Körper als auch mit den feinstofflichen Energien kommunizieren. Er wirkt zugleich als Filter und Schablone. Er mildert die geballte Ladung der spirituellen Energien ab und paßt sie an die Bedingungen des physischen Körpers an, und er dient zugleich als Schablone, nach der der physische Körper geformt wird. Durch die Läuterung unseres ätherischen Körpers verändert sich mit der Zeit auch unser physischer Körper. Die Lebenskraft kommt aus dem ätherischen Körper und vitalisiert den physischen Körper, sie verleiht ihm regelrecht Farbe. Wenn unsere Lebenskraft niedrig ist, wird unsere Aura bewölkt und matt, und wir wirken körperlich ausgelaugt, grau. Man kann den ätherischen Körper als »Dunst« oder »Leuchten« sehen, das sich um unseren physischen Körper legt.[2] Der ätherische Körper ist hell oder bewölkt, fleckig oder einheitlich, je nach der psychischen oder spirituellen Gesundheit der betreffenden Person. Spirituelle Energien können wie eine Sturzflut durch den Körper gehen oder vor sich hin tröpfeln wie ein Wasserhahn, das hängt ganz davon ab, wie verschlossen oder offen der ätherische Körper und die Chakras selbst sind.

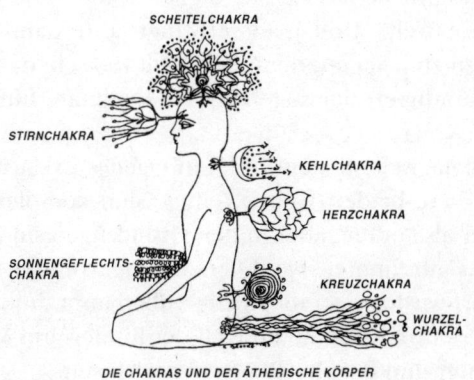

DIE CHAKRAS UND DER ÄTHERISCHE KÖRPER

Die Chakras sind wie kleine Wirbel, die sich drehen und vibrieren. Sie werden oft mit Blumen verglichen. C. W. Leadbeater vergleicht sie mit glockenförmigen Blumen, deren Stämme von der Wirbelsäule abzweigen.[3] Sanskrit-Texte, besonders die von Patanjali,[4] schreiben den Chakras eine bestimmte Anzahl von Blütenblättern zu; vielen ist dies vom Scheitelchakra her bekannt, das als »tausendblättrige Lotusblüte« gilt. Die Blumenmetapher wird ebenfalls benutzt, wenn der Zustand der Chakras beschrieben wird; sie können ganz geöffnet sein oder wie eine Blume in voller Blüte stehen, andere knospen gerade oder sind nur wenig geöffnet. Ob sie nun hell strahlende Lichtzentren oder kleine graue Eindellungen sind, diese sieben Chakras übermitteln und empfangen Energie, die in sieben verschiedenen Formen erscheint.[5]

Das Chakrasystem ist nur eines, das die ätherische Doppelung und die feinstoffliche Welt der Energien erklärt, in der wir wirklich leben. Die Welt, in der wir zu leben glauben, ist nur eine Illusion. Carlos Castanedas Don Juan beschreibt uns als leuchtende Wesen, die untereinander und mit den Dingen durch leuchtende Fasern verbunden sind. Es gibt verschiedene Welten, die Welt des Tonalen, des von Schutzgeistern beherrschten Nagualen, die reale und die illusionäre Welt.[6] Don Juan verbringt Jahre damit, Castaneda dazu zu bringen, die wahre Welt zu »sehen« und die Wahrnehmungen der sogenannten »Realität« hinter sich zu lassen.

Jedes magische System hat sein eigenes Erklärungsmuster für diese beiden Welten, einige sind komplexer und eleganter als andere, aber in den Grundzügen sind sie alle gleich. Es gibt immer zwei Ebenen, eine, von der uns einsuggeriert wird, sie sei die einzige überhaupt, und die andere, die wahre Realität, die Welt der Kinder und Mystiker, der Dichter und Propheten – und der Hexen.

Die Magie findet in dieser zweiten Welt statt, in der auf dem Kopf stehenden Gegenwelt zur realen Realität. Obwohl sie dort nicht als Magie betrachtet wird, sondern als gesunder Menschenverstand und gute Logik. Aber wir sind darauf konditioniert, nur mit unseren Augen zu sehen und allein mit dem mechanistischen Teil unseres Gehirns zu denken. Deswegen ist es wirklich ein hartes Stück Arbeit, sich in dieser anderen, wahren Welt zu bewegen.

Da ein großer Teil unserer esoterischen Lehren während der Hexenverfolgung zerstört worden ist, kommen die Lehren über die wahre Natur der Realität hauptsächlich aus anderen Kulturen, besonders aus dem Osten, aus China, Indien, Tibet. Seit kurzem beziehen wir sie auch von den Ureinwohnern Nord-, Zentral-, Südamerikas und Mexikos. Wie ich im Kapitel über Ethik dargelegt habe, ist die Übernahme spiritueller Traditionen aus anderen Kulturen sowohl politisch, ethisch als auch praktisch gesehen, nicht unproblematisch.

Da ich in der östlichen Tradition ausgebildet bin, werde ich das östliche Paradigma verwenden, in das ich meine eigenen Erfahrungen und Beobachtungen einflechte, die ich in jahrelanger Arbeit mit Workshops, Heilen und Esoterik gewonnen habe.

Es gibt sieben Hauptchakras, von unten angefangen sind es: Wurzelchakra, Kreuz- oder Milzchakra, Sonnengeflechtschakra, Herzchakra, Kehlchakra, Stirnchakra oder Drittes Auge und Scheitelchakra. Es gibt keine definitiven Erklärungen der Chakras, nur Lehren und Interpretationen der Übersetzungen der alten Schriften. Obwohl ich mit der allgemeinen Chakralehre übereinstimme, habe ich persönlich mit einigen Details Probleme. Suchen Sie auch anderes Material auf, erarbeiten Sie sich diesen Bereich allein oder in Gruppen, und machen Sie Meditationen, um Ihre eigene Wahrheit zu finden.

DAS WURZELCHAKRA

Das Wurzelchakra befindet sich unten am Ende der Wirbelsäule und korrespondiert mit dem Nervengeflecht von Becken und Steißbein.[7] Wie der Name schon sagt, fassen wir durch dieses Chakra buchstäblich Wurzeln, wir verwurzeln uns im Materiellen, Erdigen, Bekannten und Instinkthaften. Aus diesem Grunde wird das Wurzelchakra vom Mond bestimmt, der unseren Instinkt und unsere elementaren Triebe repräsentiert. Dieses Chakra ist in den meisten Menschen wach und verbindet uns mit allem, was wir mit dem Begriff »Zuhause« verknüpfen. Für die meisten Menschen ist das ihre gewohnte Umgebung, aber es kann alles sein, was uns ein Gefühl von Sicherheit und Wohlbefinden vermittelt. Hierzu gehören auch sinnlose Rituale, zwanghaftes Verhalten und Suchtphänomene, denn diese gewohnheitsmäßigen Verhaltensmuster geben entwurzelten Menschen Sicherheit. Ohne eine gute Beziehung zu unseren Wurzeln ist es äußerst schwierig, erfolgreich in der Welt aktiv zu werden. Oft haben Menschen, die sich vom Okkulten oder Esoterischen angezogen fühlen, ein sehr zweischneidiges Verhältnis zur materiellen Welt. Mittelalterliche Kleriker erklärten in ihren erschreckendsten Äußerungen die Materie, das Weibliche und die Natur für minderwertig und verachtungswürdig. Unsere westliche Kultur ist ein Resultat dieses Denkens: Wir vergiften die Erde, die uns behaust, und die Luft, die uns umhüllt. Und trotzdem wird das Materielle zur gleichen Zeit in Form des Geldes vergöttert. Geld ist, wie Freud bemerkt, in Wahrheit Kot, und sowohl Kot als auch Geld gehören zum Wurzelchakra.

Das Wurzelchakra steht mit der Farbe Rot und dem Mond in Verbindung.

Meditation für das Wurzelchakra

Setz dich, leg dich nicht hin, aber lege dir ein Kissen in den Rücken, wenn das bequemer ist. Schließe die Augen, und atme einige Male tief durch. Konzentriere dich auf deinen Körper, wende deine Aufmerksamkeit nach innen, entspanne deine verkrampften Körperpartien, und atme regelmäßig ... Geh mit deinem Bewußtsein zum Ende deiner Wirbelsäule. Schau auf die Farben, die du dort siehst. Betrachte den Zustand deines Chakras genau, sieh dir an, wieviel Energie es hat, wie weit es geöffnet ist ... Bemerke jetzt die Wurzel, die aus dem Chakra herauswächst und sich nach unten, tief in die Erde erstreckt ... Konzentriere dich auf diese Wurzel, und sieh dir an, wie sie aussieht. Ist sie gesund und gut versorgt, ist sie dünn und kränklich oder breit und undurchdringlich? Benutze deine Phantasie, um sie zu korrigieren: Mache sie dünner oder dicker, füttere sie, tue, was immer nötig ist. Dann nimm dir einige Minuten Zeit, um zu fühlen, wie fest, stark und sicher die Wurzel nun im Erdboden steckt ... Stell dir nun vor, daß du dich genau so in deinem Alltag fühlst ... Spüre den Unterschied, den das macht – bei deiner Arbeit, in deiner Beziehung, für deine Einstellungen ... Komm wieder ins Zimmer zurück, und schreibe auf, was du entdeckt hast.

DAS KREUZ- ODER MILZCHAKRA

Im westlichen System wird dieses Chakra mit der Milz assoziiert, in der östlichen Tradition dagegen ist es mit den Sexual- und Fortpflanzungsorganen verbunden. Angesichts der Einstellung des westlichen Patriarchats zur Sexualität ist es wenig überraschend, daß seine geistigen Führer den sexuellen Aspekt dieses Chakras ignoriert haben. Männer benötigen keine Stimulation dieses Bereichs, im Gegenteil. Für Frauen jedoch sind der Schoß und die Sexualorgane das Zentrum der Lebensenergie, in vielerlei Hinsicht vielleicht sogar das Zentrum ihres Wesens. Die Kinder, die wir bekommen haben, sind hier mit uns verbunden. Hier ist es auch, wo wir mit unseren Sexualpartern im Guten wie im Bösen zusammenhängen. Jedes sexuelle Trauma, Vergewaltigung, Operationen, schwierige Geburten werden in diesem Chakra erinnert. Unterleibsprobleme, Krämpfe, Geschwülste und Schmerzen, aber auch Sexual- und Fruchtbarkeitsprobleme können über dieses Chakra angegangen werden. Meine Freundin Mary Swale, selber Mutter, hat mir einmal gesagt, sie spüre die Verbindung zu den Gebärmuttern unserer Mütter und Töchter. Wie bei einer russischen Puppe umhüllen sich die Gebärmütter, lebt eine in der anderen. Wenn wir unsere Kinder tragen, erinnert uns das daran, wie wir von unserer Mutter getragen wurden, und auch sie erinnerte sich damals an ihre Mutter und so weiter, bis zurück in einer direkten Linie zum allererst Mutterleib. Es besteht über die Gebärmutter eine tiefe Verbindung zu unserer Urzeit.

Das Kreuzchakra hat die Farbe Orange und steht mit dem Planeten Merkur in Verbindung.

Meditation für das Kreuzchakra

Leg dich hin, und atme einige Male tief durch ... Konzentriere deine Aufmerksamkeit auf deinen Unterleib ... Nimm dir Zeit, und betrachte dir seinen Zustand ... Beobachte, ob irgendwelche Gefühle aufsteigen, während du tiefer in deinen Unterleib eindringst ... Lasse sie zu ... Laß Bilder und Erinnerungen aufsteigen, laß sie kommen und gehen, ohne sie zu bewerten ... Stell dir nun einen goldenen Lichtstrom vor, der durch deinen Unterleib fließt, dich heilt und reinigt ... Halte das Licht einen Augenblick dort fest ... Laß es dann wieder los ... Wiederhol diesen Prozeß, wobei du das Licht bei jedem Mal etwas länger festhältst ... Laß es dann gehen.

Sei dir bewußt, daß dies das Zentrum deiner Energie ist, in dem du Licht aufnimmst ... Komm zurück ins Zimmer, und schreibe deine Erfahrungen auf.

DAS SONNENGEFLECHTSCHAKRA

Das Sonnengeflechts- oder Solarplexuschakra sitzt über dem Bauchnabel und ist mit dem Nervengeflecht des Unterleibs und dem Verdauungssystem verbunden. Wenn wir etwas »aus dem Bauch heraus« tun oder sagen, so hat es hier seinen Sitz. Viele unterschwellige und unterbewußte Botschaften werden über den Solarplexus ausgetauscht und wahrgenommen. Er ist ein großes rezeptives Zentrum, und es kann hier leicht zu einem Auf- oder Überlaufen der Energie kommen. Unsere Alltagsverbindungen zu anderen Menschen und unsere elementaren Gefühle kommen aus diesem Chakra. Auch Wut, Neid, Verdruß, Selbstmitleid und Depression kommen vom Solarplexus her. Hier ist es, wo wir unsere Energie und unsere Vitalität einbüßen, wenn wir uns ausgelaugt fühlen. Der Zustand des Sonnengeflechts verrät unser Verhältnis zu anderen Menschen und ihr Verhältnis zu uns. Physiologisch steht der Solarplexus mit den Verdauungsorganen in Verbindung: mit Leber, Gallenblase, Magen, Bauchspeicheldrüse und Eingeweide.

Das Sonnengeflechtschakra wird mit der Farbe Gelb und dem Planeten Venus assoziiert.

Meditation für das Sonnengeflechtschakra

Leg dich hin, und atme einige Male tief durch ... Laß alle Spannungen in deinem Körper los ... Richte deine Aufmerksamkeit nach innen zum Sonnengeflecht ... Betrachte den allgemeinen Zustand dieses Chakras, seine Farbe und alle Bilder oder Gefühle, die möglicherweise aufsteigen ... alle Menschen, die du dort findest ... Du wirst feststellen, daß Schnüre aus dem Sonnengeflecht kommen. Sie verbinden dich mit den Menschen in deinem Leben ... Sieh nach, wer diese Menschen sind und ob diese Schnüre dir helfen oder ob sie dich fesseln und zurückhalten ... Störende Schnüre kannst du einfach entfernen. Zerschneide sie aber nicht ... ziehe sie vorsichtig heraus; sie werden herauskommen wie Laichkraut aus einem Teich ... Laß sie forttreiben ... Schicke sie mit Licht fort. Komm langsam wieder ins Zimmer zurück, und schreibe deine Erfahrungen auf.

Die drei bisher besprochenen Chakras sind in jedem Menschen geöffnet und heißen deshalb auch automatische Zentren. Sie haben sich im Laufe der Evolution geöffnet, und ihre Energie ist jedem verfügbar. Die nachfolgenden vier Chakras, die alle oberhalb des Zwerchfells sitzen, sind unterschiedlich weit geöffnet, je nach emotionalem, intellektuellem und spirituellem Entwicklungsstand des Menschen. In diesem Sinne sind sie weniger automatisch und stärker der bewußten Kontrolle ausgesetzt. Einige Schulen schlagen sogar vor, an ihnen zu arbeiten und diese Chakras bewußt zu öffnen, was ich persönlich für keine gute Idee halte. Es scheint mir sicherer und effektiver, den Zustand der Chakras zu ermitteln und sich dann im Alltag um die Qualitäten zu bemühen, die man entwickeln will, wie zum Beispiel Liebe, Mitgefühl, Klarheit und so weiter.

DAS HERZCHAKRA

Das Herzchakra befindet sich auf der Mitte der Brust und ist mit dem Herz- und Lungennervengeflecht verbunden. Wie schon der Name nahelegt, hat das Herzchakra mit Liebe zu tun. Es steht für bedingungslose Liebe, Mitgefühl, Menschheitsliebe, Natur, Schönheit, Spontaneität und Freude. Dieses Chakra ist bei Menschen geöffnet, die sich der anderen außerhalb ihres unmittelbaren Umkreises bewußt sind, der Bedürfnisse der Menschheit, des Dienens, der Verknüpftheit und gegenseitigen Abhängigkeit alles Lebens. Die Gefühle, die wir normalerweise mit der Liebe verbinden, kommen aber aus dem Solarplexus, nicht aus dem Herzen. Das Herz befreit den Geliebten und gibt ihm Kraft, es bindet ihn nicht an eine Welt von Verpflichtungen und Verantwortungen. Die Liebe hat nichts mit Angst, Stolz oder Eifersucht zu tun. Sie verletzt nicht, sondern sie heilt. Diese Liebe ist also ein Ideal, nach dem wir streben, das wir vielleicht schon einmal flüchtig bei unseren Kindern oder Lieben erlebt, in der Natur oder momenthaft in einer mystischen Vereinigung erfahren haben. Das Herzchakra ist mit dem physischen Herzen und der Lunge verbunden. Im Herzzentrum ist der Lebensfaden mit dem Körper verknüpft. Ein großer Schock kann die Verbindung schwächen und den Menschen seiner Lebensenergie oder seines Mutes berauben. Wenn jemand stirbt, reißt der Faden ab. Das ist der Blitz, der manchmal beim Tod eines Menschen sichtbar wird.

Das Herzchakra hat eine enge Verbindung zur Farbe Grün und zur Sonne.

Meditation für das Herzchakra

Leg dich hin, und enspann dich ... Richte deine Aufmerksamkeit auf dein Herz. Sieh dir seine Farbe an, seine Form und die Bilder und Gefühle, die für dich aufsteigen ... Laß sie an dir vorüberziehen, registriere sie, ohne sie zu beurteilen ... Stell dir die Farbe Grün vor, Apfelgrün, und bade dein Herz in dieser Farbe ... Fühle, wie das Grün dich heilt und dein Herz öffnet ... Bleibe in diesem Zustand, so lange du kannst, und komm dann zurück, um deine Erfahrungen aufzuschreiben.

Das Kehlchakra

Dieses Chakra sitzt am unteren Teil des Halses in der Höhe der Schilddrüse und ist mit dem Nervengeflecht des Rachens verbunden. Das Kehlchakra hat mit unserer Ausdrucksfähigkeit, mit dem Äußern von Gedanken, Gefühlen, Gedichten und Prophezeiungen zu tun. Hier kommunizieren wir, und hier finden sich auch unsere Kommunikationsstörungen. Das Kehlchakra arbeitet mit dem Kreuzchakra zusammen und fördert die Kreativität und deren Äußerung. Dieses Chakra bestimmt, wie wir mit anderen verbal, durch Sprache oder Gesang kommunizieren. Chinesische Heiler achten besonders auf die Stimme eines Menschen und beziehen sie auf ihr 5-Elemente-System. Sie sprechen von der stöhnenden Stimme, die mit Wasser und Angst in Verbindung steht, von der weinenden Stimme voll Metall und Leid, der singenden Stimme der Erde und des Mitgefühls, der schreienden Stimme des Holzes und Zorns und der lachenden Stimme, die das Feuer und die Freude ist. Neben unserer äußeren Erscheinung ist es besonders unsere Stimme, die die Menschen am besten behalten. Sie ruft ein Bild hervor, das oft wahrer ist als unser Äußeres. Die menschliche Stimme besitzt eine enorme Kraft; sie kann heilen und verletzen. Wir alle werden schnell durch eine volle, tiefe Stimme verführt und durch eine weinerliche abgestoßen. Unsere Stimmen drücken auch Macht aus. Die Mythologie behauptet, daß die Megalithen von Stonehenge durch singende Magier und Hexen errichtet wurden, die mit ihrer Stimme einen Kraftkegel schufen.

Dem Kehlchakra werden die Farbe Hellblau und alle Krankheiten der Stimme und des Halses zugeordnet.

Meditation für das Kehlchakra

Setz dich bequem hin, und entspanne dich. Beug den Kopf leicht nach vorn. Atme einige Male tief durch, laß die Spannung aus deinem Körper ... Geh mit deiner Aufmerksamkeit in dich hinein zum unteren Teil des Halses auf die hintere Seite ... Laß die verspannten Muskeln dort locker werden, und atme dorthin ... Suche dort ein Energiezentrum, eine leichte Druckstelle, einen wirbelnden Strudel oder Pool ... Tauche hinein, und warte ab, was du dort findest ... Suche nach einer blumenähnlichen Struktur ... Wenn du sie gefunden hast, sieh nach, in welchem Zustand sie ist ... Frage sie, ob sie etwas braucht ... Achte auf die schillernde blaue Farbe, in die das Ganze getaucht ist ... Verweile einen Moment ... Komm dann langsam wieder ins Zimmer zurück. Schreibe deine Gedanken und Gefühle auf.

DAS STIRNCHAKRA

Das Stirnchakra liegt zwischen und leicht oberhalb der Augenbrauen und hängt physiologisch mit der Hypophyse und dem Nervengeflecht der Halsschlagader zusammen. Es wird manchmal auch das »Dritte Auge« genannt und hat viel mit der Hellsichtigkeit zu tun. Das echte Hellsehen findet an diesem Zentrum statt, während man beim sogenannten *chanelling* Einbildung, Wunschdenken und Nachahmung von Denkfiguren findet, die über den Solarplexus aus der emotionalen Astralebene kommen. Echte hellsichtige Botschaften sind unpersönlich, ohne jede Wertung und besitzen eine ganz bestimmte, für sie charakteristische Qualität. Das Arbeiten mit spirituellen Führern ist nur so gut wie der jeweilige Führer. Nicht alle Tibeter, Ägypter oder amerikanischen Indianer sind spirituell entwickelt oder auch nur interessant. Seien Sie skeptisch. Das beste *chanelling* wurde von Menschen durchgeführt, die ihm gegenüber gleichgültig waren und bestimmt nicht in Zirkeln saßen. Sie hatten auch kein Interesse daran, von den Lehren, die aus ihnen kamen, zu profitieren.[8] Auffallend viele Hellseher werden korpulent, was deutlich zeigt, daß sie ein schwieriges Verhältnis zur materiellen Welt haben. Das übermäßige Essen könnte ein Versuch sein, sich vor der physischen Umgebung zu schützen. Wer sensibler und empfänglicher als andere ist, hat auch mehr Angst und sieht überall in unserer Welt Gewalt und Gefahr. Er ißt, um sich abzupolstern.

Die Magie beginnt am Stirnchakra. Von hier aus projizieren wir unsere Energie nach außen, besonders unsere Denkmuster. Wir reisen auf der Astralebene und projizieren uns in andere Welten und andere Realitäten. Aber man sollte dies auf keinen Fall versuchen, solange nicht eine stabile Beziehung zur physischen Welt und ein starkes Herzchakra vorhanden sind. Die Meditation und der Aufbau von Denkmustern erfolgt über das Stirnchakra. Aber zuerst muß das Herzchakra geöffnet sein, denn Wille ohne Liebe ist gefährlich.

Die Farbe, die man mit dem Stirnchakra verbindet, ist das Indigoblau. Alle Stoffwechselkrankheiten, Hormonstörungen und einige Hirnkrankheiten werden ihm zugeordnet.

DAS SCHEITELCHAKRA

Das Scheitelchakra befindet sich unmittelbar über unserem Scheitel und ist physiologisch mit der Zirbeldrüse verbunden. Bei den Erleuchteten wird das Scheitelchakra deutlich größer und strahlt ein Licht aus. Man denke etwa an den Heiligenschein bei Heiligen, das Größerwerden von Buddhas Kopf und das Licht im Kopf der Mystiker. Sobald jemand die Fähigkeit erwirbt, spirituelle Energie zu sammeln, öffnet sich dieses Chakra. Die Einnahme von Halluzinogenen öffnet es vorzeitig, wobei das Einströmen der Energie den Menschen auf einen Trip bringen kann, von dem er nicht mehr zurückkehrt. Man könnte vielleicht sogar behaupten, daß die Einnahme von Halluzinogenen in der 60ern und 70ern viele Scheitelchakras geöffnet hat. Auch wenn das Resultat in vielen Fällen oberflächlich blieb, habe ich doch den Eindruck, daß dieser Vorgang bei einem Teil der Bevölkerung zu einer Bewußtseinsveränderung geführt hat, wie auch das Aufkeimen der spirituellen Bewegungen belegt. Obwohl nicht alle Strömungen überzeugend sind, bringt das wachsende Interesse an spirituellen Dingen doch einen gewissen Ausgleich zu der tödlichen Auswirkung, die die Kirche auf das spirituelle Leben des westlichen Menschen hatte. Das Scheitelchakra entwickelt sich als natürliche Folge aus der Arbeit an den vorausgehenden Chakras. Es ist das Ergebnis der jahrelangen kontinuierlichen Arbeit an unserer Persönlichkeit, von unseren Bemühungen, sie zu verstehen, zu integrieren und mit ihren Schwächen fertig zu werden.

Der Planet, der das Scheitelchakra regiert, ist der Saturn, der manchmal auch der »Herr des Karmas« genannt wird, was soviel besagt wie: Am Ende der mühevollen Arbeit steht der Lohn. Keine unmittelbare Erleuchtung ist von Dauer, obwohl eine solche Erfahrung sehr tief gehen kann. Aber im Grunde ist die spirituelle Arbeit ermüdend, eintönig, langweilig und gibt kurzfristig wenig Befriedigung. Auf lange Sicht aber und besonders mit zunehmendem Alter und dem Herannahen des Todes wird sie zur einzigen Wirklichkeit, um die sich zu bemühen lohnt, selbst wenn der Weg dahin noch so sprunghaft verläuft. Die Farbe, die mit diesem Chakra assoziiert wird, ist das Violett.

Der Astralkörper und die Astralebene

Die Astral- oder Emotionsebene, das Land der Träume und Alpträume, verbindet uns mit unseren Gefühlen für unsere Gruppe, unser Land, unseren Planeten. Es ist das Land der Sehnsüchte, der Miasmen, der Nebel; es ist auch der Ort, an dem normalerweise mit der Arbeit an den Energien begonnen wird. Traumarbeit, Astralreisen, übersinnliche Fähigkeiten, Aurasehen, Visualisierung – sie alle beginnen auf der Astralebene.

Die Aura ist ein elektromagnetisches Feld, das alle Dinge umgibt. Es kann mittels der Kirlian-Photographie aufgenommen werden. Manche Menschen können die Aura direkt sehen und/oder fühlen. Sie liegt auf dem ätherischen Körper und hat sieben Schichten, von denen normalerweise fünf sichtbar sind. Die ersten vier Schichten zeigen den energetischen Zustand des physischen, emotionalen und mentalen Körpers sowie von Imagination, Intuition und höherem Verstand. Die fünfte Schicht zeigt die Spiritualität. Auch die Schichten sechs und sieben beziehen sich auf die universalen Energien.

Man kann ohne weiteres lernen, die Aura zu sehen oder zu fühlen. Sie müssen dafür nur einen oberflächlichen Blick auf einen Menschen werfen. Sehen Sie ihn nicht direkt an, sondern lassen Sie Ihren Blick leicht unfokussiert. Wenn Sie eine Brille tragen, nehmen Sie sie ab. Am leichtesten erkennt man die Aura an der Kopf- und Schulterpartie, besonders wenn die betreffende Person vor einer hellen Wand sitzt. Versuchen Sie nicht, sich zu konzentrieren; starren Sie blicklos in den Raum zwischen sich und der Person. Meistens ahnen die Menschen die Farben der Aura mehr, als daß sie sie klar erkennen. Wir lesen die Aura eines Menschen automatisch. Wir können sehen, ob er »strahlt«, in einer grauen Trübsinnigkeit oder einer braunen Versunkenheit steckt. Vertrauen Sie diesem Sinn.

Helle, vibrierende Farben bedeuten Klarheit und Energie, matte, abgedämpfte Farbtöne Verwirrung, Depression und Trauer. Weitere Hinweise finden Sie am Ende des Buches in Anhang B. Dunkle Flecken zeugen von »Wunden« in der Aura; diese Bereiche sind wie Lecks, aus denen Energie herausfließt. Man kann seine Aura auch bewußt verändern und zu einem leuchtenden Körper werden oder im grauen Nebel verschwinden lassen. Wir tun dies ganz unbewußt, wenn wir uns deprimiert fühlen oder chronische Selbstwertprobleme haben. Niemand bemerkt uns dann, wir werden gleichsam unsichtbar. Unsere Aura wird trüb und vermischt sich mit dem Hintergrund. Manchmal kann das sehr nützlich sein, besonders wenn Sie sich in einer gefährlichen Situation befinden oder auch nur einem Betrunkenen auf der Straße ausweichen wollen. Und umgekehrt fallen wir auf und die Menschen fühlen sich von uns angezogen, wenn wir zufrieden mit uns, überschwenglich oder verliebt sind. Sonnenlicht fördert natürlich den zuletzt beschriebenen Zustand, aber wir können auch selber bestimmen, wie unsere Ausstrahlung auf andere wirkt. Dazu benötigen wir aber Energie, und wenn wir uns sehr deprimiert fühlen, ist das Aufhellen der Aura ein hartes Stück Arbeit. Manchmal hält sich diese Helligkeit auch, und wir vergessen für einige Stunden, wie schlecht es uns ging.

Heilen

Das Heilen ist eine natürliche Fähigkeit, die jedem angeboren ist, aber die meisten Menschen unterdrücken und verlieren sie, wenn sie erwachsen werden. Kinder sind natürliche Heiler; sie wissen instinktiv, daß Schmerzen weggehen können, wenn man eine Hand auf den Kopf legt. Sie verfangen sich auch nicht in dem komplizierten Machtmechanismus, in den die Heilerin häufig gerät.

Die Heiltechniken sind äußerst simpel. Die meisten bestehen darin, die Heilerin in den Hintergrund treten zu lassen. Heilen erfolgt mit Hilfe von spirituellen Energien, die durch die Heilerin hindurch-, nicht aber von ihr ausgehen. Sie ist die Mittlerin, nicht das Mittel. Leider wird das von vielen, nicht nur von Heilern, immer wieder vergessen. Die Arbeit mit Energien macht uns nicht zu etwas Außergewöhnlichem, sowenig wie ein Klempner oder ein Automechaniker durch seine Arbeit außergewöhnlich wird. Es ist eine Fähigkeit wie andere auch, die der Heiler oder die Heilerin entwickelt, ausbildet und anwendet, mehr noch, es ist eine Fähigkeit, die *jeder* besitzt.

Das erste, was man als Heilerin lernen muß, ist, Distanz zu nehmen. Distanz von den eigenen Hoffnungen, Gefühlen und Wünschen für sich oder die Person, die wir heilen wollen; es können auch Heilwünsche für eine Katze oder Pflanze oder sogar ein Auto sein. Es gibt keinen Grund, sich hier einzuschränken ...

Sammeln und Reinigen

Setz dich an einen bequemen Ort, an dem dich niemand stört. Atme einige Male tief durch ... Sei dir deines Körpers bewußt ... Konzentriere dich auf alle Spannungen in deinem Körper ... in deinem Kiefer, deinen Schultern, deinen Armen, deinen Beinen ... Konzentriere dich nun auf dein Scheitelchakra. Spüre, wie es sich etwas öffnet und ein goldenes Licht langsam in deinen Kopf strömt, von da aus durch den ganzen Körper geht und durch Hände und Füße wieder herausfließt ... Verweile einen Moment bei diesem Bild. Du wirst zu einem Kanal; die Energie fließt durch dich hindurch; sie stammt aus einer Quelle, die größer ist als du ... Bemerke, wie sich auch die anderen Chakras öffnen, besonders dein Herzchakra ... Verändere jetzt die Farbe des Lichtes, das durch dich hindurchströmt, von gold nach grün ... Fühle, wie die grüne Energie durch dich hindurchfließt ... Dann ein weiches Blau ... ein pinkfarbenes Rosa ... das Gelb der untergehenden Sonne ... dann dunkelrot ... indigoblau ... purpur ... und dann wieder von schwarz bis zu einem weichen Goldton. Wenn du danach nicht heilen willst, schließe die Chakras nacheinander, angefangen beim Scheitelchakra. Stelle dir die Chakras wie Blumen vor ... Nimm dir einige Zeit, um dich zu sammeln.

Die Technik des Heilens

Einige Heilerinnen legen die Hand auf, wobei sie den Patienten berühren, andere arbeiten mit der Aura einige Zentimeter vom Körper entfernt. Wenn Sie das Bedürfnis verspüren, mit sehr kranken Menschen zu arbeiten, brauchen Sie eine gründliche Ausbildung. Für Alltagszwecke allerdings, bei Problemen mit Kindern, Haustieren, Pflanzen usw., können Sie sich unbesorgt an die folgende Vorgehensweise halten:

Bevor Sie anfangen, versichern Sie sich der Klarheit Ihrer Gedanken. Entledigen Sie sich, soweit Sie können, Ihrer Gefühle. Sammeln und öffnen Sie sich. Spüren Sie, wie die Heilenergie durch Ihre Hände fließt, und legen Sie sie auf die zu heilende Person oder auf ihre Aura. Sollten zum Beispiel Kopfschmerzen das Problem sein, so legen Sie Ihre Hände auf oder um Ihren Kopf. Tun Sie nichts, öffnen Sie sich nur, und lassen Sie die Heilenergie durch sich hindurchfließen. Grün ist eine gute Farbe für den Anfang, Apfelgrün. Fühlen Sie, wie sie aus einer Quelle außerhalb Ihrer Person durch Sie hindurch in den Patienten fließt. Sprechen Sie nicht, bleiben Sie nur ganz aufmerksam, aber versuchen Sie, nichts zu denken, lassen Sie alle Gedanken los. Sie könnten das Bedürfnis verspüren, auch andere Bereiche zu heilen, hören Sie auf Ihre innere Stimme ... überanstrengen Sie sich aber nicht. Wenn Sie das Gefühl haben, genug zu haben, hören Sie auf. Ein bißchen Heilen ist besser als zuviel davon. Sie können später immer noch weitermachen. Beenden Sie das Heilen, indem Sie die Aura der Person reinigen. Überprüfen Sie ihren Körper mit beiden Händen, und reinigen Sie die Aura, so als wollten Sie eine kleine Staub- oder Sandschicht abbürsten. Waschen Sie sich danach immer die Hände, um mögliche Energien, die Sie aufgenommen haben könnten, wieder loszuwerden. Schließen Sie dann die Chakras.

12
DIE KUNST DES WEISSAGENS – DAS TAROT

Die Wahrsagerin auf dem Pier von Brighton dürfte eine Nachfolgerin der wilden Hexen-Amazonen sein. Runenleser, Frauen, die in Teeblättern oder Händen lesen, Wahrsager, Astrologen und Aura-Seher antworten einem tiefsitzenden Bedürfnis des Menschen, zu erfahren, was die Zukunft ihnen bringt. Wahrsagerinnen sind eine Kaste für sich und haben wie Hexen Zugang zu anderen Welten. Zugleich verehrt und gefürchtet, leben auch sie im Land der Schatten und haben Umgang mit Geistern.

In den letzten Jahren hat die Wahrsagerei, besonders über das Tarot, einen echten Aufschwung erfahren. Es gibt ein authentisches Bedürfnis nach solchem Wissen, vermutlich ausgelöst durch die vielen Entscheidungen, die wir in unserem Leben treffen müssen, und durch die zunehmende Verunsicherung unseres Lebens. Die Wahrsagekunst beantwortet dieses Bedürfnis. Zudem erfährt, wer eine gute Wahrsagerin aufsucht, auch eine Menge über sich selbst.

Ich habe mich entschieden, mich hier auf das Tarot zu beschränken, das ich sehr liebe und von dem ich viel halte. Ein so umfangreiches Thema in einem kleinen Kapitel abzuhandeln ist sehr schwierig. Ich habe deswegen beschlossen, nur über die Geschichte, den Hintergrund und die Bedeutung der Tarotkarten, so wie ich sie sehe, zu schreiben. Meine Auslegung mag sich nun mit anderen Interpretationen decken oder auch nicht; letztlich gibt es keine endgültige Interpretation des Tarots, was in meinen Augen die Schönheit dieses Systems ausmacht. Es kann vor dem Hintergrund der Psychologie Jungs, aus gnostischer Perspektive oder als okkultes System gedeutet werden. Auch kabbalistische Lehren, Astrologie und viele andere Ansätze lassen sich gut mit dem Tarot vereinbaren. Es gibt fast so viele Möglichkeiten des Tarots, wie es Wege zur Wahrheit gibt.

All diese Möglichkeiten abdecken zu wollen würde bedeuten, dem Tiefsinn dieser Lehren nicht gerecht zu werden. Damit wäre niemandem gedient. Ich habe mich statt dessen für eine engere Herangehensweise entschieden und hoffe, sie kann dem Anfänger als Einführung und Anregung zum Weiterlesen dienen und denen, die mit dem Tarot schon einige Erfahrung haben, vielleicht einige neue Einsichten vermitteln.

Hintergrund und Geschichte der Karten

Zu den Geschenken der Göttin gehörten das Zählen, Messen und die Mathematik. In *Innana*[1] sagt Damuzi von seiner Schwester, der Großen Göttin: »Und sie nahm den Lapismeßstab und das Längenmaß in die Hand.« Im antiken Sumer besaßen Priesterinnen die Herrschaft über das Zeitmaß. Ihnen waren der Mond, seine Zyklen, ein Monat, neun Monate, das Deuten der Zeichen des Dunklen Mondes, die Jahreszyklen und ihre Feste zugeordnet. Zahlen waren etwas Sakrales, das in den Zuständigkeitsbereich der Frau gehörte. Sakrale Geometrie fand sich damals in der ganzen Welt, angefangen von den Mayatempeln bis zu den Pyramiden. Schließlich wurde die Philosophie der Zahlen von Pythagoras, einem Initiaten des ägyptischen Tempels, auch in den Westen exportiert. Die heiligen Bücher von *Toth*, die noch aus der Vorzeit stammen, enthielten Mythen, Rituale, Religionen, esoterische Medizin, sakrale Geologie, Astrologie und alles Wissen, das für die Initiation notwendig war.

Die Juden erhielten die heiligen Texte von Moses, der ebenfalls in Ägypten initiiert wurde. Sie umfassen die *Kabbala* und die *Tora* (Tora = Taro). Die Zigeuner behaupten, daß die antiken Ägypter und die Hindus Überlebende der untergegangenen Zivilisation von Atlantis waren, und auch die Pythagoreer schienen davon überzeugt gewesen zu sein.[2]

Es gibt eine Legende, die besagt, daß sich nach der Zerstörung der großen Bibliothek in Alexandria durch die Patriarchen kurz vor dem Einsetzen des »finsteren Mittelalters« die großen Weisen in Fez (Marokko) trafen. Sie berieten darüber, wie man die antiken Lehren am besten erhalten konnte, ohne sie Nichtinitiierten zugänglich zu machen, die sie für ihre Zwecke mißbraucht hätten. Sie einigten sich schließlich auf 22 Bilder, die den Schlüssel zu den Mysterien enthielten. Aus ihnen wurden die Großen Arkanen (Großen Mysterien) des Tarots. Nach Court de Gebein, der 1781 *Le Monde Primitif*[3] schrieb, enthielten die Großen Arkanen das reinste Wissen der tiefsten Wahrheiten.

Die Legende berichtet auch, daß im Tempel von Ptah im ägyptischen Memphis Goldplatten gefunden wurden, die den Tarottrümpfen ähnelten. Alle Mysterientraditionen sahen in der Weissagung eine Möglichkeit, die Intuition zu schulen und eine Brücke zwischen Göttern und Menschen zu schaffen. Frederik Lionel behauptet, daß die Trümpfe sich aus dem *Kybalion*, dem ägyptischen Buch der Magie, entwickelt haben: »Alles ist Geist. Alles vibriert. Alles ist dual. Alles dreht sich im Rhythmus der Zeit. Jede

Ursache erzeugt einen Effekt. Das, was unten ist, gleicht dem, was oben ist. Das männliche und das weibliche Prinzip findet sich in allen Dingen.«[4] Man hat im Tarot auch ein Überbleibsel des altägyptischen Buches von *Thoth* gesehen, und Aleister Crowley nannte die Tarotkarten sogar nach diesem Buch. Thoth war der Gott der Magie. Andere hielten das Tarot für ein Geschenk der Zigeuner an Europa, obwohl sie erst hundert Jahre nachdem die Karten schon aufgetaucht waren, in Europa erschienen. Wieder andere sagten, es wären die Kreuzritter gewesen, die sie aus dem Mittleren Osten mitgebracht hätten. Aber der letzte Kreuzzug fand 1291 statt, und die Karten tauchten erst einhundert Jahre später auf.

Die Zigeuner stammten ursprünglich aus dem Hindustan und wurden von dem islamischen Eroberer Timur Lenk vertrieben, der im 15. Jahrhundert einen Großteil Zentralasiens unterwarf. Sie werden 1417 in Hamburg in Dokumenten erwähnt, 1422 in Rom und 1427 in Barcelona und Paris. Als die Christen die heidnischen Kulte zerstörten, so sagt Rakoczi, hätten ihre Priester ihr Wissen den Zigeunern anvertraut, die es mit auf ihre Reisen nahmen, es versteckten und den Auserwählten mitteilten. Auf diese Weise wurden sie zu Hütern der Weisheiten von Chaldea, Ägypten, den Druiden, der östlichen Yogatechnik, der Gnostik, der Katharer, Albigenser und Bogomilen. Das Zigeunerwort *Tahoti* bedeutet »der königliche Weg«, ebenso wie in Hindi *Raja Yoga*. Das Tarot stammt den Zigeunern nach von Thoth und war sein heiliges Buch. Sie arbeiteten in der Magie häufig mit den europäischen Hexen zusammen, die ihnen in den Zeiten des Feuers ihre Geheimnisse anvertrauten. Als umherwanderndes Volk entgingen die Zigeuner den schlimmsten Exzessen des Hexenwahns.

In der Kultur der Zigeuner werden die Männer von der Sonne und die Frauen vom Mond initiiert. In jeder Sippe gibt es eine Zigeunermutter, die als weise Frau fungiert. Zu ihren Füßen schwört der Mann seine Loyalität.

Zur selben Zeit, da die religiöse Unterdrückung der Heiden in Europa zur bestimmenden Kraft wurde (vom 11. bis zum 13. Jahrhundert), erschlossen sich Handelsrouten zum Nahen und Fernen Osten. Marco Polo und seine Familie schlossen 1266 mit Kublai Khan in Peking Handelsverträge ab. Die Mongolen waren ein in religiösen Dingen sehr tolerantes Volk, und Peking wurde zu einem internationalen Treffpunkt für Buddhisten, Konfuzianer, Taoisten, Schamanisten, Moslems, Juden, Nestorianer und Gnostiker. Der Handel erschloß auch Skandinavien, Rußland und andere nördliche Länder. Es kam zu einem enormen kulturellen Austausch, und durch die Priester der verschiedenen Religionen, die den Händlern auf dem Fuße folgten, verbreitete sich ein reiches Gedankengut. Zur selben Zeit wurden viele klassische Griechen und Perser übersetzt, besonders im spanischen Toledo und im französischen Montpellier. Die Normannen eroberten 1066 das keltische Königreich, und die Lehren der Kelten breiteten sich nach Europa aus und vermischten sich mit der europäischen Gedankenwelt. Bernard Sylvester schrieb 1145–53 *De Mundi Universitate*, das zu einem großen Erfolg wurde. Er spricht darin von der Muttergöttin, die die Natur befruchtet, und von der Kraft des Mondes und der Sterne. Die Gnostiker oder Katharer breiteten sich während des 12. und 13. Jahrhunderts in Südfrankreich und in Norditalien aus, sie hießen auch Albigenser, nach ihrem Zentrum in Albi in der Nähe von Toulouse. Sie hatten ein dualistisches Weltbild wie die Taoisten, und die 22 Trümpfe der Großen Arkanen können auch als eine gnostische Reise gedeutet werden. Obwohl sie im Prinzip Christen waren, waren viele ihrer Glaubensvorstellungen eindeutig heidnischen Ursprungs. Sie wurden von der Inquisition verfolgt und vernichtet, ihr Land konfisziert.

Die ersten Tarotkarten finden sich in der Mitte des 14. Jahrhunderts. Im Jahre 1377 beschrieb ein Mönch namens Brefield Switz Kartenspiele, und 1379 berichtet der Belgier Duke Brabant von einem solchen Spiel, das er erworben hatte. Von diesem Zeitpunkt an finden sich in ganz Europa Erwähnungen von Kartenspielen, die aber schon bald von der Kirche verboten wurden, die ihre heidnische Symbolik fürchtete (1397 in Paris, 1440 in Stuttgart).

Die ersten überhaupt bekannten Kartenspiele stammten aus China und Korea. Sie wurden im 11. Jahrhundert hergestellt und hatten vier bzw. acht Farben. Es ist gut möglich, daß sich die Trümpfe unabhängig von den Farben der Kartenspiele entwickelten. Die vier Farben sind auch heute noch die Grundlage moderner Kartenspiele.

Das erste Tarotspiel, das unserem heutigen vergleichbar ist, ist das Bembo-Kartenspiel, das 1415 für die Visconti-Familie in Mailand angefertigt wurde. Es wurde für ein Spiel benutzt, das *Tarocchi* hieß und vier Farben mit 14 Karten und 22 Trümpfe hatte. Später kam das Marseille-Kartenspiel, das irgendwann während der Renaissance angefertigt wurde. Das bekannteste aber ist das Rider-Waite-Kartenspiel, das 1910 von Pamela Coleman-Smith unter Anleitung von A. E. Waite angefertigt wurde. Beide waren Mitglieder der esoterischen Bewegung *Golden Dawn*.

DIE GROSSEN ARKANEN

Ein Gefangener, der kein Buch, sondern nur das Tarot hat und weiß, wie man es benutzt, könnte in wenigen Jahren universales Wissen erlangen und wäre in der Lage, über jedes Thema mit tiefer Gelehrtheit und unerschöpflicher Eloquenz zu reden.

Eliphas Levi[5]

Der Narr

Der Narr ist die »Wild card« unter den Großen Arkanen, da sie auch in anderen Kartenspielen vorkommt. Sie besitzt keine Zahl, wird aber generell als Anfang der Reise zum eigenen Selbst betrachtet, die das Tarot beschreibt. Der Narr kann auf zwei unterschiedlichen Ebenen interpretiert werden, je nach Bewußtseinsstand der fragenden Person. Sie kann für eine dumme, voreilige Person stehen, die auf niemanden hört, ohne nachzudenken überall hereinstürzt, und eine Spur der Verwüstung hinter sich läßt. Sie kann bedeuten, daß die Ratsuchende dabei ist, einen schweren Fehler zu machen, der für sie zum Desaster oder mindestens zur Demütigung wird. Wenn Problemkarten, besonders *Turm* oder *Teufel* (in manchen Fällen auch der *Mond*), neben ihm liegen, wird die Sache negativ ausgehen. Sind die umgebenden Karten jedoch positiv wie zum Beispiel das *Lebensrad*, die *Kraft*, die *Sonne* und der *Stern*, wird sich alles zum Guten wenden. Ein Sprung ins Ungewisse, das Vertrauen auf die eigene Intuition, lohnt sich. Auf einer tieferen Ebene steht der *Narr* für das Vertrauen in die eigenen Impulse, den Kompaß der Seele und den eigenen Weg im Leben. Alle esoterischen Traditionen kennen den leichtgläubigen Neubekehrten, der dazu gezwungen oder verführt werden muß, den Weg der Wahrheit zu betreten. Die Wahrheitssuchende muß das bekannte Leben hinter sich lassen und den einsamen Pfad der Selbsterkenntnis gehen. Wenn diese Karte kommt, beginnen Sie eine heilige Reise. Es kann sich um eine innere oder auch eine äußere Reise handeln, aber Sie werden sie allein machen, und Sie werden nur Ihren Instinkt haben, der Sie führt.

1 Die Magierin
Astrologisches Symbol: **der Mond**[6]

Dies ist die erste mit einer Zahl versehene Karte. Ich nenne die *Magierin* auch die Gaunerin. Im Mittelalter reiste die *Magierin* durch die Lande. Als Magus oder Scharlatan kann die *Magierin* auch ein Tatmensch sein, jemand, der weiß, wie man Dinge anpackt, und der die Kräfte auch schon mal ein wenig manipuliert. Sie kann Dinge erscheinen und wieder verschwinden lassen, beherrscht Kartentricks und optische Täuschungen. Aber die *Magierin* ist auch eine Botin der Götter, eine Frau, die weiß, daß das Alltagsleben eine Illusion ist, Maja, eine bloße Täuschung des Lichts. Sie verspricht wirkliche Schätze statt der geschmacklosen Billigangebote der Alltagsrealität. Wenn diese Karte kommt, bedeutet dies normalerweise eine Neuigkeit. Ein Bote oder eine Botschaft wird kommen, die eine Situation zu klären hilft oder ein Problem löst. Auf einer tieferen Ebene steht die *Magierin* für die Notwendigkeit, die Nebel der Illusion zu durchstoßen, um die wahren Ursachen hinter den Dingen zu erkennen. Die Karte verweist darauf, daß es darum geht, die wahre Natur der Realität zu verstehen und die spirituellen Energien in den Alltag zu überführen.

2 Die Hohenpriesterin
Astrologisches Symbol: **der Mond**

Die Hohenpriesterin vertritt den sibyllinischen Aspekt der Großen Mutter. Weise über alles Wissen, Denken und Sehen hinaus, ist sie zutiefst weiblich. Tief, geheimnisvoll, unauslotbar, unfaßbar, fließend, unergründlich. Sie ist die Weisheit der Zeitalter, die Hüterin esoterischer Wahrheiten, die Göttliche Herrin. In den älteren Kartenspielen heißt sie auch die *Päpstin*, der weibliche Gegenpart zum *Papst*. Aber mir scheint, sie erlangt dadurch eine zu weltliche Macht. Sie geht zurück auf die ägyptischen Hohenpriesterinnen, die Hüterinnen der alten Weisheit, die Säulen der Gesellschaft. Sie las Orakel und war vielleicht eine Sibylle, aber wahrscheinlicher noch war sie die Oberpriesterin. Wenn diese Karte kommt, bedeutet dies, daß es Zeit für tiefere Erfahrungen ist und daß Sie sich mit dem Tiefen und Bedeutungsvollen in Ihrem Leben in Verbindung setzen sollten. Vermutlich ist dies eine Zeit des Rückzugs und der Meditation oder der inneren Stille und Kontemplation. Träume werden sehr bedeutsam, und Sie sollten auf ihre Botschaft hören. Schreiben Sie, tanzen oder malen Sie, machen Sie Musik, und seien Sie offen für die Botschaften Ihres innersten Selbst.

Die folgenden drei Karten beschäftigen sich mit dem weltlichen Leben, den Herausforderungen, die eine Wahrheitssucherin überstehen muß, bevor sie auf ihrem Weg weiterkommen kann.

3 Die Herrscherin
Astrologisches Symbol: **Venus**

Die Herrscherin ist die Erdmutter, Fruchtbarkeit und Zeugung, Fülle und Lust aller Dinge, die die Erde uns gibt. Sie ist sinnliche Freude, Körperlichkeit, Sexualität, das Schwangergehen mit Kindern und Ideen, Kreativität auf allen Ebenen. Sie ist Herrscherin, Gemahlin des Herrschers. Das heißt, sie ist eine Frau mit Macht und Autorität, die ihre Weiblichkeit aber nicht aufgegeben hat, um an der Macht festzuhalten, und vielleicht sogar Verführungskünste eingesetzt hat, um sie zu erlangen. Damit ist gemeint, daß sie nicht »männlich« und »hart« wurde, sondern weibliche Mittel anwandte, um die Macht zu erlangen. Eine Frau, die sich auch als Mutter im körperlichen Sinne versteht, eine Tänzerin, Athletin, eine Schülerin des *Hatha Yoga*, eine Masseurin. *Die Herrscherin* kann bedeuten, daß die Ratsuchende eine bessere Beziehung zu ihrem eigenen

Körper entwickeln wird oder dies tun sollte. Eine Karte für Frauen, die vielleicht über ihre Eßstörungen nachdenken und die Erdmutter als einen Aspekt der Göttin begreifen sollten. Auf einer tieferen Ebene bedeutet sie, mit der physischen Welt ins reine zu kommen, sie weder zu verteufeln noch zu idealisieren und Essen, Sexualität, Geld und Macht als legitime Aspekte des Lebens zu akzeptieren.

4 Der Herrscher
Astrologisches Symbol: **Mars**

Der Herrscher ist der Führer, das weise Oberhaupt, der nach dem Gesetz und manchmal auch mit dem Schwert regiert, denn der Herrscher war immer schon sowohl Krieger als auch Staatsmann. Leider sind solche positiven männlichen Archetypen sehr selten, wie z. B. die mythische Figur König Artus von Britannien, der weise und sanfte Herrscher, dessen Ritter die Schwachen vor Übergriffen beschützten. *Der Herrscher* ist der Teil in uns, der eine natürliche Autorität besitzt, der weise und mutig ist und Ambitionen und Ziele hat. Oft aber repräsentiert der Herrscher auch den Vergewaltiger, den Tyrannen, die erobernde Kriegsarmee, das »Macht ist Recht«-Prinzip. Er ist das »Big Business«, das die Entwicklungsländer ausbeutet, die Natur vergiftet, kritisch denkende, eine eigene Meinung vertretende Menschen verfolgt. Sollten Sie diese Karte ziehen, sehen Sie sich vor der Polizei, dem Sozialamt, dem Steuerbeamten und anderen Tyrannen in Uniform oder Gewaltherrschern vor, besonders wenn die Karte neben dem *Papst* oder der *Gerechtigkeit* liegt. *Der Herrscher* steht normalerweise für einen Gegner, der ihnen überlegen ist. Vermeiden Sie Menschen, die Sie bedrohen oder Ihnen schaden wollen, es sei denn, der *Herrscher* ist von anderen, positiven Karten umgeben wie der Kraft oder der Sonne. Die Karte kann auch bedeuten, daß Sie andere unterdrücken oder daß ein mächtiger und reicher Mann in Ihr Leben treten wird. *Der Herrscher* klärt uns über die Macht auf, sowohl unsere eigene als auch die anderer Leute.

Der Hierophant oder Papst
Astrologisches Symbol: **Saturn/Steinbock**

Der Hierophant ist ebenfalls eine recht schwierige Karte. Er ist der Hohepriester, Merlin der Zauberer, Hüter der Tradition, Großmeister, Zigeunerprinz und so in einem echten Sinne Gegenpart der *Hohenpriesterin*. Aber wo ist er? Unglücklicherweise gut verborgen. Priester sind in der heutigen Gesellschaft wenig geachtet. Da sie ihre Macht über Jahrhunderte hinweg ausgenutzt haben, werden die Kirchen nicht mit der Lehre der spirituellen Wahrheit, sondern mit Heuchelei, Scheinheiligkeit, Vorurteilen und Ignoranz in Verbindung gebracht. Wie der tyrannische *Herrscher* repräsentiert der *Papst* mit seinem Haß auf Frauen und alles Weibliche eine schreckliche Abart der ursprünglichen männlichen Spiritualität. Für Frauen ist er im allgemeinen eine schlechte Karte. Er repräsentiert das System, die kalte, unbewegliche Bürokratie, männliche Brutalität, besonders in der Religion, Dogma und Herrschaft. Er kann Probleme mit der Polizei bedeuten, besonders wenn er neben der Gerechtigkeit liegt, aber auch mit Anwälten, Politikern und kleinen Beamten. Die Karte kann sich auch auf den Kampf der Frauen um die Ausübung religiöser Funktionen in der männlichen religiösen Hierarchie beziehen. Auf einer tieferen Ebene beschreibt er das Streben nach spirituellem Wissen durch Studium und praktische Übung. Im Gegensatz dazu ist das Wissen der *Hohenpriesterin* eher intuitiv und kontemplativ.

Wie der *Herrscher* repräsentiert der *Hierophant* ursprünglich das heilige Männliche. *Der Herrscher* war die weltliche Macht und der *Hierophant* die spirituelle oder religiöse Kraft. Aber nach 2000 Jahre blutigen Patriarchats ist es schwer, Beispiele für diese positive Männlichkeit zu finden. Vielleicht ist das die Aufgabe zukünftiger Männergenerationen, aber da wir uns mit der gegenwärtigen Realität auseinandersetzen müssen, behält diese Karte ihren für Frauen sehr problematischen Stellenwert.

Die nächsten beiden Karten drehen sich um das Problem der Wahl. Wenn wir die Lektion der Macht gelernt haben, stehen wir vor dem Problem, entscheiden zu müssen, was wir mit unserem Leben und unserem Wertesystem anfangen.

6 Die Liebenden
Astrologisches Symbol: **Zwillinge**

Die Liebenden ist eine Karte, die die Menschen sogleich poetisch werden läßt. Trotz ihrer Verbindung zur Liebe aber bedeutet sie nicht Liebe im gewöhnlichen Sinne. Vielmehr hat sie mit dem Problem der Wahl und der Integration unserer verschiedenen Wesenseiten zu tun. Wenn wir lieben oder uns verlieben, stoßen wir normalerweise auf unser Gegenteil, auf das, was unser Wesen komplettiert, und versuchen dann, es in unser Leben zu integrieren. Oft bedeutet das Anpassung und Kompromisse, was immer schmerzlich und eine Bedrohung für unser gewohntes Leben ist. Liebe integriert und ordnet, sie lehrt uns Demut und Mitgefühl. Die heilige Liebe heilt, die profane erniedrigt. Es liegt an uns, zu entscheiden, welchen Weg wir wählen. Keuschheit heiligt diese Liebe und bringt uns dazu, keine anderen Motive zu haben als nur die edelsten. Wenn Sie diese Karte ziehen, kann eine neue Liebe in Ihr Leben treten, oder bestimmte Erfahrungen werden Sie dazu bringen, Ihr eigenes Verhalten und Ihr Verhältnis zu sich selbst und zu anderen zu überprüfen. Auf einer tieferen Ebene lehrt uns diese Karte, uns in unserem Herzen zu sammeln, danach zu streben, ohne Verpflichtungen und Erwartungen, d. h. unbedingt, zu lieben.

7 Der Triumphwagen
Astrologisches Symbol: **Krebs**

Der Triumphwagen ist die Karte der Heldin, der jungen Amazone, voller Gesundheit, Kraft und vor allem Energie. Diese Karte strotzt vor Lebendigkeit, sie steht für die Liebe des Freien, körperliche Herausforderungen, Wettkampf, Eroberungen. Es ist die Karte der Menschenrechtsvertreter, der Menschen, die sich für die Armen und Schwachen einsetzen. Eine Karte für Frauen, die gegen Ungerechtigkeit aufbegehren und sich aktiv dagegen zur Wehr setzen, denn es ist eine Karte des Handelns und der Bewegung. Sie steht für die Greenpeace-Krieger, aktive Lesben, Band-Aid-Musiker. Die Karte repräsentiert den jugendlichen Enthusiasmus, der kraftvoll, zielstrebig, aber häufig auch ein bißchen ungeduldig ist und sehr voreilig, unvorsichtig und barsch mit all jenen sein kann, die weniger Mut oder schwächere Überzeugungen besitzen. *Der Triumphwagen* kann uns lehren, daß die Energie, die durch uns fließt und sich in uns manifestiert, von einer Quelle stammt, die größer ist als wir selbst. Wir sind nur ein Medium dieser Energie, nicht ihre Quelle; wir lenken sie nur. Der Sturz des *Triumphwagens* erfolgt immer dann, wenn wir glauben, diese Kraft völlig zu beherrschen: Hochmut kommt bekanntlich vor dem Fall.

Auf einer höheren Ebene steht der *Triumphwagen* für die Integration der »männlichen« Energien der Aktivität und

Initiation und der »weiblichen« Energien des Mitgefühls und der Liebe. Der Wagenlenker wird normalerweise mit zwei Pferden dargestellt, die diese beiden Pole repräsentieren. Diese Karte zielt auf Ausgewogenheit und Harmonie.

Der Triumphwagen schließt die Reihe der ersten sieben Karten ab. Sieben ist eine heilige Zahl, die Zahl der Vervollständigung und der Vollendung. Mit den ersten sieben Karten haben wir unsere Reise begonnen und die alltäglichen Feinde unseres Wachstums und den Preis kennengelernt, der uns am Ende des Weges erwartet. Die nächsten sieben Karten führen uns weiter nach innen.

8 Die Gerechtigkeit[7]
Astrologisches Symbol: **Waage**

Wie der Name schon sagt, steht die *Gerechtigkeit* für das Gleichgewicht, das Abwägen des Für und Wider und das Bemühen um einen Mittelweg, eine Balance. Auf einer weltlichen Ebene kann diese Karte für die Polizei, Ärger mit dem Gesetz oder die Notwendigkeit stehen, in einer Angelegenheit ehrlich zu sein. Es hängt davon ab, ob sich positive oder negative Karten in ihrem Umkreis befinden. Vielleicht wird die Ratsuchende unfair behandelt oder benötigt selber eine ausgewogenere Einstellung in einer bestimmten Frage. Die Karte kann aber auch bedeuten, daß die Ratsuchende dieses Gleichgewicht erreicht hat und in sich ausbalanciert ist. Sie hängt stark mit Fairneß, Selbstdistanzierung und Objektivität zusammen. *Die Gerechtigkeit* verlangt, daß wir Verantwortung für vergangene Entscheidungen übernehmen und uns unsere Fehler verzeihen. Sie bedeutet, Kontrolle zu übernehmen. Es handelt sich bei ihr um eine aktive, nicht um eine passive Karte. Wenn Ihr

Leben aus dem Gleichgewicht geraten ist, müssen Sie aktiv werden, um die Balance wiederherzustellen. Auf einer tieferen Ebene steht diese Karte für die Gesetze des Karmas. Man erntet, was man ausgesät hat. Alle Aktionen führen zu Reaktionen, und wir sind für das, was uns passiert, selber verantwortlich.

9 Der Eremit
Astrologisches Symbol: **Jupiter**

Nach dem Abwägen der *Gerechtigkeit* kommt die Einkehr des *Eremiten*. Mit ihr dreht sich die Spirale der Weisheit ein Stück weiter. Wie bei der *Magierin* handelt es sich auch hier um eine Weisheitskarte, eine Weisheit, die durch ästhetische Praxis gewonnen wird. Meditation, Fasten, das Studium des Okkulten, Einsamkeit und Armut bestimmen diesen Zustand. Wenn diese Karte auftaucht, bedeutet das normalerweise, daß die Ratsuchende etwas Zeit für sich benötigt, Zurückgezogenheit und eine Vertiefung ihres Lebens. Vielleicht bedeutet es, daß sie eine Studienphase einlegt, aber auf jeden Fall wird diese Karte Einsamkeit und Distanz zum Alltagsleben bringen. Das heißt nicht unbedingt, daß die Ratsuchende sich physisch zurückziehen muß, aber ihre Energien und ihre Aufmerksamkeit sind nach innen gerichtet, auf ihr spirituelles Selbst. Diese Karte erscheint meistens in einer Übergangsphase des Lebens, wenn die Ratsuchende ihre Erfahrungen verdauen und verarbeiten muß, um die Veränderungen, die sich in ihrem Leben ereignet haben, zu verstehen. Auf einer tieferen Ebene kann diese Karte die dunkle Nacht des Lebens repräsentieren, wenn die Suchende sich allein und verlassen fühlt, wenn sie sich ohne fremde Hilfe aus ihrem innersten Kern her selber heilen muß.

10 Das Rad des Lebens
Astrologisches Symbol: **Jupiter**

Auf der Hälfte des Weges steht das *Rad des Lebens*. Glück, Schicksalsschläge, Zufälle, Überraschungen und plötzliche Wendungen kommen mit dieser Karte. Im allgemeinen bedeutet sie eine gute Nachricht, eine Tür öffnet sich, eine Gelegenheit bietet sich, Möglichkeiten tun sich auf. Kräfte, die größer sind als wir selbst, sind hier am Werk. Lassen Sie sie auf sich wirken, gehen Sie den Einflüssen nach, die in Ihr Leben kommen. Wenn eine Reise sich anbietet, dann reisen Sie, verändern Sie Ihren Standpunkt, öffnen Sie sich, lassen Sie die alten, abgetragenen Standpunkte, Gewohnheiten und Verhaltensmuster los. Auf einer tieferen Ebene stellt diese Karte das Rad des Karmas dar. Das Ziel besteht darin, von der Peripherie des Rades, wo alles Bewegung und Veränderung ist, zum stillen Zentrum zu gelangen, dem Ort der Unberührtheit und Freiheit. Eine Karte für die, die unterwegs sind, deren Leben voller »karmischer« Ereignisse ist. Dinge, Menschen und Orte kommen und gehen, meist mit immenser Geschwindigkeit. Diese Karte sagt uns, daß äußere Veränderungen, wie radikal sie auch scheinen mögen, gemessen an der festen, unerschütterlichen Natur der Seele oder des Geistes, rein äußerlich sind. Nur sie sind bleibend und können uns das Gefühl von Sicherheit geben, nach dem wir uns alle sehnen. Aber wir lernen diese Lektion normalerweise nur durch wiederholte Schocks; indem uns die Dinge genommen werden, an denen wir hängen, lernen wir ihren wahren Wert kennen. Wir begreifen jetzt, worauf wir nicht verzichten können und was unwichtig ist.

11 Die Kraft – Die Zauberin
Astrologisches Symbol: **Löwe**

Die Kraft ist die Macht des Weiblichen, durch die die Instinkte gezähmt werden. Sie besänftigt die Welt der Natur und lebt in Harmonie mit ihr, aber sie selbst kommt nicht aus ihr. Sie ist Naturhexe, Gärtnerin, Heilerin, Tierzähmerin, Wetterhexe. Ähnlich wie die *Herrscherin* berät die *Kraft* uns in dem Kampf, den wir alle mit unserer Instinktnatur führen. Sie bringt uns bei, wie wir mit dem Materiellen, ob Geld, Essen oder was auch immer, umgehen müssen. Durch die *Kraft* gelingt es uns, unsere Besessenheit vom Materiellen zu überwinden und unsere Energien nach innen zu wenden. Wir tauschen die destruktiven Aktivitäten mit lebenerhaltenden aus. Hier lernen wir die Lektionen der Leidenschaft und balancieren sie mit der Ästhetik des *Eremiten* aus, um einen Mittelweg zu finden, der beiden Raum gibt. Die spirituelle Kraft der *Zauberin* (die Liebe) überwältigt den Löwen (den König des Dschungels), aber keiner von beiden wird unterdrückt. Sie sind friedlich zusammen, ohne daß es einen Kampf gab, nur die Einsicht, daß sie voneinander abhängig sind; keines kann ohne das andere überleben. Das ist die Lehre, die die Natur uns zu vermitteln hat. Sicher, wir können sie erobern, aber dann sind wir die Verlierer. Wir können aber auch mit ihr kooperieren, in diesem Falle hätten wir beide gewonnen.

12 Der Gehängte
Astrologisches Zeichen: **Saturn**

Wie eine Art Steigerung des *Eremiten* ist der *Gehängte* die totale Isolation und Machtlosigkeit. Die Welt ist verrückt geworden, sie steht kopf, was einmal sinnvoll war, ist plötzlich sinnlos geworden. Es gibt keine festen Koordinaten mehr;

man hat seinen Halt verloren, alles hängt in der Schwebe, und man harrt der Dinge, die da kommen. Oft bedeutet diese Karte, daß ein Problem oder eine Situation aus einer völlig neuen Perspektive betrachtet werden muß. Stellen Sie alles auf den Kopf, und warten Sie ab: Die Antwort wird kommen. Solange Sie an den liebgewordenen Gewohnheiten festhalten, wird das Gefühl der Verwirrung bleiben. Lassen Sie sie los, lassen Sie ein völlig neues Licht auf alles leuchten. Vielleicht müssen Sie auch ein Opfer bringen, um weiterzukommen. Aber das, was Ihnen einmal wertvoll erschien, wird Ihnen bald wertlos vorkommen. Es ist eine Zeit des Wartens, des Hörens auf die Laute der Stille, des Aussetzen der normalen Tätigkeiten, und es ist Zeit, Ihr Schicksal mit Würde zu akzeptieren. Es ist eine Zeit der tiefen spirituellen Erfahrung. Alles, was sie tun können, ist, auf ihre inneren Stimmen zu hören.

13 Der Tod
Astrologisches Symbol: **Skorpion**

Der Tod ist immer ein Schock. Aber diese Karte bezieht sich nur selten auf den physischen Tod, es sei denn, sie ist von sehr schlechten Karten umgeben, dem *Turm* zum Beispiel, und vielen Schwertern. Im allgemeinen aber ist der *Tod* hier eher die Art Tod, die wir alle aus unserem Alltagsleben kennen: der Tod einer Beziehung, einer Freundschaft, eines Jobs, einer Identität, eines Zuhauses, einer schlechten Gewohnheit, das Ende eines Lebensabschnitts, das Sterben einer Illusion. Der *Tod* folgt auf den *Gehängten*; sobald die Sucherin die Teile ihres Selbst, die nicht wesentlich sind, überwunden hat, sterben sie ab. Ältere esoterische Texte sprechen hier vom Sterben des »niederen Selbst«. Das bedeutet nicht, daß sie getötet werden, sondern daß sie durch mangelnde Versorgung absterben wie

Pflanzen im Herbst. Wenn wir damit aufhören, unseren destruktiven Tendenzen nachzugehen, und unsere Energien in die kreativen Anteile unseres Selbst fließen lassen, werden die negativen Eigenschaften schließlich an Unterversorgung eingehen. Der Trick besteht darin, sich auf das Gute, Wahre und Schöne zu konzentrieren, anstatt direkt mit unseren Dämonen zu ringen. Der *Tod* lehrt uns, daß das Leben zyklisch ist. Bevor etwas Neues geboren werden kann, muß das Alte sterben. Dies ist die Lehre der Natur, die jeder Gärtner lernt. Alles hat seine Jahreszeit.

14 Der Ausgleich
Astrologisches Symbol: **Jupiter**

Aleister Crowley hat den *Ausgleich* einmal mit der Kunst in Zusammenhang gebracht, und sie ist tatsächlich die Karte der Künstler. Die kreativen Impulse kommen aus einer tiefen, unaussprechlichen Quelle, die nicht versiegen, sondern nur blockiert werden kann. Die Karte des Todes hinterläßt einen Freiraum, damit Neues sich entwickeln kann. In diese Lücke schießen spirituelle Energien, es kommt zu einer Neugeburt, einem Energieausstoß, einer Kreativitätswelle. Die Fragende wird ein Gefühl der Erneuerung verspüren, Optimismus, einen gestärkten Glauben und Zuversicht. Projekte werden florieren, die Inspiration fließen, die Kreativität blühen, und Träume werden zu Lehrern. Hören Sie auf die Stimme Ihres Unbewußten: Zeichnen, malen, tanzen, schreiben, träumen Sie. Lassen Sie die Quelle des Lebens bewußt aufschießen, machen Sie sich klar, daß sie nicht versiegen kann. Ihre Zweifel und Depressionen können Sie blockieren, aber die Quelle selbst ist unerschöpflich. Es ist jetzt die Zeit des Heilens und der Inspiration; Depressionen und Verzweiflung sind vorbei. Für diejenigen, die mit Magie arbeiten, verspricht die Karte eine Zeit gesteigerter Energie. Machen Sie Zauber und Rituale, lassen Sie Ihre Heilenergie fließen, vertiefen Sie Ihre Meditationen.

Wir sind jetzt durch den zweiten Satz von sieben Karten gekommen. Die Suchende hat jetzt ihre Suche ernsthaft aufgenommen, sie ist einigen ihrer inneren Dämonen begegnet und hat erfahren, welcher Lohn nach diesem Kampf auf sie wartet. Die letzten sieben Karten vertiefen ihre Erfahrung.

15 Der Teufel
Astrologisches Symbol: **Steinbock**

Mit dem *Teufel* wird die spirituelle Umkehr und die Heilenergie der Ausgleichskarte einem echten Test unterzogen. Diese Karte konfrontiert uns mit unserem Schatten, der dunklen, unangenehmen Seite unserer Natur. Der *Teufel* repräsentiert all die weltlichen Dinge, die uns vom Guten abbringen: Sex, Geld und Macht. Durch ihre Verführungskraft und vor allem Unersättlichkeit werden diese Laster für die meisten Schüler zum Stolperstein. Sex ohne Liebe, die unersättliche Liebe zum Geld und die Gier nach Macht führen uns direkt in die Arme des Teufels. Er hält uns gefangen, gefesselt, weil diese Begierden nie wirklich befriedigt werden können. Wenn Sie auf der Tretmühle des Geldes laufen, werden Sie nie genug bekommen. Eine Droge hält nur eine bestimmte Zeit vor, und dann müssen Sie als Abhängige dem nächsten Schuß nachjagen. Dasselbe gilt für Sex ohne Liebe oder Machtgier. Diese Träume sind prinzipiell unerfüllbar; sie führen uns immer weiter von der Wahrheit fort. Suchtphänomene hängen eng mit dieser Karte zusammen; noch einen letzten Schluck, nur noch eine Zigarette, ein Stück Schokolade. Es ist ein nicht endender »Teufelskreis« aus Verlangen, momentaner Befriedigung und wieder neuem Verlangen. Der *Teufel* haßt Frieden, Ruhe, Beschaulichkeit. Er fixiert die Gedanken so sehr auf die nächste Dröhnung, daß uns keine Zeit bleibt, die Sinnhaftigkeit unseres Handelns zu überpüfen. Das Laster beherrscht alles. Anders als der *Tod*, der bei uns Angst erzeugt, erkennt und identifiziert sich jeder sogleich in dem *Teufel*. Der *Teufel* ist im esoterischen Sprachgebrauch als der Bewohner der Schwelle bekannt. Er ist der Alptraum, dem wir uns stellen müssen, bevor wir Initiierte werden können.

Mary Slawe hat mich darauf hingewiesen, daß der *Teufel* eine frühere Repräsentation der Lilith ist (Kapitel 3). Sie ist auf einem Relief aus dem zweiten vorchristlichen Jahrhundert abgebildet, in exakt dergleichen Pose wie der Teufel auf der Tarotkarte. So gesehen, könnte sie die wilde, unzähmbare, ungebändigte Frau darstellen, die im Patriarchat als teuflisch angesehen wurde.[8]

16 Der Turm
Astrologisches Symbol: **Uranus**

Der Turm zerstört die überflüssigen Strukturen im Leben eines Menschen. Wenn wir dem *Teufel* gegenüberstehen, stürzt das Kartenhaus zusammen, das wir uns als Persönlichkeit errichtet haben. Oft wird dies als plötzlicher Einbruch, als Blitzschlag erlebt, der alles vernichtet. Wenn wir auf Sand gebaut haben, zerstört der *Turm* unser Haus, aber wir selbst, unsere Seele, bleiben unberührt. Solche Veränderungen tauchen häufig um die Vierzig auf, wenn wir uns mit unserem Leben abfinden müssen und ein verzweifeltes Bedürfnis empfinden, unsere Jugend wiederzuerlangen. Die Erkenntnis, daß wir nicht die sind, die wir zu sein glaubten, kommt als ein großer Schock, der viele tief erschüttert. Der *Turm* kann für ein Leid stehen, das die Welt uns antut: eine Kündigung, Scheidung oder der Verlust eines Menschen. Oder eine plötzliche Krankheit, die wie aus dem Nichts auftaucht, krempelt unser gesamtes Leben um. Das einzige, was uns bleibt, wenn der *Turm* auftaucht, ist, uns ihm mit Würde zu fügen. Seine Lektion besteht darin, loszulassen, das Überflüssige aus unserem Leben herausfallen zu lassen. Diese Veränderungen erscheinen uns oft sinnlos; uns bleibt nur, darauf zu vertrauen, daß hier positive Kräfte am Werk sind, die wir nicht verstehen, und daß der Sinn des Ganzen uns später einleuchten wird.

17 Der Stern
Astrologisches Symbol: **Wassermann**

Nach dem Alptraum kommt die Hoffnung. *Der Stern* verspricht Gesundheit, Licht, Frieden, Stille, Klarheit. Seine kühlen Energien erfrischen die müde Reisende, und sein klares Licht führt sie auf ihrer Wanderschaft. *Der Stern* steht für die Reinheit, für tiefe, klare weibliche Energie, Ruhe und Leere. Nachdem sie sich von den schlechten Gewohnheiten gereinigt hat, ist eine Leere entstanden, und die Energie des Geistes schießt in diese Leere und füllt sie aus. Sie ist erneuert und neu erfüllt. Kurz, der *Stern* steht für die Erneuerung der Gesundheit nach einer Krankheit, der Hoffnung nach der Verzweiflung und der Energie nach der Depression.

18 Der Mond
Astrologisches Symbol: **der Mond**

Diese Karte besitzt wie der Mond selbst eine Doppelnatur. Normalerweise steht der *Mond* für Illusion, Täuschung, Verzerrung, Konfusion und manchmal Hysterie oder psychische Phänomene wie Verfolgungswahn. Für Ungeerdete kann der *Mond* ein Zeichen sein, daß sie zu sehr in Träumen leben oder unklug mit okkulten Energien umgehen. Er kann auch ein Hinweis darauf sein, daß sich jemand kindisch und regressiv verhält und es an der Zeit ist, endlich erwachsen zu werden und sich der Verantwortung zu stellen. Für Menschen, die mit magischen Energien arbeiten, bedeutet der *Mond*, daß sie während dieser Zeit äußerst sensibel und nicht so stark geerdet sind, wie sie vielleicht glauben. Es ist eine gute Zeit für Magie, aber man sollte sehr vorsichtig sein, um sich vor äußeren Energien zu schützen. Hören Sie auf Ihre Träume, achten Sie auf Ahnungen und Intuitionen, beobachten Sie, was sich in Ihrer Umgebung ereignet. Halten Sie Augen und Ohren offen. Der *Mond* repräsentiert auch den Glanz der magischen Arbeit. Sie könnten eine magische Person entwickeln, die Sie dazu verleitet zu glauben, Sie seien mächtiger, als sie wirklich sind. Dann verlieren Sie sich in der Illusion der Arbeit und vergessen die Arbeit selbst.

19 Die Sonne
Astrologisches Symbol: **die Sonne**

Die Sonne ist die Wiedergeburt, das Herz eines Kindes und die Kraft der Ewigkeit. Etwas Neues und Bedeutsames ereignet sich, die Samen haben endlich angefangen aufzugehen und beginnen zu sprießen. *Die Sonne* gibt ein weites, warmes, optimistisches, freudiges Gefühl. Sie verspricht gute Zeiten, Freundschaft, Vertrauen, neue Ausdrucksformen, große kreative Ausbrüche und eine Ausweitung Ihres Bewußtseins. Die Suchende ist durch das Feuer gegangen und ist jetzt ganz in Licht getaucht.

20 Das Jüngste Gericht
Astrologisches Symbol: **Saturn**

Nach der Neugeburt kommt die Bewertung. Die Sonne reißt die künstlichen Barrieren zwischen der inneren und äußeren Welt ein, und das *Jüngste Gericht* ruft die Suchende auf, die Herausforderung eines sinnvolleren Lebens anzunehmen. Sie stehen an einer Weggabelung. Das alte Selbst ist überwunden, und das neue kommt hervor. Die Neubekehrte ist an einem Ende angekommen. Ein Zyklus ist abgeschlossen. Er wird für das Jüngste Gericht abgewägt, und das Leben geht weiter.

21 Die Welt
Astrologisches Symbol: **Schütze**

Die Welt repräsentiert das Drehen des Rades, Bewegung, Veränderung, Neuanfänge, neue Menschen, neue Orte, neue Erfahrungen. Die Ratsuchende ist im Zentrum des Universums und hat die vier Elemente um sich versammelt. Sie trägt den Zauberstab der Macht und tanzt den Tanz des Lebens. *Die Welt* ist Kosmos, Wahrheit, Essenz. Das weibliche Prinzip schwenkt triumphierend den Taktstock. Ein Zyklus ist vollendet, und das Rad dreht sich von neuem.

DIE KLEINEN ARKANEN

Die Kleinen Arkanen, die geringeren Geheimnisse des Tarots, umfassen 56 Karten, vier Farben oder Serien mit je 14 Karten. Diese Karten sind die direkten Vorfahren unserer modernen Spielkarten und haben sich möglicherweise unabhängig von den Großen Arkanen entwickelt. Da es bei dieser Fülle von Karten so viele Bedeutungen gibt, ist es

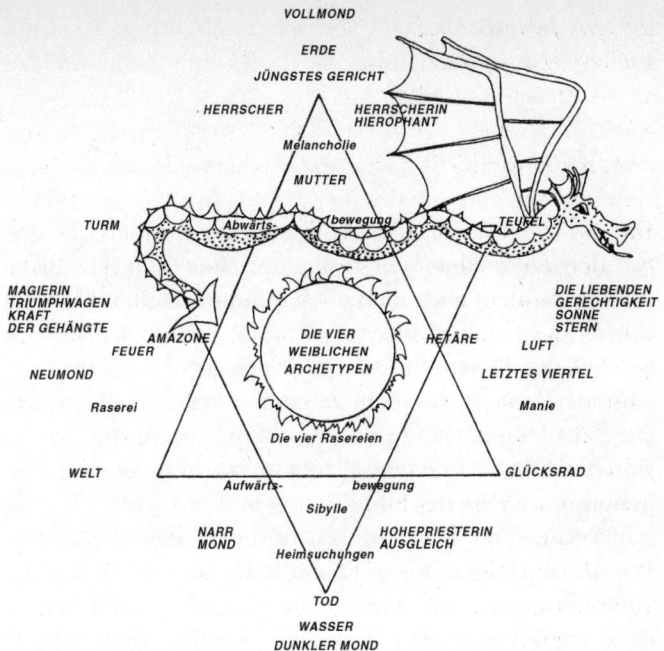

vielleicht das beste, sich erst den Hauptinhalt der vier Serien und dann die Bedeutung der Zahlen anzusehen. Jede der vier Serien repräsentiert eines der vier Elemente: Erde, Luft, Feuer und Wasser.[9] Das Vierersystem läßt sich durch die Geschichte zurückverfolgen. Die vier Farben könnten auf die vier Gralsheiligen zurückgehen oder die vier Schätze von Irland (vgl. dazu R. S. Loomis, *Arthurian Literature in the Middle Ages*, 1959). Der Kelch war der Kessel der Dagda, der nie leer wurde und alle Menschen speiste, der Stab war der Speer des Kriegers Lug, das Schwert war das Schwert von Nuada, das so mächtig war, daß niemand ihm entkam, wenn es einmal entfesselt wurde. Die Münzen kommen vom Stein von Fal, der ausrief, wenn der rechtmäßige Herrscher auf ihm stand. Die Tafelrunde Artus' war eine Suche nach Weisheit, seelischem Wachstum und spiritueller Emanzipation. Lesen Sie dazu Caitlin und John Matthews, *Hallowquest*, 1990.

Die Münzen – Erde

Die *Münzen*, das Karo des modernen Kartenspiels, hängen mit der materiellen Welt zusammen, mit Geld, Händlern und Kaufleuten, aber auch mit der Sinnlichkeit. Im Hexenkult ist das Pentakel, der englische Name für die *Münzen*, Symbol der Humanität, des fünfzackigen Sterns und des Kosmos. Es steht in einem Zusammenhang mit Maurern, Geschäftsleuten, Handwerkern und Arbeitern. Die *Münzen* sind dem Herbst und dem Planeten Saturn zugeordnet. Sie gehören zur Seite der Empfindung und bezeichnen Durchhaltevermögen, Standfestigkeit und praktische Lösungen. Die *Münzen* zeigen, wie gut Sie mit der physischen Realität zurechtkommen, wie geerdet Sie sind. Sie werfen Fragen des materiellen Lebens auf und betreffen zum Beispiel Geld, Essen und Ihre sinnlichen Bedürfnisse.

Stäbe – Feuer

Die *Stäbe* sind im modernen Kartenspiel das Kreuz und repräsentieren das Element des Feuers. Die *Stäbe* können Feenstäbe sein, der Bischofs- oder Hirtenstab oder der Heroldstab des Merkur. Sie bedeuten Unternehmergeist, Wachstum, Fortschritt, Erfindung, Energie, Wagemut und Pracht. Sie stehen mit dem Sommer, dem cholerischen Temperament, dem Planeten Jupiter und der Sonne in Verbindung. Die *Stäbe* weisen normalerweise auf aufrechte, faire und ehrliche Menschen hin. Sie deuten auf mächtige Energien, die überall eingesetzt werden können, ebenso auf Willenskraft und Ausstrahlung. *Stäbe* sind auch Kommandostäbe und besitzen Autorität. Das Feuer steht für das Wachstum des Selbst und die Selbsterkenntnis.

Schwerter – Luft

Die *Schwerter* bedeuten im allgemeinen schlechte Nachrichten und weisen auf Unstimmigkeiten, Streitigkeiten, Auseinandersetzungen oder ein schweres Schicksal hin. Sie symbolisieren die doppelte Kraft von Angriff und Verteidigung. Ihnen sind Mut, Kühnheit, Kraft und Ehrgeiz zugeordnet. Es ist die Farbe der Führer und Krieger. Sie hängen mit dem Frühling zusammen, und ihre Planeten sind Merkur und Mars. Bei ihnen stehen Denken, Vernunft, Analyse und die verbale Kommunikation im Vordergrund; aber auch Tratsch, Klatsch, Verleumdung und Gerüchte.

Kelche – Wasser

Die *Kelche* hängen mit der Liebe, den Emotionen und dem Glück zusammen. Der Kelch war das Symbol für den Heiligen Gral und das Herz. Normalerweise deutet eine solche Karte auf Freude, Leidenschaft, tiefes Gefühl und eine humane Gesinnung. Für die Ägypter war das Herz der Sitz der Seele. Kelche enthalten in vielen Traditionen das Getränk der Unsterblichkeit. Sie zeigen Aristokraten und Kleriker, Empfindung, mitfühlende Menschen, Teilnahme und Romantik. Sie decken auf, wie eine Person zu ihren emotionalen Bedürfnissen steht. Den *Kelchen* sind der Winter, der Mond und die Venus zugeordnet.

Asse, Einsen, Zweien, Dreien

Die ASSE enthalten die Essenz oder Wurzel der jeweiligen Farbe und sind normalerweise gute Karten.

Das As der Münzen weist oft auf hereinkommendes Geld und materielle Dinge hin.
Das As der Stäbe repräsentiert eine Erneuerung der Energie, neue Projekte und Intuition.
Das As der Schwerter deutet auf Klarheit des Denkens, Durchschauen von Problemen und Situationen und eine entschlossene Tat.
Das As der Kelche bedeutet emotionale Erfüllung, Liebe, Glück, eine gute Zeit für das Herz.

Die ZWEIEN können Polarität, Balance, Entwicklung und das Ausprobieren des mit den Assen Begonnenen anzeigen.

Die Münzen-Zwei bedeutet ein Jonglieren mit Geld und Ressourcen, vielleicht zwei Jobs.
Die Stäbe-Zwei deutet auf ein Ausprobieren Ihrer Kräfte, ein Überprüfen, wie weit Sie gehen können.
Die Schwerter-Zwei weist auf einen temporären Frieden hin, Stillstand, ein Ausweichen vor Problemen.
Die Kelche-Zwei repräsentiert Liebe, Vereinigung, ein Sichfinden der Herzen, einen neuen Freund oder Liebhaber.

Die DREIEN stehen normalerweise für eine Konfliktsituation, eine dritte Partei.

Die Münzen-Drei symbolisiert ein hartes Stück Arbeit, das Aufkrempeln der Ärmel, die Erweiterung der eigenen Fähigkeiten.
Die Stäbe-Drei bedeutet Überfluß, Tugend, Zukunftspläne.
Die Schwerter-Drei beinhaltet Trauer, Verletzungen durch Gerüchte, Tratsch, eine dritte Person, die hinzukommt und sie verdrängt, Machtkämpfe.

Die Kelche-Drei steht für Parties, Feiern, eine gute Zeit, die Gesellschaft einer Frau, Überfluß.

Mit den Dreien haben wir die unsichere Anfangsphase hinter uns und gehen jetzt zur konkreten Umsetzung über.

Vieren, Fünfen und Sechsen

Die VIER steht für Erfolg, das Lösen von Problemen, Stabilität und Etablierung. Die Vier ist eine statische Karte mit wenig Bewegung.

Die Münzen-Vier repräsentiert ein Festhalten an dem, was man hat. Sie deutet auf eine niedrige und materialistische Gesinnung, es fehlt ihr an der Bereitschaft, loszulassen und zu teilen. Geben Sie diesen Impulsen nicht nach, Sie verwehren dem Neuen den Zutritt in Ihr Leben.
Die Stäbe-Vier symbolisiert Erholung von der Arbeit, Parties, das Feiern des Weges, den Sie schon geschafft haben.
Die Schwerter-Vier steht für erzwungene Ruhe, vielleicht ein Verdrängt- oder Überflüssigwerden und für das Schmieden von Zukunftsplänen.
Die Kelche-Vier verkörpert emotionale Langeweile, Übersättigung, Selbstverlorenheit, eine Unfähigkeit, das Hereinkommende zu erkennen.

Die FÜNFEN sind dynamisch und symbolisieren irgendeine Art von Konflikt. Etwas, das man sich erarbeitet, dann aber vielleicht zu sehr vernachlässigt hat, oder etwas, das man sehr schätzt und was einem genommen wird.

Die Münzen-Fünf heißt materielle Armut, Ruin, das Schreckgespenst des Bankrotts, Geldsorgen.
Die Stäbe-Fünf deutet auf Kämpfe, mit sich selbst oder an-

deren, ein sinnloses Sich-im-Kreise-Drehen, die Verschwendung von Energien in zwecklosen Auseinandersetzungen.
Die Schwerter-Fünf repräsentiert Ausbeutung, Ideendiebstahl, heimtückisches Verhalten, eine Niederlage in einem Streitgespräch.
Die Kelche-Fünf steht für emotionalen Verlust, Leid, Trauer, Enttäuschung, Depression.

Die SECHSEN stehen für die Rückkehr zum Wesentlichen. Nachdem Sie Verluste hinnehmen mußten, beginnen Sie nun mit der Reparaturarbeit und lernen, obwohl etwas nachdenklich gestimmt, die Lehre der jeweiligen Farbe.

Die Münzen-Sechs verweist auf Wohltätigkeit, das Bitten um Geld, Gefallen, Almosen, die finanzielle Unterstützung anderer oder durch andere.
Die Stäbe-Sechs symbolisiert einen Sieg. Ein Führer erscheint. Der Weg vor Ihnen öffnet sich. Sie befinden sich auf dem richtigen Pfad.
Die Kelche-Sechs verkörpert Unschuld, Kindheitserinnerungen, kindliche Liebe, den zarten Beginn einer Beziehung, einfache Freuden.
Die Schwerter-Sechs steht für Rückzug von einem Trauma, emotionale Aufgewühltheit, Niederlagen, Flucht. Der Seelenfrieden wird teuer erkauft. Enttäuschung, Verlust, Trauer, Scheitern.

Siebenen, Achten und Neunen

SIEBEN, ACHT und NEUN zeigen an, daß wir wieder Fuß gefaßt haben und neu beginnen können, allerdings diesmal auf einer reiferen Ebene, auf der wir auch unsere Verantwortungen in der äußeren Welt wahrnehmen.

Die Münzen-Sieben bedeutet, daß Sie nach dem Aussäen des Samens nun abwarten müssen, ob er aufgeht. Eine Zeit des Wartens auf die ersten grünen Schößlinge, auf die Früchte Ihrer Arbeit.

Die Stäbe-Sieben weist darauf hin, daß Sie sich von der neuen Verantwortung überfordert fühlen. Sie halten die Menschen auf Distanz; es ist Ihnen zuviel.

Die Schwerter-Sieben verkörpert zu starke Unsicherheiten, das Stehlen der Ideen anderer, fruchtlose Anstrengung. Es kommt nichts Gutes dabei herum.

Die Kelche-Sieben symbolisiert zu viele Wahlmöglichkeiten, Selbstbetrug, Glamour, Orientierungslosigkeit in einem Nebel von Unentschiedenheit und Illusion.

Die Münzen-Acht weist darauf hin, daß Sie Ihre Fähigkeiten erweitern, Kurse besuchen, Handwerk und Techniken erlernen und sich mit Ihrem Werk sehen lassen können.

Die Stäbe-Acht heißt, daß neue Ideen auf Sie zukommen, Verbindungen werden hergestellt, die Intuition funktioniert gut. Achten Sie auf Ahnungen, folgen Sie Ihrem Instinkt.

Die Schwerter-Acht zeigt, daß die Dinge schlecht stehen. Sie fühlen sich gefangen, geknebelt und gefesselt. Sie befinden sich in einer unmöglichen Situation, und es scheint keinen Weg heraus zu geben. Passivität.

Die Kelche-Acht steht für eine einsame Reise, das Zurücklassen der Lieben und des Gewohnten und einen langen, mühsamen Marsch, auf dem nur der Mond Sie leitet. Ein Zurücklassen der Probleme.

Die Münzen-Neun signalisiert Harmonie, materiellen Wohlstand, große Kreativität, Schönheit, eine natürliche Umwelt.

Die Stäbe-Neun weist darauf hin, daß Sie sich übernommen haben. Sie fühlen sich geschlagen und zerschunden, weil man Ihnen einen Strich durch die Rechnung gemacht hat. Aber Sie haben überlebt. Sie wissen nun, wie stark Sie sind.

Die Schwerter-Neun symbolisiert noch Schlimmeres, einen echten Alptraum; große Angst, ständige Sorgen, schlechte Träume, unrealistische Befürchtungen. Sie brauchen Licht, um Klarheit und Durchblick zu gewinnen. Schauen Sie sich nach Hilfe um. Verzweiflung.

Die Kelche-Neun steht für Zufriedenheit. Aber ist nicht auch eine Spur Selbstzufriedenheit dabei?

Die Zehnen

Die ZEHN repräsentiert das Ende Ihrer Kämpfe und eine Beilegung des Problems, im Guten wie im Bösen.

Die Münzen-Zehn steht für Reichtum, materielle Sicherheit, Zufriedenheit, Familie, die Einrichtungen von Kollektiven, Gruppen, Organisationen.

Die Stäbe-Zehn zeigt, daß Ihnen eine Last zugefallen ist, Ihnen allein. Ihre individualistische Art, sich auf sich selbst zurückzuziehen, bedeutet, daß sie nun alles allein tragen müssen. Bedrückung.

Die Schwerter-Zehn signalisiert völlige Vernichtung, Ruin, normalerweise durch Tratsch und Verleumdung herbeigeführt. Andere versuchen, Sie verbal oder psychisch fertigzumachen. Ihre defensive Taktik ist fehlgeschlagen, und Sie werden nun den Wölfen vorgeworfen.

Die Kelche-Zehn verweist auf ein glückliches Ende in allen Angelegenheiten, auf gutes Leben, liebende Menschen in Ihrer Umgebung, möglicherweise Kinder, emotionale Zufriedenheit und Erfüllung.

Die Bildkarten

Diese Karten beschreiben häufig die Art von Menschen, die in unser Leben treten oder in einer bestimmten Angelegenheit wichtig werden können.

Die *Buben* stehen für junge Menschen, neue Projekte, Neuanfänge.

Der Münzen-Bube bedeutet, daß ein neues materielles Projekt ansteht. Die Zeichen stehen gut, beginnen Sie jetzt. Sie werden neue Aspekte der materiellen Welt entdecken.
Der Stäbe-Bube beinhaltet einen neuen Energiestoß, das Ende einer Krankheit oder Depression, eine positive Einstellung zur Zukunft.
Der Schwerter-Bube verkörpert neue Ideen und überbordende Energien. Nehmen Sie sich vor Ungeduld und Unmut in acht.
Der Kelche-Bube weist darauf hin, daß etwas in Ihr Gefühlsleben tritt, neue Freunde oder einfach nur eine neue Reife in der Art und Weise, wie Sie mit Menschen umgehen.

Ritter sind reifere Menschen und stehen in der Mitte des Lebens. Oft sind sie auf der Suche oder auf der Jagd nach etwas, sie sind fast immer in Bewegung.

Der Münzen-Ritter bedeutet harte Arbeit, Fleiß, Ausdauer. Wenden Sie sich mit ganzem Herzen dem anstehenden Projekt zu, und der Erfolg wird sich zu gegebener Zeit einstellen.
Der Stäbe-Ritter zeigt, daß Sie für die anstehenden Aufgaben wohlgerüstet sind. Nutzen Sie den Augenblick, folgen Sie Ihrer Intuition und Ihrem Stern.

Der Schwerter-Ritter will Sie zur Vorsicht mahnen. Sie sind zu ungeduldig und voreilig. Sie werden große Probleme bekommen, wenn Sie es nicht langsamer angehen lassen. Seien Sie etwas rücksichtsvoller. Seien Sie vorsichtiger, und vermeiden Sie Unfälle.

Der Kelche-Ritter besagt, daß Sie von einer Person oder einem Projekt mit dem Geschenk der Liebe überrascht werden. Ruhe, Zentriertheit. Sie erleben eine Vertiefung Ihrer Gefühle.

Königinnen sind normalerweise mächtige Frauen, die sich durchsetzen und Autorität ausüben. Sie sind es gewohnt, zu befehlen und Respekt gezollt zu bekommen. Es sind Führerinnen.

Die Münzen-Königin entspricht auf der Ebene der Kleinen Arkanen der *Herrscherin*. Sie symbolisiert Fruchtbarkeit, Kreativität, möglicherweise eine biologische Mutter, naturliebende Frauen. Sie steht auch für Frauen, die mit den Händen arbeiten, Mode, Kunst und Geld.

Die Stäbe-Königin zeigt eine Feuerhexe, die in der Natur zu Hause ist, die klug und stark ist. Sie inspiriert alle, die um sie herum sind. Man bewundert ihre Energie, ihren Enthusiasmus, ihre Spannkraft, ihre körperliche Dynamik und ihren Humor.

Die Schwerter-Königin ist eine intellektuelle Königin, eine Frau mit einem messerscharfen Verstand, der es jedoch vielleicht ein bißchen an Mitgefühl und Wärme fehlt. Eine kühle, souveräne, klare, logische, nachdenkliche Frau.

Die Kelche-Königin ist mit der *Hohenpriesterin* verwandt. Sie verweist auf eine liebende, kreative und häufig übersinnliche Frau. Selbst emotional gefestigt, nährt sie ihre Umwelt und kümmert sich um die Verlorenen und Verwirrten.

Könige können auf Männer im Leben der Ratsuchenden verweisen oder für starke Frauen stehen, die möglicherweise auf etwas rücksichtslose Weise das bekommen haben, was sie wollten, die aber dennoch geborene Führerinnen sind. Mächtige Leute.

Der Münzen-König steht für eine reiche Person, die über die Welt des Materiellen herrscht, jemand, der mit Geld arbeitet oder es anhäuft. Ein Sensualist, der gutes Essen, guten Wein und guten Sex liebt und sie ohne Mühe bekommt. Negativ gesprochen ein Materialist, der sich nur für materielle Dinge interessiert, eine derbe, brutale Person.

Der Stäbe-König repräsentiert eine dynamische, innovative Person, die die Macht um ihrer selbst willen liebt und nicht wegen der materiellen Dinge, zu denen sie ihr verhilft. Ein intuitiver Arbeiter, ein kreativer Mensch, ein Künstler, Schriftsteller, Poet. Negativ gesprochen ein Größenwahnsinniger, der absolute Kontrolle will. Ein extrovertierter, aufdringlicher, lauter, tyrannischer Mensch.

Der Schwerter-König verkörpert einen intellektuellen Giganten, einen Gelehrten, einen Denker und Redner, jemanden, der in den Medien oder mit Worten arbeitet. Emotional oft distanziert, aber freundlich. Negativ gesprochen, benutzt er oder sie Worte, um zu verletzen und zu tyrannisieren. Schätzt den Intellekt mehr als alles andere und sieht in Gefühlen etwas Bedrohliches und Überflüssiges. Kalt und rücksichtslos.

Der Kelche-König deutet auf einen Mann mit viel Gefühl, der in der Welt der Emotionen zu Hause ist. Personen, die beruflich mit Gefühlen zu tun haben, Heiler, Psychotherapeuten, Menschen, die mit Benachteiligten, Außenseitern und Unterdrückten arbeiten. Negativ gesprochen ein emotionaler Manipulierer, ein Gefühlsvampir, ein dramatisierender Mensch.

Das Ritual des Kartenlegens

Der wichtigste Teil beim Tarotlesen ist die Beziehung zwischen der Deuterin und der Fragenden. Das Lesen der Karten muß auf die Bedürfnisse der Fragenden abgestimmt sein, sonst hat es keinen anderen Zweck, als das Ego der Deuterin aufzublähen. Ich persönlich versuche, so pragmatisch wie möglich an die Sache heranzugehen. Der ganze Prozeß ist mysteriös genug, ohne daß die Deutende prophetische Verkündigungen von sich gibt oder eine mystische Show abzieht. Versuchen Sie, aus Ihren Deutungen eine Art Dialog zwischen sich und der Fragenden zu machen, besonders wenn sie mit Ihren Interpretationen zunächst nicht soviel anfangen kann. In den seltensten Fällen bedeutet das, daß die Deutende unrecht hatte; meistens hat sie nur die falsche Sprache benutzt. Seien Sie flexibel. Wenn Sie etwas mehr Erfahrung mit den Karten haben, werden Sie Ihre eigenen Rituale entwickeln. Hier sind einige von denen, die ich benutze.

Lassen Sie sich, wenn möglich, Ihr erstes Kartenspiel schenken, oder verschenken Sie selber eines an jemanden, von dem Sie wissen, daß er oder sie Interesse daran hat. Packen Sie Ihre Karten in einen Seidenschal ein, schwarz, violett oder mit einer Farbe, auf die Sie besonders reagieren, eine Ihrer aurischen Farben. Sie können die Karten auch in einer kleinen Holzkiste aufbewahren, Sandelholz wäre dazu ideal. Lassen Sie Neugierige nur dann mit Ihren Karten hantieren, wenn Sie wissen, wie man die Energien anderer »auswischt«. Vielleicht wollen Sie Ihre Karten auch segnen. Tun Sie dies am besten an einem Wassermond, und bitten Sie um Führung und Klarheit.

Bevor Sie sich mit der Fragenden hinsetzen, zentrieren Sie sich erst einmal, und versuchen Sie, Ihr Bewußtsein von allen Gedanken, Gefühlen und Problemen freizumachen.

Versuchen Sie, vollkommen leer zu werden (s. Kapitel 11), und füllen Sie sich dann ganz mit Licht und Liebe. Breiten Sie Ihr Seidentuch auf einem niedrigen Tisch oder dem Boden aus, und gehen Sie die Karten durch. Sehen Sie sich jede einzelne Karte an, und berühren Sie sie. Sie können dies auch ruhig im Schnelldurchgang machen. Es hilft, die Karten zu reinigen und sich mit jeder einzelnen in Verbindung zu setzen, so als ob man »Hallo« sagt. Dann mischen Sie die Karten, wobei Sie an die Ratsuchende denken. Mischen Sie so lange, bis Sie das Gefühl haben, es reicht. Die Karten werden Ihnen immer vertrauter werden, je länger Sie sich mit ihnen beschäftigen. Geben Sie sie dann der Fragenden, und bitten Sie sie, die Karten zu mischen. Sie soll sich dabei soviel Zeit lassen, wie sie braucht, und wenn sie eine bestimmte Frage im Kopf hat, soll sie sich während des Mischens darauf konzentrieren. Wenn sie fertig ist, nehmen Sie die Karten und heben mit Ihrer linken Hand zweimal ab. Teilen Sie die Karten dann aus, wobei Sie sie umdrehen.

Das Auslegen der Karten

Das Schema, nach dem ich die Karten auslege, stammt aus dem Buch *A Feminist Tarot*.[10] Ich mag es, weil es einen Kreis mit einem Kreuz in der Mitte verbindet und für die meisten Bedürfnisse geeignet scheint.

Die erste ausgelegte Karte ist der **Signifikator,** der für die *Fragende* steht. Die zweite Karte repräsentiert die **Faktoren** oder Menschen, die der Fragenden *helfen*, die dritte Karte solche **Faktoren** oder Menschen, die sie *behindern* oder ihr *feindlich* gesinnt sind. Die vierte Karte zeigt die **unmittelbare Vergangenheit,** die fünfte die **unmittelbare Zukunft.** Die sechste Karte deutet auf die **Grundlagen** oder die **ursächlichen Wurzeln** des *Problems* oder *Themas*. Die siebte Karte symbolisiert die **mögliche Zukunft** oder die **langfristige Entwicklung** des *Problems*. Die achte Karte deckt auf, wie die *Fragende* über ihre Situation **denkt,** ihre **Einstellung.** Die neunte Karte zeigt, was sie **hofft** und **fürchtet.** Die zehnte Karte steht für die **Umgebung** der Fragenden, ihr **Privatleben, Freunde** und **Kollegen.** Die letzte Karte, die elfte, zeigt das **Resultat** oder einen **Faktor,** der die gesamte Situation und damit das Resultat **verändern** wird.

Legen Sie nun die Karten aus, und betrachten Sie sie als Ganzheit. Suchen Sie nach Mustern, Verbindungen, Themen, die sich wiederholen, oder ähnliche Zahlen, die immer wieder auftauchen. Meistens hat eine solche Gruppe einen spezifischen Charakter. Aber lassen Sie sich Zeit, bleiben Sie konzentriert, und die Karten werden schießlich zu Ihnen sprechen.

Viele Anfänger machen den Fehler, die ganze Sache zu lang auszudehnen. Ich kann das Lesen nie länger als höchstens eine Stunde ausdehnen, eher 30 bis 40 Minuten. Hören Sie auf, sobald Sie müde werden oder anfangen, sich zu wiederholen. Bleiben Sie fest, und sagen Sie der Ratsuchenden notfalls, daß Sie sich nur eine Stunde lang auf die Karten konzentrieren können.

Wickeln Sie Ihre Karten, wenn Sie fertig sind, wieder ein. Zünden Sie kurz eine Kerze an, und verbrennen Sie vielleicht auch ein wenig Weihrauch, um die Luft zu reinigen.

Ich benutze die Karten auch oft als Meditation für mich selbst. Wenn ich Tarot lege, lasse ich die Karten auf meinem Altar liegen oder an einem ruhigen Ort und schaue mir jedesmal, wenn ich vorbeigehe, die Symbole an und sehe sie sich täglich mehr entfalten.

Die Karten repräsentieren Kräfte, die das Leben der Fragenden bestimmen. Sie sind ein Werkzeug, das Ihnen helfen kann, sich selbst zu entdecken und besser zu verstehen.

Schema des Auslegens

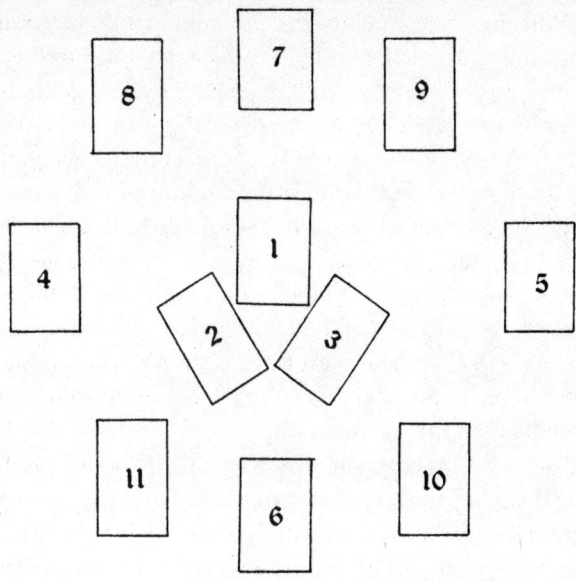

1. Signifikator
2. helfende Faktoren
3. hindernde Faktoren
4. Vergangenheit
5. unmittelbare Zukunft
6. Grundlagen – Wurzeln
7. mögliche Zukunft
8. Ihre Einstellung
9. Hoffnungen und Befürchtungen
10. Umgebung
11. das Resultat

Die Karten können Ihnen dabei nur helfen. Letztlich sind nur Sie selber Ihr eigenes esoterisch-magisches Lagerhaus des Wissens.

13
KRÄUTERKUNDE

DER GARTEN DER WEISEN FRAU

Gleichgültig ob in der Stadt oder weit draußen auf dem Lande, Pflanzen sind für die Hexe zentral. Hexen besitzen nicht nur, wie alle Welt weiß, Hunde, Katzen oder andere Haustiere, sondern auch ihren eigenen Garten – in einem wörtlichen oder metaphorischen Sinne. Ob auf weiten Äckern oder im Blumentopf, das Leben, Atmen und Grünen der Pflanzen nährt den Geist, nimmt negative Energien auf und verleiht dem Alltag Leben. Gärten und Schrebergärten sind für Städter und besonders für Hexen eine Möglichkeit, dem Wahnsinn und dem rasanten Tempo des Asphaltdschungels zu entkommen. Auf dem Land ist die Situation etwas entspannter. Man kann hier einen größeren Garten oder Bauernhof bewirtschaften und das Wunder der wechselnden Jahreszeiten miterleben, Geburt, Blüte und Frucht der großen jährlichen Runde sowie Verfall und Tod der schweigsamen Wintermonate.

So wie das Leben einer Frau im Rhythmus ihres zu- und abnehmenden monatlichen Zyklus verläuft, ist der Hexenkalender unauflöslich mit dem Auf- und Ableben des Jahres verbunden. »Pflanzen bewahren die Geheimnisse unserer Hexenvormütter, die so tief vergraben sind, daß nur die Weise sie entdeckt.«

Kräuter heilen, jeder weiß es. Aber daß sie auch Geheimnisse lehren, ist weniger gut bekannt. Tief in jedem Kraut steckt eine Legende, das Geflüster einer Geschichte, die, wenn man ihr lauscht und auf sie hört, nicht nur tief in die Psyche der Pflanze führt, sondern auch in unsere eigenen innersten Regionen. Pflanzen beantworten die Fragen, die wir ihnen stellen; nur bei den allzu Voreiligen, Törichten und Schwachen bleiben sie stumm.

Der übersinnliche Teil meiner Arbeit mit Kräutern begann eher zufällig. Noch ganz am Anfang meiner Karriere als Naturheilkundige gab ich Workshops für Frauen, die mehr über Heilpflanzen wissen wollten. Gleichzeitig unterrichtete ich in der Erwachsenenbildung viele Kurse über Kräutermedizin. An einem Sommermorgen traf sich die Frauengruppe, und irgendwie fiel mir die Vorstellung einer weiteren didaktischen Tagessitzung schwer. Ich hatte diesen Unterricht einfach leid. Ich war an diesem Morgen schon früh aufgestanden und hatte am Kanal einen Armvoll frischer Kräuter gesammelt, und der Kontrast zwischen den grünen, lebendigen Pflanzen und den staubtrockenen Fakten, die ich gelernt hatte, hätte nicht größer sein können. Ich ließ mich damals von meiner Freundin Susan Marionchild in übersinnlichen Fähigkeiten unterrichten, und in dieser Woche hatten wir uns mit Psychometrie (das mit Objekten arbeitende Weissagen) beschäftigt. Diese drei Elemente kamen wie in einem Blitzlicht plötzlich zusammen. Tief in meinem Herzen wußte ich, daß ich meine Herangehensweise verändern mußte. Da war einerseits die konkrete physische Realität der Pflanzen und andererseits die Erinnerung an die Arbeit, die ich bis dahin getan hatte. Ich entschied mich dafür, von nun an eher intuitiv mit den Pflanzen zu arbeiten. Und so verbrachten die Gruppe und ich den ersten Tag des Workshops damit, uns auf die Pflanzen einzustimmen. Das Resultat war erstaunlich. Nicht nur brachten unsere Erlebnisse ein großes Gemeinschaftsgefühl mit sich, auch die Tiefe und Plastizität der Botschaften, die wir erhielten, war so überwältigend, daß mir sofort klar war, daß ich da auf etwas gestoßen war. Die meisten Frauen hatten Erfahrung in übersinnlichen Dingen, und so arbeiteten wir auf einer tiefen und sehr intensiven Ebene. Welten taten sich uns auf. Ich setzte mich mit meiner Pflanzenlehrerin zusammen, und wir gingen die fünfzig gebräuchlichsten Kräuter systematisch durch. Ich verknüpfte die übersinnliche Arbeit mit einer Visualisierungstechnik, die mit angeleiteten Bildern arbeitet. Ich studierte damals Psychosynthese und integrierte viele der Techniken von Roberto Assagioli in meine Arbeit. Es zeigte sich, daß seine Techniken ausgezeichnet mit unserem übersinnlichen Ansatz harmonierten.[1]

Ich kombinierte die übersinnliche Arbeit mit der Astrologie und entdeckte, daß es da ein Rad des Jahres gab, das auch auf die Pflanzenwelt Auswirkungen hatte. Jede Pflanze ist von einem Tierkreiszeichen beherrscht und weist die zu diesem Zeichen gehörenden Qualitäten auf. Auch die Wochentage werden von diesen Zeichen bestimmt, und der Mond wandert im Laufe eines lunaren Monats durch die zwölf Tierkreiszeichen und bringt so einmal im Jahr, wenn er voll in einem dieser Zeichen steht, mehr von der jeweiligen planetarischen Energie auf die Pflanze. Der Saft oder die vitale Energie der Pflanze steigt und fällt mit den Mondphasen; er steht bei Vollmond am höchsten, was ihn zur idealen Zeit für die Pflanzenernte macht. Die Wirkung der Pflanzen variiert, verebbt, nimmt wieder zu, steigt und fällt je nach der Qualität der Pflanze und der planetarischen Energie des Tierkreiszeichens, in dem der Mond gerade steht. Eine Pflanze, die unter dem Zeichen der Venus steht, wird in den Monaten der Venus (Mai und September), aber auch in denen des Stiers und der Waage, die beide von der Venus beherrscht werden, in ihrer Wirkung am stärksten sein; der Wochentag der Venus ist der Freitag, ihre Tageszeit die erste Stunde nach Sonnenaufgang. Ein Vollmond im Mai oder September kann die Wirkung noch verstärken. So gibt es hier also ein ganzes Netz, das sich durch Zeit, Ort und Pflanzenwelt zieht und die himmlische Uhr spiegelt, in der Sonne und Mond ihre Himmelsreisen vollziehen.

Es besteht also eine elegante Symmetrie im Reigen zwischen Pflanzen und Planeten. Websters Wörterbuch (17. Ausgabe) leitet Pflanze vom lateinischen *plantare* ab, dem Festmachen an einem Ort, während Planet vom griechischen *planes* stammt, was soviel wie Wanderer bedeutet. Als das Festgemachte und der Wanderer, das Verwurzelte und das Wurzellose sind Pflanzen und Planeten im Gewebe der Hexenwelt miteinander verknüpft. Die Göttin spinnt, erntet und schafft aus beiden eine Poesie. Cerridwen kochte einen Kessel voll Inspiration und Wissen, den sie ein Jahr und einen Tag brodeln ließ. Aus allen Jahreszeiten fügte sie dem Gebräu magische Pflanzen hinzu, die sie zu der richtigen Planetenstunde sammelte. Dem Jungen, der den Kessel umrühren mußte, spritzten drei Tropfen des magischen Suds auf seine Finger, und als er die verbrannten Finger in den Mund steckte, verstand er sogleich Sinn und Wesen aller Dinge der Vergangenheit, Gegenwart und Zukunft.[2]

Pflanzenkunde ist für das Studium natürlicher Magie zentral. Ich pflücke meine Pflanzen immer in der Woche vor dem Vollmond und beachte Tag und Stunde ihrer jeweiligen planetarischen Herrscher. Auch Medizin und Weihräucher bereite ich an Vollmond und lasse sie dann bis zum nächsten Vollmond stehen. Dies gehört zum Zauber und ist zugleich eine Art Meditation. Für mich ist der Vollmond eine heilige Zeit und das Pflücken der Kräuter sowie die Zubereitung der Medizin ein heiliger Akt. Jeden Monat mache ich mir bewußt, daß kranke und leidende Menschen diese Pflanzenessenzen und Weihräucher benötigen und daß die Art, wie ich sie zubereite, ob liebevoll oder gehetzt, ihre Heilung behindert oder fördert. Die Welt der Hexen ist die Welt der immanenten Göttin. Jede Handlung, jeder Gedanke trägt zum Wirken des Guten oder Bösen bei. Das, was ich tue, ist also wichtig, aber noch wichtiger sind meine Intentionen. Die Motive sind entscheidend. Wenn ich mit Pflanzen arbeite, komme ich in Kontakt mit dem Heiligen, Guten, Wahren und Schönen. Ich wünsche Ihnen, daß auch Sie das erleben können.

In meinem Buch *A Woman's Book of Herbs*[3] spreche ich ausführlich über die übersinnlichen Eigenschaften einiger gewöhnlicher Kräuter, und die Leserin wird hier weitere Informationen über dieses Thema erhalten. Ich möchte hier nun einige Pflanzenmeditationen beschreiben, die es Ihnen ermöglichen, eigene Erfahrungen auf diesem Gebiet zu sammeln.

Meditation zur Begegnung mit der Weisen Frau

Diese Meditation führt Sie zu Ihrer Pflanzenführerin oder Lehrerin. Sie wird Ihnen Ihre Fragen beantworten, Ihre Studien leiten und Ihnen Übungsmöglichkeiten für das Arbeiten mit Pflanzen aufzeigen.

Nehmen Sie sich wenigstens zwanzig Minuten Zeit für diese Meditation. Ziehen Sie sich an einen Ort zurück, an dem Sie nicht gestört werden, und stöpseln Sie das Telefon aus. Es ist keine schlechte Idee, die Meditation vorher auf Band aufzunehmen und sich dann vorzuspielen oder, falls Sie in einer Gruppe sind, ein Mitglied auszuwählen, das die anderen führt.

Machen Sie es sich bequem. Legen oder setzen Sie sich hin, lösen Sie alle engsitzenden Kleidungsstücke, sorgen Sie für genügend Wärme, da Ihre Körpertemperatur nach einiger Zeit sinken wird.

Entspanne dich, atme ein paarmal tief durch. Mit jedem Ausatmen atmest du auch etwas von deiner Anspannung aus. Entspanne dich, versinke dabei immer tiefer in den Boden. Entspanne deine Füße. Fühle, wie die Muskeln deiner Füße schwer werden und die Anspannungen loslassen. Entspanne die Waden, atme alle Verspannungen aus deinen Waden weg. Entspanne deine Knie, fühle, wie sie schwer werden. Entspanne Schenkel und Hintern. Fühle, wie der Boden (oder Stuhl) sie trägt. Lasse los. Entspanne deine Genitalien und den Bauch. Atme wieder alle Spannungen aus, fühle, wie sie weich und leer werden. Entspanne die Wirbelsäule. Spüre, wie die Anspannung wegfließt. Lasse deine Wirbelsäule schwer werden und in den Boden sinken. Entspanne deinen Unterleib, spüre, wie er weich wird, atme deine Verspannung dort heraus. Entspanne deine Brust. Achte auf deinen Atem, atme mit jedem Einatmen Licht in dich hinein, und lasse beim Ausatmen Luft heraus, atme deine Anspannungen weg. Entspanne deine Schultern, laß sie schwer werden und in den Boden sinken. Fühle, wie das Gewicht von ihnen abgleitet. Entspanne die Oberarme, dann Unterarme und Hände. Spüre, wie die Spannung aus deinen Armen wegfließt, durch deine Finger und schließlich in den Boden. Entspanne den Nacken, entspanne deinen Hals, spüre, wie sie weich werden. Entspanne dein Gesicht, entspanne die Kiefer, entspanne die Augen, fühle, wie sie nach innen gehen. Entspanne die Kopfhaut ... Stell dir vor, du gehst im Wald spazieren. Es ist ein heller Sommertag, das Sonnenlicht bricht sich in den Baumkronen, und es weht eine warme und wohlige Brise. Werde dir deiner Umgebung bewußt. Betrachte die Pflanzen, die um dich herum auf dem Boden wachsen. Achte auf die Bäume, die Vögel und alle Tiere, die dir begegnen. Beginne jetzt zu laufen, du befindest dich auf einem ausgetretenen Pfad, der dich immer tiefer in den Wald führt ... Achte unterwegs auf deine Umgebung, registriere, was dir begegnet ... Je tiefer du in den Wald gehst, desto enger wachsen die Bäume; es wird dunkler. Aber du hast keine Angst; es ist eine willkommene Dunkelheit. Du fühlst dich sicher und geborgen ... Plötzlich stößt du auf eine Waldlichtung; mitten auf der Lichtung steht eine Hütte. Beschließe nun, auf diese Hütte zuzugehen, eine Frau wird heraustreten, um dich zu begrüßen ... Gestatte ihr, dich in ihre Hütte zu führen ... Rede mit ihr, stelle ihr alle Fragen, die du hast ... Sie wird dich in allen Pflanzenangelegenheiten unterrichten ... Gib dir zehn bis fünfzehn Minuten Zeit, um dir alles anzuhören, was sie dir zu sagen hat ... Mach dir dann klar, daß es Zeit ist zu gehen, aber sei dir bewußt, daß du jederzeit zurückkehren kannst. Verabschiede dich, und gehe langsam wieder auf dem Pfad zurück, bis du an der Stelle angekommen bist, an der du begonnen hast ... Komm dann langsam wieder ins Zimmer zurück. Öffne deine Augen, orientiere dich wieder, und schreib deine Erfahrungen auf.

Ihre Pflanzenlehrerin wird Ihnen den gesundheitlichen Nutzen der Pflanzen erläutern, ihre magischen und emotionalen Eigenschaften erklären und so die ganze Kräuterkunde und ihre alltäglichen Anwendungsmöglichkeiten nahebringen. Die Beziehung, die Sie mit ihr eingehen, verhilft Ihnen zugleich auf eine Reise tief in Ihr eigenes Inneres.

> Erinnere dich, du! Mutterkraut: was du offenbartest.
> Was du zuwege brachtest:
> bei der Magischen Verkündigung.
> »Una« wirst du genannt: älteste der Kräuter.
> Du besitzt Macht gegen drei: und gegen dreißig.
> Du besitzt Macht gegen Gift: und gegen Infektion.
> Du besitzt Macht gegen den feindlich Gesinnten: der über das Land reist.[4]

Wofür benutzen Hexen ihre Pflanzen? Hexen heilen, sagt Billie Potts schon im Titel ihres Buches *Witches Heal*. Aber wir machen mehr, als uns nur um den physischen Körper zu kümmern. Pflanzen werden auch für Rituale und Feste benutzt, als Lehrpflanzen oder Machtobjekte.[5] Selbst noch die giftigste Pflanze wird die Suchende, richtig dosiert, auf eine wilde Reise ins Königreich des Spirituellen und Land der Schatten befördern. Aber man muß sehr vorsichtig sein. **Nehmen Sie die Pflanzen lieber nicht ein, Sie können auch auf übersinnliche Weise mit ihnen arbeiten.** Die Pflanzen werden dann immer noch eine enorme Wirkung auf Sie haben, ohne daß Sie die Gefahr einer Vergiftung riskieren. Wir selbst arbeiteten damals an Sanhain des ersten Jahres übersinnlich mit Pflanzen. Ich beschloß, gleich mit den »schweren Kalibern« zu beginnen, also mit den Pflanzen, die traditionellerweise mit der Hexerei assoziiert werden: berauschende und giftige Pflanzen, Hekates Alltagswerkzeug. **NEHMEN SIE DIESE PFLANZEN AUF KEINEN FALL EIN!** Ich benutzte Steckapfel, ein sehr bekanntes Halluzinogen, Lobelie, ein sehr starkes Entspannungsmittel, und Scheitelkäppchen, ein Sedativum. Am Ende des Tages hob ich ab, buchstäblich, und erlebte die Traum-Alptraumwelt, die Castaneda beschrieb, als er mit *el diabolo* (Stechapfel/datura) experimentierte.[6] Meine Freundin und ich saßen auf ihrem Flachdach, und ich wurde mir plötzlich bewußt, daß ich die Fäden »sah«, die die Welt zusammenhalten. Ich hatte das Gefühl, mich an diese Fäden hängen und fliegen zu können, aber ich ließ es dann doch lieber, weil ich mir nicht sicher war, ob ich nicht krachend auf dem harten Boden landen würde. Jahre später las ich Castanedas Bericht über die fliegenden Schwestern und war beeindruckt von den starken Ähnlichkeiten der Erlebnisse.[7] Schließlich riß uns die Haustürklingel aus unseren Träumen. Der Exliebhaber meiner Freundin kam hereinspaziert, und was das schlimmste war, er war sturzbesoffen und fest entschlossen, mit ihr zu sprechen, was man von ihr nun nicht gerade behaupten konnte. Die Situation entwickelte sich zur Farce, er wollte keine Vernunft annehmen, und ich drohte damit, die Polizei anzurufen. Das Telefon stellte für mich eine unüberwindliche Hürde dar; der Exliebhaber war so verärgert, daß er aus Provokation die Nummer für mich wählte. Wenige Minuten später stand die Polizei vor der Türe, aber da der verschmähte Liebhaber weg war, wurde die Polizei ziemlich mißtrauisch. Obwohl ich immer noch schwebte, überredete ich die Polizei, uns nicht festzunehmen, und als sie gegangen waren, brachen wir vor Lachen in Tränen aus. Solche urkomischen und surrealen Erlebnisse hat man häufig bei der Magie, bei der die innere Erfahrungswelt durch die äußere gespiegelt wird. Wir hatten uns aber auch etwas unwohl gefühlt; die Energien sind sehr gewaltig und gefährlich und haben ein großes Gewaltpotential. Danach waren wir vorsichtiger. Stechapfel wird nicht ohne Grund *el diabolo* genannt.

Stechapfel ist zusammen mit Tollkirsche (Belladonna) eines der Ingredienzen der Hexenflugsalbe. Es sind äußerst starke Halluzinogene, **die bei einer zu starken Dosis tödlich wirken.** Stechapfel hat mir klargemacht, was die mittelalterlichen Hexen mit dem Fliegen meinten und warum sie es immer in der Gruppe taten. Ich denke, allein wäre es einfach eine zu beängstigende Erfahrung.

Während seiner Lehre begleitet Castaneda Don Juan auf mehrere Alptraum-Reisen mit *el diabolo* und fragt seinen Lehrer dabei über diese Pflanze aus. Don Juan sagt ihm, sie verzerrt den Charakter der Männer und gibt ihnen zu früh ein Gefühl von Macht, für das ihre Herzen noch nicht bereit sind. Deswegen werden sie herrschsüchtig und unberechenbar. In ihrer großen Machtfülle werden sie plötzlich schwach.[8] Für die Yaqui-Indianer in Mexiko sind Machtpflanzen eine erschreckende Realität. Sie sind ein riesiges Machtpotential, das von geeigneten Menschen gezähmt und für die Erweiterung der Macht benutzt werden kann, ein Verbündeter, wie Don Juan sagt. Ein Verbündeter ist in seiner Lehre eine Macht, die man erwecken kann, damit sie einem hilft, rät und die Kraft gibt, die man für seine Unternehmungen braucht, seien diese nun klein oder groß, richtig oder falsch. Ein solcher Verbündeter ist notwendig, er erleichtert das eigene Leben, gibt Wissen und Führung. Er ist für Don Juan eine unverzichtbare Stütze der Weisheit.[9]

Pflanzen lehren uns die Weisheit unserer Vormütter, die so tief verborgen ist, daß nur die Weisen sie finden können.

Pflanzen sind voller Macht, aber sie haben, wie die Lobelie mich lehrte, auch prophetische Kräfte.

Als ich einmal mit *Lobelia inflata*, einem amerikanischen Kraut, arbeitete, hatte ich eine blitzartige Vision, die mir half, die Unterlagen für ein Buch zu ordnen, und mir die Zukunft aufdeckte. Ich habe schon 1982 in der Zeitschrift *Panakeia* darüber geschrieben (Nr. 2, S. 19).

Die folgende Meditation kann als Vorbereitung für die Arbeit mit Pflanzen benutzt werden. Machen Sie sie am besten zusammen mit einer Freundin oder in der Gruppe, damit Sie Ihre Erfahrungen austauschen können.

Meditation

Nimm dir zwanzig Minuten Zeit. Setze dich an einen bequemen Ort, wo du nicht gestört wirst. Beginne mit einer kleinen Entspannung (siehe oben), und nimm die Pflanze (frisch oder getrocknet) in die Hände. Wende deine Aufmerksamkeit nach innen und auf die Pflanze. Fühle, wie sich deine Seele mit der Seele der Pflanze verbindet und allmählich deren Essenz durchdringt ... Warte auf den Führer, der zu dir kommen wird ... Wenn du dich mit ihm oder ihr wohl fühlst, folge ihm/ihr. Denke daran, daß du jederzeit zurückkommen kannst, so schnell oder langsam, wie du willst. Wenn du mit stärkeren Pflanzen arbeitest, ist es besser, eine Freundin dabei zu haben, die dich notfalls wieder beruhigt.

Mir hat es sehr geholfen, zwei ähnliche Pflanzen zu nehmen, z. B. venusregierte Pflanzen, und sie mit zwei entgegengesetzten (Mars) zu vergleichen und ihre verschiedenen Energien zu betrachten. Machen Sie sich Notizen, und tauschen Sie sie untereinander aus.

Kräuterkunde

Eine Menge Blumen sind Hekate, der Königin der Hexen, gewidmet: Alraune, Tollkirsche, Eisenhut, Azalea, Alpenveilchen, Minze. Sie unterrichtete auch ihre beiden Töchter, Medea und Circe, in der Kräuterkunst. Hexen machten ihre Besenstiele aus Esche, damit sie nicht untergehen konnten; für den Kopf nahmen sie Birkenzweige, die sie mit Weide befestigten. Hekate züchtete in ihrem Garten Schierling und Bilsenkraut. Außerdem liebte sie Fünffingerkraut, Eisenkraut, Endivie und Byonia, mochte aber keine gelben und grünen Blumen. Fingerhut hieß auch *witches' bell* (Hexenglöckchen) und Königskerze *hags' tapers* (Hexenkerzen). Holunder und Eberesche sollten Hexen fernhalten: »Eberesche und roter Garn lassen Hexen schleunigst fahrn.«

Sieben Kräuter gibt es, denen nichts Übernatürliches etwas anhaben kann: Johanniskraut, Eisenkraut, Ehrenpreis, Augentrost, Malve, Prunelle und Schafgarbe. Sie sollten an einem strahlenden Sommertag gepflückt werden, der möglichst nah am Vollmond liegt. Vierblättriger Klee hilft, den schönen äußeren Schein zu durchschauen.

Als Demeter auf der Suche nach der entführten Persephone über die Erde streifte, wuchs Mohn unter ihren Füßen, der ihr in der Dunkelheit den Weg erleuchtete. Sie aß deren Samen und verfiel in einen tiefen Schlaf. Wie ein Flickenteppich bedeckte nach der Schlacht in Frankreich im Ersten Weltkrieg Mohn das verwüstete Land, als wollte er Flüsse aus Blut und das Wiedererwachen des Lebens nach dem physischen Tod symbolisieren.

DAS BAUMALPHABET

Das Baumalphabet, das durch Robert von Ranke-Graves Buch *Die Weiße Göttin* unsterblich wurde, soll ein authentisches Relikt des Druidenkultes sein und gehört zur Baummagie der irisch-keltischen Tradition. Die dreizehn Bäume repräsentieren die lunaren Monate, die 28 Tage umfassen, bei einem übrigbleibenden Tag: das Jahr und der Tag der Hexen. Von Ranke-Graves bespricht jeden dieser Monate und setzt die Bäume in Bezug zur Tradition der Weißen Göttin.[10] Nach dem Baumalphabet wurden Birkenzweige dazu benutzt, böse Geister zu verjagen und die »Grenzen zu schlagen«, das heißt, die Begrenzungen der Felder und Tempel zu markieren. Auch die heilige Erle hatte einen besonderen Stellenwert, und niemand hätte gewagt, sie zu fällen, aus Angst, sein Haus könnte abbrennen. Die Erle wurde im alten Irland zur Herstellung von Milchkübeln benutzt und hatte deswegen auch den Namen *Comet lachta* (Hüter der Milch). Die grüne Farbe der Erlenblüte färbte die Feengewänder und hat wohl auch das weise Volk tief in den Wäldern vor ihren Verfolgern beschützt. Die Weide ist ein der Hekate geweihter Baum. Ihr englischer Name *willow* hat dieselbe Wurzel wie die englischen Begriffe *witch* (Hexe), *wicked* (böse), *Wicca* und bedeutet ursprünglich »biegen«. Dieser wasserliebende Baum, der auch der Mondgöttin heilig ist, gibt Salizylsäure ab, die bei den früher als Hexenfluch angesehenen Gelenkschmerzen beruhigend wirken.

Auch Weißdorn zu fällen war äußerst gefährlich; ein Mann konnte dadurch sein Haus und seine Familie verlieren. Der Weißdorn war der Baum des Unglücksmonats Mai, des Monats der Trauer und der Keuschheit. Der Weinstock, wenngleich nicht heimisch in Britannien, war ein Baum der Freude, der Heiterkeit und des Zorns.

Der dreizehnte Baum in diesem Alphabet ist der Holunder, ein ganz besonderer Baum. Er wurde von alters her mit dem Tod in Verbindung gebracht. In megalithischen Langhügelgräbern fand man Feuersteine in Form von Holunderblüten.

Die heiligen Haine wurden mit Eichen bepflanzt. In einem uralten Druidenlied heißt es: »In einem weiten Kreis bewegte sich der Eichenbaum.« Bis zur Regentschaft Elisabeth I. war es verboten, Eichen zu fällen, da sie als Herz Englands galten. Haselbäume und Ulmenhaine wurden von den Angelsachsen für den Bau ihrer Tempel benutzt. Der Haselstrauch war Thors Baum. Auch die Christen wertschätzten diesen Baum: Die erste christliche Kirche in England in Glastonbury wurde aus seinem Holz gebaut, und der heilige Patrick benutzte einen Haselnußstab, um die Schlangen (die weibliche Weisheit) aus Irland zu vertreiben. Haselnußstäbe werden auch zur Weissagung und zum Finden von Schätzen eingesetzt.

Bäume können uralt werden, sie besitzen tiefe Mysterien und eine zeitlose Weisheit. Kümmern Sie sich um sie!

DIE LADY FLOWERS

Auf unserem Weg durch das Wissen der Göttin gelangen wir nun zu den sogenannten *Lady Flowers*. Im Englischen gibt es eine große Zahl von Pflanzen, die, wie die Engländer sagen, nach »Unserer Lady« (Our Lady) benannt sind. Dieses Bild, das im allgemeinen Verständnis die Jungfrau Maria bezeichnet, bezieht sich ursprünglich jedoch auf die

Göttin und wurde später kurzerhand vom Christentum adaptiert. Die Lady Flowers sind also Pflanzen der Göttin in ihrem jungfräulichen oder mütterlichen Aspekt. Zu ihnen gehören *lady's smock* (Kuckucksblume), *our lady's mantle* (Gartenwinde), *our lady's ribbons* (eine Grasart), *our lady's laces* (Klebe), *our lady's nightcap* und *our lady's thimble* (Glockenblume), *our lady's tresses* (ein Gras), *our lady's candlestick* (weiße Schlüsselblume), *our lady's taper* (Königskerze) und *our lady's slipper* (Frauenschuh). Gärtnerinnen sollten eine Ecke ihres Gartens für diese Pflanzen freihalten. Je mehr unsere Umwelt vergiftet wird, desto mehr müssen Hexen darauf achten, alle möglichen Pflanzen der Göttin und der Feen zu säen.

Feenblumen

In Irland wurden Primeln vor der Tür verstreut oder gezogen, um die Feen fernzuhalten, während sie in Somerset als Feenblumen galten. Es bringt Unglück, wenn man einen Feen- oder Hexentanzplatz (fairy ring) umwühlt. Pflegt und jätet man ihn aber, so bedeutet das einen schönen Tod. Schlüsselblumen und Vergißmeinnicht helfen beim Suchen von Feenschätzen. Andere Feenblumen sind Red Campion (eine Nelkenart) und Immergrün. Der Saft von Fingerhutblättern kann ein Kind wieder heilen, das von einer wütenden Fee verzaubert wurde, wenn es deren Versteck im Fingerhut, Wiesenkerbel oder Ampfer zerstört hatte. Die typischen Feenkrankheiten sind Jucken, Stechen, Krämpfe und Braunfäule. Viele Pflanzen trugen die Anspielung auf die Feen (engl. fairy) in ihrem Namen: Sauerampfer hieß *fairy bells*, Fingerhut *fairy cap*, Malve *fairy cheese*, Jakobskraut *fairy horse*, der Giftpilz *fairy tables* und die Primel *fairy cup*. Jeder Feengarten, der etwas auf sich hält und Feen anlocken und halten will, wird folgende Pflanzen enthalten: Fingerhut, blaue Glockenblume, Wiesenkerbel, Veilchen, Schlüsselblumen, Anemonen, Sauerklee, Storchschnabel, Kuckucksblume, Nelke, Schneeglöckchen, Scharbockskraut und Immergrün.

Es gibt einen passenden Spruch hierzu: »Stets im Garten mehr aufgeht, als der Gärtner hat gesät.«

Hexen halten sich Gärten, so wie sie auch Katzen halten. Seien Sie vorsichtig, wenn eine Frau keines von beiden hat.

EIN HEXENGARTEN

Ich hatte das Glück, mit einigen Frauen zusammenzuarbeiten, die einen äußerst interessanten Hexengarten entwarfen und bauten, und denke, daß vielleicht auch andere Hexengärtnerinnen meine Freude an diesem Garten teilen möchten.

Bei der Gartenausstellung in Liverpool mußte 1984 einer der ausgestellten Gärten vom örtlichen Bischof gesegnet werden. Der Garten hatte unter den Klerikern für großes Aufsehen gesorgt. Es handelte sich, wie Sie sich wohl denken können, um einen Hexengarten. Um nicht unfair zu sein, muß ich hinzufügen, daß es zu dieser Zeit in Liverpool zu einer wahren Epidemie von Satanismus kam, der allerdings nicht das geringste mit dem Hexengarten zu tun hatte. Unglücklicherweise waren die Kleriker nicht in der Lage, den Unterschied zwischen Satanismus und Hexenkult zu erkennen. Sie reagierten wohl etwas hysterisch auf das Wort »Hexe«. Schließlich war die letzte englische Hexe erst 1712 verbrannt worden, vor einer nun wirklich nicht gerade langen Zeit. Mit seinen Skulpturen, Spinnweben und hell leuchtenden Pflanzen unterschied sich dieser Hexengarten kraß vom christlichen »Garten der Hoffnung«. Letzterer wurde dunkel und farblos gehalten und war voller schrecklicher Statuen mit gekrümmten, magersüchtigen Männern, die an Kreuzen hingen. Auf der einen Seite also stand ein Garten voller Tod, Qual und leidender Männer und auf der anderen ein Garten voller Licht, Schönheit, Kreativität und Frauen. Das, was einen Hexengarten ausmacht, hätte nicht klarer zum Ausdruck kommen können.

Wie bei allen Frauenprojekten gab es bei diesem Garten viel Enthusiasmus, viele hilfsbereite Hände und wenig Geld. Liz Brandon-Jones, die den Originalgarten entwarf, dessen schöne Illustration Sie unten sehen können, sagte, daß viele potentielle Sponsoren ursprünglich von der Idee begeistert waren, dann aber Angst vor Repressalien oder schlechter Publicity bekamen. Aber die Arbeit der Göttin wurde dennoch getan, und es war eine Freude, den fertigen Garten im Sonnenlicht des Eröffnungstages bewundern zu können. Sogar die Königin wollte ihn sehen.

Das Thema des Hexengartens war gewählt worden, »weil die Hexe früher ein wichtiges und anerkanntes Mitglied der Gemeinschaft war. Der Garten und sein Inhalt waren das Rohmaterial ihres Gewerbes. Die Hexe nutzte die Kräfte des Gartens, den Aberglauben und die Mythen für ihre Zwecke.«[11] Das Thema war mit Hilfe von modernen und historischen Quellen gründlich recherchiert worden, und man hatte die *Pendle Witches of Lancashire*, ortsansässige Hexen, zu Rate gezogen, um dem Garten einen lokalen Anstrich zu verleihen. Seine Struktur basierte auf den drei Schicksalsgöttinnen: Klotho, die bei der Geburt eines jeden Menschen den Lebensfaden spinnt, Lachesis, die die Länge des Fadens bestimmt, und Atropos, die den Faden wieder zerschneidet.

Im Zentrum stand Hekate, die dreifältige Göttin des Mondes und Königin der Hexen. Ihre schöne Statue, die von einer lokalen Bildhauerin geschaffen worden war, hatte drei Gesichter, die den zunehmenden, den abnehmenden und den Vollmond repräsentierten. Jedes ihrer drei Gesichter zeigte zu einem der drei Gärten dieser Anlage. Sie saß in einem magischen Zirkel, der mit Runen und einem komplizierten Pflastersteinmosaik geschmückt war. Man betrat den Garten auf dem Pfad des Lebens und ging dann durch Klothos Garten, in dem die aus dicken Tauen gefertigte Spinnwebenlaube das Lebensnetz der Klotho symbolisierte.

Klothos Garten führte in den Garten der Lachesis, den Vollmond-Garten. Er war mit leuchtend bunten Pflanzen, farbigem Glas und einer Markise bestückt: Das Ganze sollte das lebendige Licht des Vollmondes widerspiegeln. Die Markise bestand aus einem strahlend hellen Segeltuch, das mit warmen Farben bemalt war und ein Sonnenrad darstellte.

Die letzte Phase des Mondes wurde durch den dritten Teil des Gartens repräsentiert. Man ging durch den aus Steinfelsen errichteten Bogen von Atropos und gelangte dann in einen dunklen, schattigen Bereich, der von einem Froschteich dominiert war, dessen dunkle und finstere Pflanzen den Niedergang und Verfall des Lebens zeigten.

Es gab eine Hütte und einen Garten für die Hexe selbst, der Kräuter und mystische Pflanzen enthielt. Die Hexe sammelte sie im Schutze der Nacht, nicht nur aus Gründen des Selbstschutzes, sondern auch, weil diese Pflanzen ihrer Überzeugung nach zu einer bestimmten Mondphase gepflückt werden mußten. Oben auf der Hütte war die Hexenwetterfahne angebracht. Die Hütte selbst war aus Holz gezimmert und wurde nach dem Fest einem Kinderheim gespendet. Die ausgezeichneten Pflasterplatten waren aus Baumquerschnitten gefertigt worden und zeigten Schnitze-

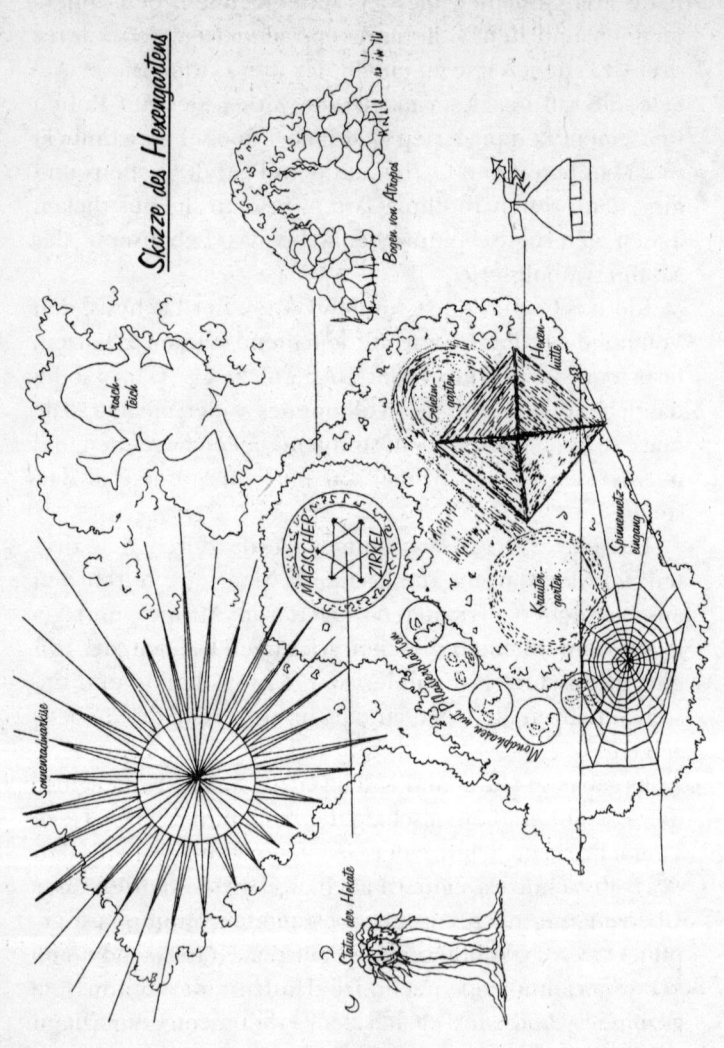

LIVERPOOL LANDSCAPES: KRÄUTERHOROSKOP
WITCH GARDEN WOODEN WHEEL 6 METRE DIAMETER, DIVIDED INTO TWELVE. EACH COMPARTMENT IS 1.5m x 1.25m. (ENTRE FILLED WITH GRAVEL (SEE ENCLOSED LIST FOR MORE DETAILS ON SPECIES REQUIRED.)

N.B: ZODIAC SIGNS UNDER THE SAME RULING PLANET CAN SHARE THE SAME PLANTS. e.g. PISCES & SAGITTARIUS CAN BOTH BE RULED BY JUPITER

SCALE 1:50

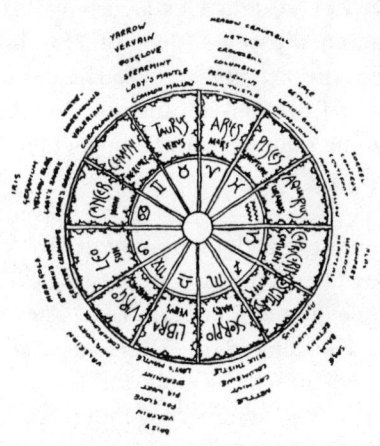

reien der verschiedenen Mondphasen. Flechtwerk diente als Gartenzaun.

Für das oben abgebildete Kräuterhoroskop und die Heilkräuterbeete war Mary McGoldrick verantwortlich. Mit Hilfe der ortsansässigen Züchter und Künstler baute sie einen Tierkreis aus Blumen, der die planetarischen Herrscher der Kräuter zeigte. Der Medizingarten stellte ein gewisses Problem dar, weil einige Pflanzen schwer zu bekommen waren und andere wegen der für sie noch zu frühen Jahreszeit eingingen. Aber mit der Hilfe der Göttin und dem nötigen Kleingeld wurden beide Gärten gebaut und bepflanzt. Leider reichten die finanziellen Mittel nicht aus, einen Abschnitt mit Kräutern für Frauenleiden zu errichten. Auch zu einem Garten mit Kräutern für Liebestränke reichte es nicht, und der Giftgarten wurde als zu gefährlich für einen solchen öffentlichen Rahmen angesehen. Die von Marie ausgesuchten Kräuter finden sich hinten im Anhang. Sie selber schreibt über dieses Projekt:

> Es gibt so viel in dem Hexengarten: Pflanzen, Kunstwerke, Bauten, die vielen Ideen und Symbole all der vielen Frauen, die sich selber so stark mit einbrachten ... Ich bin sehr froh, daß ich meinen Teil dazu beitragen und zusammen mit diesen Frauen an dem Hexengarten arbeiten durfte.[12]

Als das Gartenfest beendet war, organisierte Marie die Umsiedelung der Pflanzen aus dem Hexengarten nach Manchester, wo sie gemeinsam mit Chet Alexander, einem Kunst- und Theaterstudenten der dortigen Fachhochschule, ein medizinisches Kräuterrad pflanzte (s. dazu die Abbildung auf der gegenüberliegenden Seite). »Ein Medizinrad wird dazu benutzt, einen Heilzirkel zu eröffnen, zu dem man durch ruhiges Sitzen innere Stärke beitragen oder für sich selbst herausziehen kann.«[13] Sie erhielten die Erlaubnis, den Garten im Withenshaw Park zu errichten, und die Pflanzen wurden von Liverpool nach Manchester gebracht.

Jeder Abschnitt des Rades enthält einen Stein, der aus der Wirralmündung stammt: »Es wurde darauf geachtet, daß der richtige Stein für jeden Abschnitt ausgewählt wurde. Ich weiß noch, daß ein wunderschöner, weißer Stein als Mondstein genommen wurde, und der Mutterstein, den Liz Coyne voller Stolz ausgesucht hatte, war ein roter Sandstein mit sanften, weichen Wellenlinien.«[14]

Äußerer Kreis – 9 Yards Durchmesser

Mit wenig Geld, aber vielen hilfsbereiten Händen, wurde der Garten schießlich fertig:

> Er sah wirklich gut aus, das Rad war aus einem satten grünen Rasen herausgeschnitten und die Steine und Kräuter an ihre jeweilgen Stellen plaziert worden. Alle waren glücklich, das Medizinrad war fertig, und die Pflanzen des Hexengartens hatten endlich eine neue Heimat. Es war ein unbeschreibliches Gefühl, auf dem Schöpfungsstein im Zentrum des Rades zu sitzen.[15]

Die genauen Bestandteile des Rades können Sie Anhang B entnehmen.

Weihräucher

Pflanzen werden häufig bei Ritualen benutzt, entweder in Form von Weihräuchern oder als Getränke, die eine bestimmte Wirkung hervorbringen sollen.

Weihrauch wird in allen großen Religionen der Welt eingesetzt, um den Zeremonien eine bestimmte Atmosphäre zu verleihen und die Erfahrung des Ritus zu vertiefen. Auch in den Ritualen der Hexen und Heiden wird er benutzt, um einen magischen Raum zu eröffnen, in dem der Zauber sich ereignen kann. Die Weihräucher werden aus Kautschuk, Harzen, Kräutern, Baumrinden, Samen usw. hergestellt, die zu ihren planetarisch wirksamsten Zeiten gesammelt worden sind. Mit den beigegebenen Öl-Essenzen ergeben sie eine berauschende Mischung, die die Magie fördert, indem sie Kanäle öffnet, durch die die Geister einfließen können. Man könnte vielleicht auch sagen, daß sie auf die Chakras, den ätherischen Körper oder durch die Sinne bzw. den inneren Geist wirken. Daß sie in der Tat wirken, ist offenkundig: Überall in der Welt wurden und werden sie auch weiterhin benutzt. Wie sie wirken, ist jedoch weniger klar.

Die Ägypter legten großen Wert auf die Zusammensetzung ihrer Weihräucher und perfektionierten ihre Zubereitung zu einer großen Kunst. Das berühmteste ägyptische Weihrauch ist das *Kyphi*, dessen Herstellung von einem besonderen Ritus begleitet wurde. Leo Vinci schreibt mit Berufung auf Plutarch:

> Der Weihrauch hatte sechzehn Bestandteile, was dem
> Quadrat eines Quadrates gleichkommt. Diese Bestand-
> teile vermochten in der Nacht zu erfreuen. Sie hatten
> die Macht, Menschen in den Schlaf zu wiegen, ihre
> Träume zu verschönern und die Spannungen der tägli-
> chen Sorgen zu lindern. Sie brachten allen, die sie ein-
> atmeten, Ruhe und Frieden.[16]

Obwohl verschiedene Autoren im Laufe der Zeit unter-
schiedliche Rezepte beschrieben haben, ist der Hauptbe-
standteil in allen Fällen das Weihrauchharz selber. Der
Baum kommt ursprünglich aus Somalia und soll von geflü-
gelten Schlangen bewacht sein. Nur bestimmte Familien
hatten das Recht, dieses Harz zu ernten, und sie mußten
sich einer Reinigungszeremonie unterziehen, bevor sie das
Harz einsammeln durften.

Auch Indien war für seine Parfüme berühmt, besonders
für seine süßlich riechenden Harze. Sandelholz, vermutlich
eines der bekanntesten Dufthölzer, wird häufig benutzt, um
die Atmosphäre zu reinigen und die übersinnliche Arbeit
zu unterstützen. Im antiken Griechenland wurden Zeder
und Myrte in den Häusern verbrannt, um einen angeneh-
men Duft zu verbreiten. Das Weihrauch soll durch den
Aphrodite-Kult über Zypern aus Phönizien gekommen
sein, wo es in den Tempeln der Göttin verwendet wurde.

Das Verbrennen von Kräutern und Ölen setzt ihre magi-
schen Eigenschaften frei und bereitet so die Szene für die
magische Arbeit vor. Am besten macht man sein eigenes
Weihrauch. Heutzutage sind die Bestandteile ohne große
Probleme erhältlich. Hier ist ein Standardrezept, das je nach
Jahreszeit und erwünschter Wirkung variiert werden kann:

2 Teile Moschus
3 Teile Schwertlilienpulver

10 Teile Sandelholz
3 Teile Benzoeharz
5 Teile Zimt
5 Teile Myrrhepulver
10 Teile Weihrauch

Mischen Sie die Bestandteile, und geben Sie sie auf ein Holzkohlenbecken. Diese Mischung kann jederzeit verbrannt werden.

Anhang A
Liste der Medizinpflanzen

Nervensystem

Bachbunge	*Veronica beccabunga*
Huflattich	*Tussilago farfara*
Wilde Malve	*Malva sylvestris*
Königskerze	*Verbascum thapsus*
Mutterkraut	*Chrysanthemum parthenium*
Primel	*Primula vulgaris*
Pastinak	*Pastinaca*

Herz und Kreislauf

Günsel	*Ajuga reptans*
Färberginster	*Genista tinctoria*
Goldrute	*Solidago virgaurea*
Knotenwurz	*Scrophularia nodosa*
Schafgarbe	*Achillea millefolium*

Hals und Brust

Huflattich	*Tussilago farfara*
Echter Atlant	*Inula helenium*
Königskerze	*Verbascum thapsus*
Duftveilchen	*Viola adorata*
Schwarzwurz	*Symphtum officinale*
Bachminze	*Mentha aquatica*

Magen und Bauch

Roberts-Storchschnabel	*Geranium robertianum*
Echte Nelkenwurz	*Guem Urbanum*
Löwenzahn	*Taraxacum officinale*
Engelwurz	*Angelica archangelica*
Mohrrübe	*Duacus carota*
Bachminze	*Mentha aquatica*
Gundermann	*Glechoma hederaceae*
Baldrian	*Valeriana officinalis*
Schafgarbe	*Achillea millefolium*
Wiesenknöterich	*Polygonum bistorta*

Haut, Wunden, Schürfungen

Großer Wegerich	*Plantago major*
Knotenwurz	*Scrophularia nodosa*
Große Klette	*Arctium lappa*
Pestwurz	*Petasites hybridus*
Wiesenknöterich	*Polygonum historia*
Fingerhut	*Digitalis purpurea*
Wilde Malve	*Malva sylestris*
Rotklee	*Trifolium pratense*

Gelenkschmerzen

Gefleckter Aronstab	*Arum maculatum*
Große Klette	*Arctium lappa*
Borretsch	*Boroga officinalis*
Primel	*Primual vulgaris*
Mädesüß	*Filipendula ulmaria*

Harnprobleme

Mohrrübe	*Duacus carota*
Lauchhederich	*Allaria petiolata*
Gelbdolde	*Smynium olusatrum*
Ackermennig	*Agrimonium eupatorium*

Johanniskraut	*Hypericum perfoliatum*
Frühlings-Schlüsselblume	*Primula veris*
Quecke	*Agropyrens repens*
Taubenskaviose	*Succisa pratensis*

Frauenleiden

Garten-Melisse	*Melissa officinalis*
Wanzenkraut	*Cimcifuga racemosa*
Katzenminze	*Nepeta cataria*
Beifuß	*Artemisia vulgaris*
Himbeere	*Rubus ideas*
Schafgarbe	*Achillea millefolium*

Liebestränke

Damiana	*Turnera diffusa*
Jasmin	*Jasminum officinalis*
Sandelholz	*Santalum album*
Myrte	*Myrica gale*

Giftgarten

Stechapfel	*Datura stramonium*
Eisenhut	*Aconitum napellus*
Fünffingerkraut	*Potentilla reptans*
Tollkirsche	*Atropa belladonna*
Bilsenkraut	*Hyoscyamus niger*
Alraune	*Atroa mandragora*
Nieswurz	*Veratrum album*

ANHANG B
AUFBAU DES MEDIZINISCHEN RADES

Schöpferstein

Zentralbezirk

Wachstum	*Penettya*
Transformation	*Färbeginster*
Verfall	*Immergrün und Eibe*

Innerer Zirkel

Wasser	*Salbei, Bärenklau, Marrubium*
Feuer	*Nesseln, Meerrettich, Schöllkraut*
Luft	*Hasel, Poleiminze, Baldrian*
Muttergöttin	*Gartenwinde, Beifuß, Weide*
Sonne	*Johanniskraut, Kamille, Levesticum*
Mond	*Liguster, Geranie, Mondviole*
Erde	*Schafgarbe, Wegerich, Schwarzwurz*

Äußerer Zirkel

Reinheit	*Flachs, wildes Stiefmütterchen, Schwarzwurz*
Läuterung	*Eibisch, Sauerampfer, Huflattich*
Erneuerung	*Salbei, Zitronenmelisse, Löwenzahn*
Weisheit	*Akelei, Mutterkraut, Nesseln*
Klarheit	*Schafgarbe, Fingerhut, Gartenwinde*
Erleuchtung	*Marrubium, Baldrian, Mädesüß*
Wachstum	*Bärenklau, Schwertlilie, Geranie*

Liebe	*Johanniskraut, Scharbockskraut, Knoblauch, Senf*
Vertrauen	*Weißes Marrubium, Sumpfdotterblume, Beifuß*
Erfahrung	*Knotenwurz, Katzenminze, Gänseblümchen*
Innenschau	*Heide, Minze, Knoblauch*
Kraft	*Salbei, Löwenzahn, Betonica*

Anhang C
Korrespondenzen

Korrespondenzen werden bei Zaubersprüchen und Ritualen herangezogen. Wollen Sie zum Beispiel einen Liebeszauber machen, schauen Sie unter dem Stichwort Wasser oder auch bei Venus oder Mond nach. Wenn es ums Lernen geht, sollten Sie unter Luft und Merkur nachsehen. Die Öle sind zur Salbung Ihres Körpers gedacht und die Kerzen zur Herstellung von Weihräuchern. Wählen Sie also die Stimmung oder das Gefühl, das am besten zu Ihrem Zauber oder Ritual paßt. Bei der Magie sollten Planeten, Elemente, Weihräucher, Öle, Kerzen und Wochentage zusammenpassen.

Die vier Elemente

Erde

Richtung: Norden
Astrologische Zeichen: Stier, Jungfrau, Steinbock
Planet: Saturn
Einflußbereich: der physische Körper, die Erde, alle wachsenden Dinge, Tiere, die materielle Welt. Der physische Zyklus von Leben und Tod. Geld, Fruchtbarkeit, Sinnlichkeit
Jahreszeit: Winter
Farben: Schwarz, Grün und Weiß

Tarotfarbe: Münzen
Gefühle: Stabilität, Melancholie
Alle Erd- und Fruchtbarkeitsgöttinnen: Demeter, Ceres, Rhea, Rhiannon, Gäa

Wasser

Richtung: Westen
Astrologische Zeichen: Krebs, Skorpion, Fische
Planeten: Mond und Venus
Einflußbereich: Gefühle, Träume, Liebe, Trauer, Seen, das Meer, alles Wasser, Flüssigkeit, Unbegrenztheit, übersinnliche Fähigkeiten. Liebe, Fruchtbarkeit (Erde), Familie (mutterzentiert)
Jahreszeit: Herbst
Farben: Blau, Blau-Grün, Grau, Indigoblau, Seegrün
Tarotfarbe: Kelch
Gefühle: Liebe, Furcht
Alle See- und Liebesgöttinnen: Aphrodite, Isis, Mari

Feuer

Richtung: Süden
Astrologische Zeichen: Widder, Löwe, Schütze
Planeten: Sonne und Mars
Einflußbereich: Energie, Aktion, Mut, Impulsivität, große Pläne, Feuer, Reinigung, sexuelle Leidenschaft, Wüsten, Vulkane
Jahreszeit: Sommer
Farben: Rot, Gold, Karminrot, Orange
Tarotkarte: Stäbe
Gefühle: Leidenschaft, Zorn
Alle Feuergöttinnen: Brigit, Hestia, Vesta

Luft

Richtung: Osten
Astrologische Zeichen: Zwilling, Waage, Wassermann
Planeten: Merkur, Jupiter (als Planet des Lernens und Philosophierens)
Einflußbereich: Denken, Kommunikation, Energie, Geschwindigkeit, Theorie, Lernen. Berge, Ebenen, hohe Türme, Wind und Atem
Jahreszeit: Frühling
Farben: Gelb, Weiß, Silber, Blau-Grau
Werkzeug: Schwert
Gefühle: Freude, Sorge
Alle Luftgöttinnen: Urania, Arianrhod, Aradia, Nuit

DIE PLANETEN

Sonne

Astrologisches Zeichen: Löwe
Tag: Sonntag
Farben: Gold, Gelb
Weihräucher: Sonnenweihrauch, Wacholder, Rosmarin, Ringelblume, Kamille, Gewürznelke, Weihrauch, Zimt, Engelwurz, Moschus, Bernstein, Myrrhe, Orange, Limone
Juwel: Topas
Einflußbereich: das Herz, Erfolg, Führerschaft, Mut, Expansion, Optimismus, Kreativität, Wachstum, Kinder
Schlüsselbegriffe: Autorität, strahlend, Ehre, warm, hoheitsvoll

Mond

Astrologisches Zeichen: Krebs
Tag: Montag
Farben: im allgemeinen: Weiß, Silber; bei Neumond: Silber; bei Vollmond: Rot; bei dunklem Mond: Schwarz
Weihräucher: Jasmin, Mohn, Myrte, Ylang Ylang, weißes Sandelholz
Juwelen: Mondstein, Perlen, Kristall
Einflußbereich: der Fortpflanzungszyklus, Fruchtbarkeit, übersinnliche Fähigkeiten, Träume, Kreativität, Geburt
Neumond: Jungfrau, Anfang, Initiation, Geburt, Jungfräulichkeit
Vollmond: Mutter, Fruchtbarkeit, Kreativität, Sexualität, Reife
Dunkler Mond: Alte Weise, Alter, Tod, Weisheit, Einsamkeit, Endigungen
Schlüsselbegriffe: Flüssigkeit, Wechsel, verträumt, nächtlich, feucht, fraulich

Merkur

Astrologische Zeichen: Zwilling und Jungfrau
Tag: Mittwoch
Farben: metallige, changierende Farben
Weihräucher: Lavendel, Baldrian, Alraune, Süßholz, Anissamen, Muskat, Sandelholz (einige ordnen dieses mehr dem Merkur als dem Mond zu)
Juwelen: Achat, Topas
Einflußbereich: Ideen, Kommunikation durch Sprache und Schrift, Schnelligkeit, Diebstahl, Betrug, Humor
Schlüsselbegriffe: geschäftig, dual, wach, anpassungsfähig, nervös, schnell

Venus

Astrologische Zeichen: Stier, Waage
Tag: Freitag
Farbe: Grün
Weihräucher: rotes Sandelholz, Mandelöl, Bergamotte, Jasmin, Rose, Poleiminze, Veilchen, Eisenkraut, Erdbeere, Apfel, Minze, Beifuß, Holunder, Thymian, Maiglöckchen
Juwelen: Smaragd, Koralle, Lapislazuli
Einflußbereich: Liebe, sexuelle Leidenschaft, Freundschaft, Harmonie, Schönheit, Kreativität, Anmut, Lust, Luxus
Schlüsselbegriffe: amourös, elegant, frivol, friedlich, liebevoll

Mars

Astrologische Zeichen: Widder, Skorpion
Tag: Dienstag
Farbe: Rot
Weihräucher: Ingwer, Pfeffer, Wermut, alle Halluzinogene, Knoblauch, Sarsaparille, Patchouli, Cannabis, Nessel, Tabak, Myrrhe, Hopfen, Weißdorn
Juwelen: Blutjaspis, Granat, Rubin
Einflußbereich: Krieg, Streit, Energie, Sport, Mut, Rücksichtslosigkeit, Aggression, Leidenschaft, Verlangen
Schlüsselbegriffe: Kampf, Zorn, Energie, Mut, Zwietracht

Jupiter

Astrologische Zeichen: Schütze, Fische
Tag: Donnerstag
Farben: Tiefrot, Purpur
Weihräucher: Löwenzahn, Ackermennig, Borretsch, Lin-

denblüte, Salbei, Melisse, Rotklee, Mädesüß, Ysop, Gilgenwurzel
Juwelen: Amethyst, Türkis
Einflußbereich: Ehre, Reichtum, Macht, Ruhm, Erfolg, Führung, Gesetz, Bildung, Philosophie
Schlüsselbegriffe: gutmütig, luxuriös, erfolgreich, großzügig, reich, exzessiv

Saturn

Astrologische Zeichen: Steinbock, Wassermann
Tag: Samstag
Farbe: Schwarz
Weihräucher: Eisenhut, Schwarzwurz, Königskerze, Schierling, Bilsenkraut, Alraune, Schachtelhalm, Nachtschatten, alle übelriechenden Kräuter
Juwel: Onyx
Einflußbereich: Zeit, Einschränkung, Einsamkeit, Alter, Trauer, Begrenzung, Tod, Hindernisse
Schlüsselbegriffe: streng, konservativ, wohlüberlegt, vorsichtig, geizig, nüchtern, tiefsinnig, elend

WEIHRÄUCHER

Um Ihre eigenen planetarischen oder elementaren Weihräucher herzustellen, mischen Sie Kräuter und Öle der Planeten oder Elemente zusammen, und zwar am besten am entsprechenden planetarischen Tag. Ein Sonnenweihrauch zum Beispiel wird an einem Sonntag gemacht und kann folgende Bestandteile enthalten: Ringelblume, Rosmarin, Wacholderbeere, Orangenschale, Safran, Gilgenwurzel und Kamillenöl.

KERZEN

Bei der Auswahl der Kerzen, die Sie verbrennen wollen, ist die Farbe ausschlaggebend. Die Farben sind mit folgenden Eigenschaften assoziiert:

Weiß: Frieden, Reinigung
Gelb: Geld, Gesundheit, Attraktivität
Orange: Glück, Gesundheit
Purpur: Konzentration
Blau: Läuterung
Grün: Gesundheit, Reinigung, Glück
Pink: Liebe, sexuelle Anziehung
Rot: Mut, Zorn, Leidenschaft
Braun: vertreibt Trauer, fördert Wachstum der Pflanzen
Schwarz: Hexen, Zurücksenden negativer Ausstrahlung
Silber: Hellsehen, Astralreisen, Zaubersprüche

SALBÖLE

Benutzen Sie diese Ölessenzen zum Salben Ihrer Kerzen und Ihres Körpers. Sie wirken auf die Tiefenebene des Geistes. Kaufen Sie sie in möglichst unverdünnter Form. Nehmen Sie keine synthetischen Öle.

Nelke: fördert das spirituelle Leben, reinigt und erhebt
Geranie: aktiv, wagemutig, verhilft zu dem, was Sie wollen
Weihrauch: spirituelle Kraft, Meditation, Hellsehen
Heliotrop: berauschend, narkotisch, Aphrodisiakum
Geißblatt: Denker, Kommunikation, verträumt
Hyazinthe: voreilig, schwärmerisch, instabil, luftig
Jasmin: berauschend, Aphrodisiakum, glücklich, erfolgsfördernd

Lavendel: beruhigend, entspannend, erwciternd
Maiglöckchen: scheu, zurückhaltend, delikat, sensibel
Moschus: willensstark, sinnlich, erotisch, intensiv
Myrrhe: magisch, erhebend, übersinnlich, süßlich riechend, betörend
Patschouli: leidenschaftlich, besessen, betörend, narkotisch
Rose: sinnlich, liebend, harmonisch, altmodisch, sicher
Rosmarin: kühn, mutig, energisch, ungewöhnlich, beschützend
Sandelholz: erotisch, sinnlich, hellsichtig, harmonisierend
Eisenkraut: stark, widerstandskräftig, weitsichtig
Veilchen: delikat, süß, harmonisch, ausgeglichen
Ylang Ylang: betäubend, narkotisch, sinnlich, erotisch

Dies ist nur eine kurze Liste. Es gibt wesentlich mehr Salböle. Weitere Informationen zu dem Problem des magischen Umgangs mit Pflanzen können Sie in meinem Buch *A Woman's Book of Herbs* nachlesen; es erschien 1992 im Frauenverlag Women's Press.

ANMERKUNGEN

KAPITEL 2

1 Das Kundalini ist eine Energie, die sich tief im Körper befindet und für magische Zwecke benutzt werden kann.

KAPITEL 3

1 Frank Boas, in Johann Jakob Bachofen, *Myth, Religion, and Mother Right*, New Jersey 1967, S. XXII [Erstausgabe 1926].
2 Ebd. Vgl. auch Jane Harrison, *Prolegomena to the Study of Greek Religion*, London 1961.
3 Johann Jakob Bachofen, a.a.O., S. 75.
4 Ebd., S.75.
5 Ebd., S. 71.
6 Ebd., S. 80.
7 Ebd., S. 82.
8 Ebd., S. 87.
9 Ebd., S. 137.
10 Strabo, *Geographica,* übers. nach H. L. Jones, London 1917–32, 8 Bände, Bd. 7, S. 297.
11 C. G. Jung und Karl Kerényi, *The Science of Mythology, Essays on the Myth of the Devine Child and the Mysteries of Eleusis,* London 1985, S. 128.
12 C. G. Jung, *Psychological Reflections,* New York 1961, S. 159.
13 Carol Kerényi, *Eleusis,* 1967, S. 92.
14 C. G. Jung, in C. G. Jung und Karl Kerényi, *Essays on the Science of Mythology,* 1950, S. 245.
15 Karl Kerényi, a.a.O., S. 9.
16 Ebd., S. 130.
17 Ebd., S. 106.
18 Jane Harrison, a.a.O., S. 269.

19 Karl Kerényi, a.a.O., S. 138.
20 Erich Neumann, *Die Große Mutter,* Eine Phänomenologie der Gestaltungen des weiblichen Unterbewußten, Olten und Freiburg/Breisgau 1974, S. 299.
21 Ebd.
22 Ebd., S. 319. Sophokles, Oedipus at Colonus, 1957. S. 26 f.
23 Erich Neumann, a.a.O., S. 300.
24 *Hymn to Demeter from Hesiod, the Homeric Hymns and Homerica,* 1920, S. 322.
25 Karl Kerényi, a.a.O., S. 141.
26 C. G. Jung, a.a.O., S. 225.
27 Karl Kerényi, a.a.O., S. 17 . Er zitiert *Eunapios' Vitae Sophistarum* VII.3. Eunapios wurde unter Kaiser Julian von dem letzten legitimen Oberpriester ins Mysterium eingeweiht, um die vernachlässigten Riten wiederzubeleben. Aber ein falscher Priester verdrängte den Oberpriester, der die Zerstörung des Heiligtums und den Untergang Griechenlands vorausgesagt hatte. Das Heiligtum wurde 396 n. Chr. von Alarich, dem König der Goten, und den Mönchen, die er mitgebracht hatte, zerstört. Griechenland fiel in die Hand des Gotenkönigs. Damit hatte sich der Glaube bestätigt, daß das Schicksal von Eleusis und Griechenland untrennbar miteinander verbunden waren. Die Zerstörung des einen hatte den Untergang des anderen nach sich gezogen.
28 Nor Hall, *The Moon and the Virgin,* London 1980, S. 59.
29 John Bierhost (Hrsg.), *In the Trail of the Wind: American Indian Poems and Ritual Orations,* New York 1971, S. 112.
30 Susan Brownmiller, *Against Our Will: Men, Women and Rape,* New York 1975, S. 203 f.
31 Adrienne Rich, *Of Woman Born, Motherhood as Experience and Institution,* London 1977, S. 194.
32 Khalil Gibran, *Der Prophet,* 1984, S. 16 f.
33 Monica Sjöö und Barbara Mor, *The Great Cosmic Mother,* San Francisco 1987, S. 210.
34 Barbara Walker, *Das geheime Wissen der Frauen,* München 1996, S. 27.
35 Ebd., S. 28.
36 Ebd.
37 Lewis Spence, *The Mysteries of Britain,* London 1982, S. 157.
38 Charlene Spretnak, *The Lost Godesses of Early Greece,* Berkeley 1978, S. 98 ff.
39 Anton Weiher (Hrsg.), *Homerische Hymnen,* 1951, S. 6 ff.
40 Jane Harrison, a.a.O., S. 120.
41 Sophoklos, *Ödipus auf Kolonus (V.337 ff.),* in Wolfgang Schadewaldt (Hrsg.), Sophokles. Tragödien, 1968, S. 359.
42 Virgil, Georgica, I,4.
43 Karl Kerényi, a.a.O. S. 78.

44 Charlene Spretnak, a.a.O., S. 98.
45 Ebd., S. 108.
46 Marie Louise von Franz, *Papyiri Graecae Magical*, zitiert in *The Problems of Evil in Fairy Tales: a collection of essays*, Zürich 1967, S. 112.
47 Barbara G. Walker, *Das geheime Wissen der Frauen*, München 1996, S. 152. Vgl. hierzu und zu dem folgenden auch Barbara Walker, *The Crone*, New York 1988, S. 75.
48 Barbara Black Koltuv, *The Book of Lilith*, Maine 1986, S. 39.
49 Ebd., S. 29.
50 Ebd., S. 39.
51 Ebd., S. 50.
52 Ebd., S. 81.
53 Monique Wittig, *Les Guerilleres*, New York 1969, S. 89.

KAPITEL 4

1 Vgl. Caitlin und John Matthews, *The Western Way: A practical Guide to the Western Mystery Tradition*, Wellingborough 1985, S. 23 ff.
2 Marija Gimbutas, *The Gods and the Godesses of Old Europe, 7000–3000 v. Chr., Myths, Legends and Cult Images*, 1974.
3 Vgl. Marija Gimbutas, a.a.O., und Monica Sjöö und Barbara Mor, *The Great Cosmic Mother: Rediscovering the Religion of the Earth*, San Francisco 1987.
4 Starhawk, *Der Hexenkult als Ur-Religion der Großen Göttin*, München 1983, S. 13.
5 Ebd.
6 Jeanne Achterberg, *Die Frau als Heilerin*, Bern, München, Wien 1991, S. 43.
7 Starhawk, a.a.O., S. 15.
8 Robert von Ranke-Graves, *Die Weiße Göttin*, Reinbek bei Hamburg 1984, S. 72.
9 Ebd., S. 68.
10 Ebd.
11 Zum Beispiel Robert von Ranke-Graves, a.a.O., Marion Zimmer-Bradley, *Die Nebel von Avalon*, 1991, Caitlin und John Matthews, a.a.O.
12 Robert von Ranke-Graves, a.a.O., S.33 ff.
13 Ebd., S. 20.
14 Ebd.
15 Ebd.
16 Ebd., S. 23.
17 Caitlin und John Matthews, a.a.O., S. 34.
18 Ebd., S. 35.

19 Zsuszanne Budapest, *The Holy Book of Women's Mysteries, Volume 1*, Oakland 1980, S. 86.
20 Ebd., S. 87.
21 Ebd., S. 88.
22 Robert von Ranke-Graves, a.a.O., S. 150.
23 Zsuszanne Budapest, a.a.O., S. 88.
24 Ebd., S. 89.
25 Margaret Murray, *The Witch Cult in Western Europe: A Study in Anthropology*, Oxford 1921, S. 49.
26 Barbara Walker, *A Woman's Encyclopedia of Myths and Secrets*, San Francisco 1987, S. 1082.
27 Simone de Beauvoir, *The Second Sex*, Harmondsworth 1972, S. 71 (dt. *Das andere Geschlecht*, Reinbek bei Hamburg 1987).
28 Barbara Walker, *A Woman's Encyclopedia of Myths and Secrets*, San Francisco 1987, S. 1082.

KAPITEL 5

1 Reverend Montague Summers, *The History of Witchcraft and Demonology*, London 1926, S. XLIV–XLV.
2 Matilda Joslyn Gage, *Women, Church and State* [Erstausgabe 1893], Watertown/MA 1980, S. 106 f.
3 Barbara Walker, *A Woman's Encyclopedia of Myths and Secrets*, San Francisco 1987, S. 599.
4 Ebd.
5 J. B. Russel, *Witchcraft in the Middle Ages*, Ithaco und London 1972, S. 286.
6 Kremner und Spregner, *Malleus Maleficarum*, übers. v. Reverend Montague Summers, 1928 (2. Ausgabe 1971).
7 Edward Peters, *The Magician, the Witch and the Law*, Hassocks, Sussex 1978, S. 152.
8 Barbara Walker, *A Women's Encyclopedia of Myths and Secrets*, San Francisco 1987, S. 61 f.
9 Charles Godfrey Leland, *Aradia, or the Gospel of the Witches*, London 1899, S. 104 ff.
10 Hughes Trevor-Roper, *The European Witchcraze of the Sixteenth and Seventeenth centuries*, Harmondsworth 1969, S. 127.
11 Mary Daly, *Gyn/Ecology: the Metaethics of Radical Feminism*, London 1979, S. 184.
12 Christine Larner, *Enemies of God – The Witch-Hunt in Scotland*, London 1981, S. 97.
13 Barbara Walker, a.a.O., S. 1087.

14 Ebd., S. 447.
15 Ebd., S. 441.
16 Elisabeth Brooke, *Women Healers Through History*, London 1993, S. 83–85 (dt. *Die großen Heilerinnen*, ECON, 1997).
17 Charles Leland, a.a.O., S. 5 ff.
18 Robert von Ranke-Graves, *Die Weiße Göttin*, Reinbek bei Hamburg 1984, S. 15.
19 Ebd., S. 588.
20 Ebd., S. 16.
21 Ebd., S. 17.
22 Zum Beispiel die magische Poesie von W. B. Yeats: *Klathleen Raine, Yeats, the Tarot and the Golden Dawn*, Dublin 1968; Robin *Skelton, Spellcraft: A Manual of Verbal Magic,* London 1978; Stephan Dunstan, *Tarot Poems*, Newcastle upon Tyne 1980.
23 Robert von Ranke-Graves, *Die Weiße Göttin*, Reinbek bei Hamburg 1984, S. 577 f.
24 Ebd., S. 15.
25 Caitlin und John Matthews, *The Western Way*, London 1985, S. 132.
26 Ebd.
27 Isaac Bonewits, »*Witchcult: Fact or Fancy?*«, Gnostica, Bd. III, Nr. 4, 1973, S. 5.

KAPITEL 6

1 J. G. Frazer, *Der goldene Zweig, Das Geheimnis von Glauben und Sitten der Völker,* Reinbek bei Hamburg 1989, S. 1032.
2 Sibyl Leek, *Moon Signs*, London 1977, S. 17.
3 *Übergang des Himmelsäquators:* Bei ihrer Reise um die Sonne schwankt die Erdachse unmerklich, und sie zeichnet einen Kreis am Himmel. Es braucht 26 000 Jahre, bis sie diesen Kreis durchlaufen hat. Diese große Runde führt zu unsern Weltaltern, den Zeitaltern der Fische und des Wassermanns. Der Zyklus scheint sich gegen den Uhrzeigersinn zu bewegen, so daß wir uns im Augenblick vom Zeitalter der Fische ins Zeitalter des Wassermanns bewegen. Vgl. dazu Maggie Hyde, *Jung and Astrology*, London 1992, Kapitel I.
4 Marsilio Ficino, *Opera Omnia*, Basel 1576, S. 537.
5 Unter traditioneller Astrologie verstehe ich die im 17. Jahrhundert von Astrologen wie William Lilly ausgeübte und beschriebene Disziplin. Vgl. William Lilly, *Christian Astrology*, o.O. 1674, und Derek Appleby, *Horary Astrology. An Introduction to the Astrology of Time*, Wellingborough 1985.

6 Vgl. Elisabeth Brooke, »Case of the Missing Gallstones«, Company of Astrologers *Bulletin*, Nr. 3, 1990, S. 8–12.
7 M. Best und F. Brightman, *The Book of Secrets of Albertus Magnus*, Oxford 1973, S. 72.
8 Elisabeth Brooke, *Herbal Therapy for Women*, London 1992, S. 10 f. und S. 44–49.
9 Barbara Walker, *Das geheime Wissen der Frauen*, München 1996, S. 698 ff.
10 Ebd., S. 699.
11 Elisabeth Brooke, a.a.O., S. 44–49.
12 Mary Daly, *Be-Laughing*, Women of Power Magazine, Ausgabe 8, Winter 1988, S. 6–80, erzählt die Geschichte von Emily Culpepper, die einem Mann, der in ihr Haus einbrach, als Gorgo begegnete. Der Mann wurde bleich und ergriff die Flucht.
13 Insbesondere das von Albertus Magnus, William Lilly, Nicholas Culpeper. Sie alle waren als Männer wie Marsilio Ficino, der das Wissen der Frauen aufzeichnete, vor dem wütenden Zugriff der Inquisition noch einigermaßen sicher.
14 Marsilio Ficino, a.a.O., S. 157.
15 Thomas Moore, *The Planets Within*, Toronto 1982, S. 157 ff.
16 Marsilio Ficino, a.a.O., S. 557.
17 Thomas Moore, a.a.O., S. 162 f.
18 Eine Hetäre war eine Frau im alten Griechenland, die sich dafür entschied, nicht zu heiraten und statt dessen Liebhaber zu nehmen. Sie wurde als »Ehrenmann« behandelt und hatte Zugang zur Bildung, das Verfügungsrecht über ihren Besitz und die Erlaubnis, sich frei in der Männerwelt zu bewegen. Meist handelte es sich bei ihr um eine Fremde. Eine detaillierte Analyse der archetypischen Hetäre findet sich bei Nor Hall, *The Moon and the Virgin*, London 1980, S. 133–160.
19 Platon, *The Symposion*, Harmondsworth 1959, S. 50.
20 Thomas Moore, a.a.O., S.110.
21 Diese Stelle findet sich ohne Quellenangabe in Nor Hall, *The Moon and the Virgin*, Reflections on the Archetypal Feminine, London 1980, S. XIII.
22 Um eine astrologische Karte der eigenen Geburt zu erhalten, muß man Datum, Uhrzeit und Ort der eigenen Geburt wissen. Als einführende Lektüre empfiehlt sich Lindsay River und Sally Gillespie, *The Knot of Time: Astrology and Female Experience*, London 1987. Dort werden die Bedeutung der Planeten, Zeichen und Häuser genauer erläutert. Oder man geht am besten gleich zu einem Astrologen; nur hüten Sie sich vor einem Computerausdruck.
23 Zsuszanna Budapest, *The Feminist Book of Light and Shadows*, Bd. I, 1979, S. 75.

24 Der knappe Raum dieses Buches läßt eine intensive Auseinandersetzung mit der Astrologie nicht zu. Lesen Sie deshalb bei Lindsay River und Sally Gillespie nach, dort erhalten Sie eine umfassende Aufklärung über die astrologischen Symbole. Außerdem erscheint jedes Jahr im September Raphaels *Ephemeris*, der für das ganze folgende Jahr einen detaillierten Überblick über die Bewegungen der Planeten und die genauen Daten der Neu- und Vollmonde gibt.
25 Sibyl Leek, a.a.O., S. 148.
26 In England werden die Feierlichkeiten für diesen Tag von dem Lucis Trust, 3 Whitehall Court, London, SW1, organisiert.

Kapitel 7

1 Traditionellerweise menstruierten Frauen um die Zeit des Neumondes oder des Dunklen Mondes, wie Penelope Shuttle und Peter Redgrave in *The Wise Wound*, London 1980, S. 156 ff., ausführen. Moderne Frauen aber haben andere Zyklen. Meine Freundin Mary Slawe sagt, daß sie bei Vollmond blutet und beim Dunklen Mond ihren Eisprung hat. Für sie ist deswegen »der Vollmond das Blut, das herausgezogen wird, und der Dunkle Mond das geheimnisvolle Hervorkommen des Eies«.
2 Die Hexen arbeiten mit diesem Zauberglanz, wenn sie Illusionen erzeugen, Zaubersprüche sagen und die Realität durcheinanderbringen und verzerren.
3 Vergleiche den Anhang über die Korrespondenzen verschiedener Weihrauchdüfte und Salböle.
4 Keine Sorge, wenn Sie Wasser hassen oder nicht schwimmen können. In der angeleiteten Phantasie findet die Psyche schon eine Lösung für das Unangenehme oder sogar körperlich Unmögliche, indem sie Sessellifte, Barken, Fluggeräte oder andere Transportmittel erfindet.
5 *I Ching or Book of Changes*, translated by Richard Wilhelm, 1965, S. 185.

Kapitel 8

1 Die Hauptquellen sind Christina Hole, *English Custom and Usage*, 1941; P. H. Ditchfield, *Old English Customs*, 1896; Eleanor Hull, *Folklore of the British Isles*, 1928; Charles Hardwick, *Tradition, Superstitions and Folklore*, 1872: Robert von Ranke-Graves, *The White Goddess (Die Weiße Göttin)*, London 1961, und J. G. Frazer, *The Golden Bough (Der goldene Zweig)*, London 1957.

2 Christina Hole, a.a.O., S. 10.
3 Eleanor Hull, a.a.O., S. 227.
4 R. W. Chamber, *The Book of Days*, London 1863, S. 519.
5 Robert von Ranke-Graves, *Die Weiße Göttin*, Reinbek bei Hamburg 1984, S. 210.
6 Ebd., S. 299.
7 Ebd.
8 Ebd., S. 237.
9 Ebd., S. 307 f.
10 Eleanor Hull, a.a.O., S. 241.
11 Ebd., S. 228.
12 Mit Vergebung meine ich nicht das jüdisch-christliche Konzept; es geht hier nicht darum, auch die andere Wange hinzuhalten, sondern zu akzeptieren, daß andere anders sind, und den eigenen Anteil in dem Streit loszulassen.
13 Christina Hole, a.a.O., S. 22.
14 P. H. Ditchfield, a.a.O., S. 29.
15 Robert von Ranke-Graves, *Die Weiße Göttin*, a.a.O., S. 51.
16 Ebd., S. 307.
17 Apuleius, *Der goldene Esel*, aus dem Lateinischen von August Rode, 1975.
18 Robert von Ranke-Graves, *Die Weiße Göttin*, Reinbek bei Hamburg 1984, S. 213.
19 Christina Hole, a.a.O., S. 32.
20 Robert von Ranke-Graves, a.a.O., S. 495. Er zitiert aus der *Carmina Cadelica*.
21 Ebd., S. 232.
22 Robin Skelton und Margaret Blackwood, *Earth, Air, Fire, Water*, London 1990, S. 158.
23 Ebd., S. 103.
24 Barbara Walker, *The Woman's Encyclopedia of Myths and Secrets*, San Francisco 1983, S. 267.
25 Robert von Ranke-Graves, a.a.O., S. 482.
26 Philip Stubbes, *The Anatomie of Abuses*, 1583. (Ohne Seitenzahlen.)
27 Christina Hole, a.a.O., S. 6.
28 Eleonore Hull, a.a.O., S. 256.
29 Zitiert bei Christina Hole, a.a.O., S. 69. (Ohne Quellenangabe.)
30 Ebd., S. 73.
31 Charles Hardwick, a.a.O., S. 147 f.
32 Ebd., S. 148.
33 Robert von Ranke-Graves, a.a.O., S. 358.

Kapitel 9

1 Andy Smith, »For all Those Who Were Indian in a Former Life«, *Woman of Power,* Nr. 19 , Winter 1991, S. 74 ff.
2 Alice Bailey, *The Destiny of Nations,* London 1949, S. 107–136.
3 Mary Daly und Jane Caputi, *Webster's First New Intergalactic Wickedary of the English Language,* London 1988, S. 38 ff.
4 Zsuzsanna Budapest, »Political Witchcraft«, *Women of Power* magazine, Nr. 6, Winter 1988, S. 38 ff.
5 Mantra der New Group of World Servers (Neue Gruppe der Weltdiener). Die Adresse lautet: The Lucis Trust, 3 Whitehall Court, London SW 1.

Kapitel 10

1 Robin Skelton, *Spellcraft,* London 1978, S. 17.
2 Webster's Collegiate Dictionary, siebte Auflage, 1963, S. 840.
3 Mary Daly und Jane Caputi, *Webster's First New Intergalactic Wickedary of the English Language,* London 1988, S. 165.
4 William Pitt-Root, *Striking the Dark Air for Music,* London 1973, S. 86.
5 Dazu Kapitel 7, in dem die Grundzüge der Rituale dargestellt sind.

Kapitel 11

1 Dazu Roberto Assagioli, *Psychosynthesis: a Collection of Basic Writings,* Harmondsworth 1976, S. 145; Piero Ferruci, *What We may Be; The Visions and Techniques of Psychosynthesis,* Wellingborough 1982.
2 »Sehen« meint hier eine Art »fühlendes Sehen«. Die meisten Menschen spüren oder ahnen die Aura eher, aber trainierte und begabte Menschen können auch Einzelheiten wie dunkle Flecken, undichte Stellen etc. erkennen.
3 C. W. Leadbeater, *The Chacras,* Illinois 1927, S. 4.
4 Gemeint sind die Yoga-Sutras von Patanjali. Es gibt verschiedene Übersetzungen; hier wird die von Alice Bailey (*The Light of the Soul,* London 1922) zugrunde gelegt.
5 Alice Bailey, *Esoteric Psychology,* Bd. I und II, London 1936–1942.

6 Carlos Castaneda, *The Teachings of Don Juan*, Harmondsworth 1970, S. 180–247 (dt. *Die Lehren des Don Juan*, Frankfurt a. M. 1984); Carlos Castaneda, *Tales of Power*, Harmondsworth 1976, S. 118 (dt. *Der Ring der Kraft*, Frankfurt a. M. 1984). Lesen Sie dazu auch Donald Lee Williams, *Border Crossings: A Psychological Perspective on Carlos Castaneda's Path of Knowledge*, Toronto 1981, S. 84–91 und 100–102.
7 Alle Chakras korrespondieren mit Nervengeflechten im Körper, so wie es auch eine Verbindung zwischen Chakras und Hormonausschüttungen gibt. Lesen Sie dazu Alice Bailey, *The Soul and its Mechanism*, London 1930, S. 30–54.
8 Ein Beispiel hierfür ist Alice Bailey, die ihre Arbeit mit den Tibetern nur ungern aufnahm, a.a.O.

KAPITEL 12

1 Diane Wolkstein und Samuel Kramer, *Innana Queen of Heaven and Earth*, London 1984, S. 53.
2 Elizabeth Haich, *The Wisdom of the Tarot*, London 1975, S. 22. Dazu auch Eberhard Zangger, *The Flood from Heaven: Deciphering the Legend of Atlantis*, London 1992.
3 Court de Gebelin, *Le Monde Primitif*, 1781, zitiert in Stephen Hoeller, *The Royal Road*, Illinois 1975, S. 1.
4 Frederick Lionel, *The Magic Tarot, Vehicle of Eternal Wisdom*, London 1980, S. 7.
5 Zitiert in Stephen Hoeller, a.a.O., S. XII.
6 Manche sehen die Magierin auch durch den Merkur bestimmt und die Hohepriesterin durch den Mond.
7 A. E. Waite setzt die Gerechtigkeit an die elfte Stelle und die Kraft an die achte, damit die Reihenfolge mit der Astrologie übereinstimmt. Hier ist die Waage das astrologische Zeichen der Gerechtigkeit, und die Stärke kommt erst später und wird mit dem Löwen in Zusammenhang gebracht. Auch ältere Karten weisen diese Reihenfolge auf, aus diesem Grunde habe ich mich für sie entschieden.
8 Elinor Cadon, *The Once and Future Goddess*, 1990, S. 124.
9 Vgl. Elizabeth Brooke, *A Woman's Book of Herbs*, London 1992, S. 7, wo die Bedeutung der vier Elemente genauer besprochen wird.
10 Sallie Gerhart und Susan Rennie, *A Feminist Tarot: a guide to intrapersonal communication*, Watertown/MA 1977, S. X.

Kapitel 13

1 Roberto Assagioli war ein Schüler des großen Psychoanalytikers Carl Gustav Jung und außerdem der tibetanische Lehrer von Alice Bailey. Er entwickelte seine Psychosynthese auf dem Boden ihrer Lehren.
2 Robert von Ranke-Graves, *Die Weiße Göttin*, Reinbek bei Hamburg 1984, S. 30.
3 Elisabeth Brooke, *A Woman's Book of Herbs*, London 1992.
4 Bill Griffiths, *The Nine Herb Charm*, o.O. 1981, ohne Seitenzahlen.
5 Billie Potts, *Witches Heal*, Lesbian Herbal Self Sufficiency, Woodstock 1981.
6 Carlos Castaneda, *The Teachings of Don Juan*, Harmondsworth 1970.
7 Ebd., S. 74–78.
8 Carlos Castaneda, *The Second Ring of Power*, Harmondsworth 1977, S. 233 (Der 2. Ring der Kraft, Frankfurt a. M., 1984).
9 Carlos Castaneda, a.a.O., 1970, S. 56.
10 Robert von Ranke-Graves, *Die Weiße Göttin*, Reinbek bei Hamburg 1984, S. 190-240.
11 Elisabeth Brandon-Jones in ihrer Begründung zur Auswahl dieses Themas. Die übrigen Zitate stammen ebenfalls aus dieser Quelle.
12 Isobel Irvine, *Witch Garden*, Panakaeia Magazine, Nr. 7, Beltane 1985, S. 19.
13 Marie McGodrick, *The Herbal Medicine Wheel*, Panakaeia Magazine, Nr. 8, Autumn Equinox 1987, S. 14–16.
14 Ebd., S. 15.
15 Ebd.
16 Leo Vinci, *Incense. Its Ritual Significance, Use and Preparation*, Wellingborough 1980, S. 14.

Wie können wir unsere Angst vor anderen Menschen oder gesellschaftlichen Gruppierungen überwinden? Wie uns von Abhängigkeiten und Vorurteilen lösen, die uns im Umgang mit anderen einschränken? Wie schließlich unsere Kinder vor falschen Bindungen und Ängsten bewahren? Phyllis Krystal gibt in ihrem Buch Antwort auf all diese Fragen. Bereits in ihrem ersten Buch »Die inneren Fesseln sprengen« zeigte sie einen einfachen und effektiven Weg, durch Schulung der Imagination individuelle Schranken zu überwinden. Nun überträgt und erweitert sie ihre bewährte Methode auf kollektive Bindungen. Entfalten Sie Ihr Inneres mit Hilfe der inneren Visualisierung! Halten Sie sich an Ihr Selbst, an Ihr »Höheres Bewußtsein«. Dann werden Sie und Ihre Kinder zu einem selbstbestimmten Leben finden – frei von falschen kollektiven Bindungen.

Phyllis Krystal

Frei von Angst und Ablehnung
Lösen aus kollektiven Bindungen

Lotos

Econ | **Ullstein** | List

Schon von frühester Kindheit an prägen uns Ängste und psychische Abhängigkeiten. Sie hindern uns, das zu sein, was wir wirklich sind.
In jahrzehntelanger Forschungsarbeit entwickelte Phyllis Krystal eine Methode, diese Blockaden zu erkennen. Sie lehrt in ihrem aufrüttelnden Buch, wie sie Ihre Imagination schulen können. Durch praxiserprobte, leicht nachvollziehbare Übungen wird es Ihnen möglich, die Bildsprache Ihrer Psyche zu entschlüsseln. Phyllis Krystal zeigt Ihnen außerdem, wie Sie aktiv mit Ihrem Unterbewußten kommunizieren können. Denn so wird es Ihnen gelingen, von falschen inneren Bindungen und Verhaltensmustern loszukommen. Finden Sie zurück zur inneren Quelle von Sicherheit und Weisheit! Sprengen Sie Ihre inneren Fesseln!

Phyllis Krystal

Die inneren Fesseln sprengen
Befreiung von falschen Sicherheiten

Econ | **Ullstein** | List

Schon seit frühester Kindheit wird Merilyn von visionären Träumen begleitet. Sie ahnt, daß sie eine Mission zu erfüllen hat. Doch erst als ihr Freund stirbt, wagt sie den Aufbruch zum Ort ihrer Träume: den Tempelstädten der Maya. Inmitten der Ruinen von Palenque eröffnet sich ihr eine Welt zwischen Vision und Realität. Begleitet von einem Schamanen erfährt sie die mächtige Wirkung spiritueller Heilkräfte. Sie entdeckt auch an sich selbst die natürliche Gabe, Energien zu sehen und zu lenken. Doch muß sie den uralten Lehren der Schamanen gemäß erst den Tod gesehen haben, um andere heilen zu können. Voller Entsetzen stellt sie fest, daß sie selbst an einem tödlichen Virus leidet. Und sie weiß: Nur wenn ihr die Transformation in einen anderen Energiestatus gelingt, wird sie die Krankheit auf immer besiegen.

Merilyn Tunneshende

Träume den Traum des Schamanen
Die wahre Geschichte einer spirituellen Heilung in den Tempeln der Maya

Die faszinierende Geschichte einer körperlichen und spirituellen Heilung, erfüllt von schamanischem Wissen.

Econ | **Ullstein** | List

Schon seit Urzeiten lassen sich Menschen von der erotisierenden Wirkung natürlicher Aphrodisiaka stimulieren. Diese Mittel regen den Körper an, heben die Stimmung – und geben dem Liebesleben einen ganz neuen Kick!

Josef Neumayer stellt das Erregendste vor, was die Pflanzenwelt zu bieten hat – heimische und exotische, würzige und halluzinogene Scharfmacher.

Mit vielen verführerischen Rezepten!

Josef Neumayer

Natürliche Aphrodisiaka
Lassen Sie sich von der Natur verführen

Econ | **Ullstein** | List